国民皆保険」構想

制度改革・人的投資による経済再生戦略

Tanaka Hideaki
田中秀明［著］

慶應義塾大学出版会

まえがき

少子高齢化そして人口減少がとまらない。国立社会保障・人口問題研究所の「２０２３年将来推計人口」によれば、日本の総人口は、２０２０年の１億２６１５万人から70年には８７００万人へと減少する見込みである。50年間で４０００万人、割合では３割も減る。この推計では、出生率を１・36と仮定しているが、足元では、２０１５年の１・45から７年連続で低下して、22年１・26になり、過去最低の05年と並んだ。もし出生率が低位の場合には、総人口は４６００万人減少する。

この人口減少で深刻なことは、働く現役世代の減少である。４０００万人の減少のうち、なんと３０００万人が15～64歳人口である。この世代は今から毎年１％ずつ減っていく。これは、労働力不足や消費の減少をもたらし、日本経済に深刻な影響を与えることは論を俟たない。

働き手が急速に減る一方で、65歳以上の高齢者数は、２０４０～50年代まで増え続ける。この時期に、71～74年生まれの第二次ベビーブームで生まれた「団塊ジュニア世代」が75歳に到達するからであり、当該高齢の数は４０００万人弱となる。総人口に対する割合、すなわち高齢化率はその後も上昇し、70年には38・７％に達する。

日本の高齢化は高齢者の数や割合の増大にとどまらない。「日本の世帯数の将来推計」（２０１９年）

によれば、高齢世帯数は、２０１５年の１９５０万世帯から40年の２２４０万世帯に増えるが（16・9％増）、そのうち単独世帯は６３０万世帯から９００万世帯にまで増える（43・4％増）。また、未婚率の上昇と非正規雇用の増大などにより、「貧困の高齢者」が増えるのだ。

働き手が減る一方で高齢者が増えると、社会にとっては重荷になる（「人口オーナス」という）。日本は、１９９０年代初めにバブル経済が崩壊してから30年間にわたり経済が低迷している。90年からの30年間の年間平均実質成長率は０・５％であり、英国やスウェーデンの４・０％、ドイツやフランスの２・６％などと比べて見劣りする。２０２０年の一人あたりＧＤＰを１９９０年と比べると、主要国は１・５倍になっているが、日本は１・２倍にとどまる。

日本経済の低迷は複合的な要因が重なっているが、イノベーションを興す人材が不足していること、スキルが十分ではない非正規雇用が増大していること、所得が増えないので消費も増えないこと、多様な働き方を阻害していることなど人的資源や雇用、その背後にある諸制度の問題が大きい。

もちろん、政府はこれまでもさまざまな対策を講じてきた。２０１２年に成立した「社会保障と税の一体改革」に基づき、時間はかかったものの消費税率は10％に引き上げられ、子育て支援などは拡充された。一体改革は、与野党合意に基づく過去に例のない規模の改革であったが、これでわれわれ国民は安心して働き、子どもを育て、そして老後生活を送れるとは思えない。今般の新型コロナウイルス感染症は、非正規雇用、特に女性の非正規雇用に大きな打撃を与えたが、問題は新しく生じたものではなく、日本のさまざまな制度に内在するものだ。危機が問題を顕在化させただけである。

言うまでもなく、当面の日本の課題は少子高齢化を乗り切ることである。そのカギは、より多くの人がスキルを身につけて可能な限り働くこと、また働けるような環境や条件を整備することに尽きる。しかしながら、改革は遅れている。何が問題か。

第一に労働市場の変化に対応できない社会保険制度である。保険は多様なリスクを分散するための優れた仕組みではあるが、この制度は、昭和戦後時代以来続いた「右肩上がりの成長、分厚い中間層、男性片働き、正規雇用」などを前提として発展してきた。しかし、これらの前提は、非正規が雇用者全体の約4割を占めるに至っていることが典型的なように、令和時代となった現代では、もはや成り立たなくなっている。

第二に人的投資の金額が圧倒的に少ない。日本の社会保障全体の支出（２０１７年）は、国内総生産（ＧＤＰ）比で約23％に達し、英国（約21％）を超えている。しかし、家族政策・教育・職業訓練などの「社会的投資」をみると（２０１７年）、日本は、英国の７・６％（対ＧＤＰ比）より３％ポイントも少ない。金額に換算すれば、日本は16兆円も足りない。

第三に財源の問題である。低所得者ほど負担割合が高い逆進的な社会保険料が右肩上がりで増大する一方、所得税のウエートが低下し、所得再分配機能が低下している。また、働き方を阻害しており、その典型例は、保険料の賦課基準や配偶者控除であり、いわゆる「壁」の問題である。

さて、筆者は、もともと旧大蔵省に入省したが、その後、旧厚生省に出向し老人福祉や医療を担当した。年金積立金の運用制度にもかかわった。役所を休職して一橋大学で、年金などの社会保障を研究する機会も得た。実務と研究の両方に携わってきたが、そこで感じたことは、日本の社会保障制度や税制は複雑であり、専門家でもわかりにくいことである。役所は事実を国民に伝えないことも多い。まさに、「由《よ》らしむべし、知らしむべからず」だ。社会保障は国民の生活にかかわる問題であり、どこの国でも改革は難しい。しかし、われわれが理解できないことは改革できない。

本書の目的は、少子高齢化を乗り切るための人的投資拡充と多様な働き方を実現するための総合的な戦略を描くことにある。そのため最初に、社会保障・教育・税制などに内在する問題を明らかにする。病気の真の原因がわからなければ、病気を治すことはできないからだ。しかし、霞が関では、現在の政策や制度をレビューすることについては後ろ向きである。関係者の利害を調整することに専念するからである。最後は政治的な調整と意思決定になるとしても、それでは問題を解決できない。

社会保障をテーマとする書籍は無数にある。しかし、その多くは、年金や医療など個別分野に焦点を当てている。社会保障は論じても、密接に関係する教育や税制はしばしば対象外になっている。専門の研究者は統計的な手法で問題を分析しても、改革案は論じないことが多い。本書は、それらとは一線を画している。少子高齢化を乗り切るための「必要条件」として社会保険制度改革を、「十分条件」として人的投資の拡充とその財源を検討し、具体的な改革案を提案している。それが「新しい国民皆保険制度」であり、問題解決のための全体最適を図る。

もう一つの本書の特徴は国際比較である。これまで説明した日本の問題は、社会保険を基盤とする、いわゆる「ビスマルク型社会保障」の国に共通する。そこで、ドイツ・フランス・オランダの3カ国の改革を分析するとともに、改革の背景や改革を可能にした要因など、政策形成過程や政治プロセスについても論じる。もちろん、各国は事情が異なるが、日本が参考にすべき点は多い。

本書の構成は次のとおりである。第1章及び第2章では、先進諸国との比較も含め、日本の社会保障の問題を概観する。第3章と第4章では、社会保険を基盤とする主要国を中心に社会保障制度と改革過程を比較し、日本との相違を明らかにする。これらに基づき、第5章では社会保険制度の改革を、第6章では人的投資（家族政策・教育・雇用）を拡充するための改革を、第7章では人的投資拡充や多様な働き方を実現するための負担のあり方や財源確保の方法を検討し、最後に全体をまとめる。

日本の社会保障や税制の問題を一言でいえば、男性片働きなどを前提とした「昭和の仕組み」が岩盤として残っていることである。この岩盤を崩すことが本書の改革案である。社会保障制度は経済システムと密接に関連しており、たとえば、セーフティネットがなければ、リスクをとれない。費用対効果の高い社会保障制度は経済の持続的な成長に不可欠である。もとより、これは私案にすぎない。しかしながら、われわれは同じ船に乗っており、このまま手を拱《こまぬ》いていれば、日本という船はさらに沈んでいくだろう。改革には合意形成が必要である。次の改革に向けて、一石を投じることができれば幸いである。

目次

ブックデザイン・坂田　政則
カバーイラスト・岩橋　香月
（デザインフォリオ）

第1章　先進諸国が直面する社会保障の問題

今日、わが国では、社会や産業構造の変化を受けて、少子高齢化が進展するとともに、非正規雇用の増大など労働市場が大きく変化しているが、こうした問題は大なり小なり先進諸国に共通する。一方、これら諸問題への対応は国によって異なる。出生率を回復させている国もあるし、働き方のちがいによる差別がほとんどない国もある。

日本の政策は、これまで起きたさまざまな構造変化に的確に対応してきているとは言い難く、国際比較でみても、経済や所得再分配のパフォーマンスは芳しくない。社会保障の分野別の配分についても大きな偏りがある。本章では、国際比較を通じて、日本の社会保障制度の全体的な問題を俯瞰する。

1　福祉国家の変容

福祉国家の新しい役割

第二次世界大戦後、先進諸国では社会保障制度が拡充され、いわゆる「福祉国家」が形成されていく。日本では、当初社会保障は極めて貧弱であったが、国民誰もが安心して生活できるようにするために「国民皆保険」を掲げ、年金や医療など各般の制度が導入されてきた（詳しくは第2章で触れる）。しかし、戦後の高度成長が終焉し、１９９０年代以降、財政赤字の拡大などを背景に、福祉国家は制度の見直しや縮減を行わざるを得なくなった。

福祉国家の改革は、既存の年金・医療支出を削減・効率化するだけでは十分ではない。経済や社会の変化、たとえば、国際競争の激化、知識型経済の進展、サービス産業の拡大、人口高齢化、女性の社会進出などに伴い、社会保障の役割が変化しているからである。特に、非正規雇用の増大など、労働市場や雇用環境の変化が大きい。

ボノーリとナタリーは、福祉国家の新しい機能や役割とし、①働いていない者を雇用につける、②ワーキングプアに所得補塡を提供する、③仕事と家族生活を調和させるようにする、④高齢者の介護、⑤人的資本への投資、⑥パートタイム労働者や時間契約の労働者等非正規への社会的保護の改善を挙げている[1]。産業構造や雇用環境の変化が、格差の拡大をもたらしているからである。特に、こうした課題に応えるための雇用や労働面の施策は「アクティベーション政策」と呼ばれており、積極的労働市場政策、ワークフェア（福祉依存から就労促進）、といった言い方もなされている[2]。

福祉国家のモデル

福祉国家に求められる新しい役割は先進諸国に共通するものの、具体的な対応については国によってさまざまなちがいがある。福祉国家の発展の経緯と哲学がそれぞれ異なるからである。

福祉国家のあり方や社会保障システムは各国多種多様であるが、その相違を分析する観点から、い

表１－１　女性に対する福祉と仕事のインセンティブに基づく福祉国家の分類

		女性労働の望ましさ	
		低い	高い
家族政策の充実度	高い	**「発展したキリスト教民主国家」** フランス、ベルギー、オランダ、オーストリア、ドイツ、ルクセンブルク	**「社会民主国家」** スウェーデン、フィンランド、デンマーク、ノルウェー
	低い	**「女性活用が遅れている国家」** アイルランド、ポルトガル、イタリア、ギリシャ、スペイン、スイス、日本	**「プロテスタントの国家」** アイスランド、英国、カナダ、米国、オーストラリア、ニュージーランド

（注）「家族政策の充実度」とは、家族政策の支出、育児休暇・保育所など状況に基づく評価であり、「女性労働の望ましさ」とは、労働参加率と失業率の男女比などに基づく評価である。
（出所） Siaroff（1994）のFigure 6.1に基づき作成

くつかの社会保障のモデルが提唱されている。しばしば引用されるのはエスピン＝アンデルセンが提唱する福祉レジームであり、「脱商品化」（人々が働けなくなった場合に生活を保障する）の程度によって、主要国を、社会民主主義レジーム、保守主義レジーム、自由主義レジームの三つに分類する[3]。具体的には、社会民主主義レジームに属するのは北欧諸国、保守主義レジームに属するのは欧州大陸諸国、自由主義レジームに属するのは米国を含む英語圏の国である。

しかし、エスピン＝アンデルセンの福祉レジームの分類については批判も多い[4]。たとえば、三分類は、家族主義の強さや女性の労働・家族政策の視点が欠けているという批判である。シーロフは、①家族政策の充実度と②女性労働の望ましさの二つの基準を使って、主要先進国を四つに分類している（表１－１）。北欧諸国は、①と②ともに高く、真に女性に対して「仕事と福祉の選択」を与えているとする。英国など英語圏の国は、給付・サービスは低いものの、労働市場において男女平等主義が比較的実現されているという。ドイツなど欧州大陸諸国は、女性が働くというより家庭にとどまるインセンティブが強いとする。①と②ともに低いのが南欧諸国や日本であり、保守主義レジームとは異なる第四の類型となっている。

もう一つ興味深い福祉国家の分類を行ったのがリンチであり、福祉国家を、社会的保護に関する普遍的なシステムと職域に基づくシステムに分類する。[5]前者では、非高齢者向けの支出（失業給付・積極的労働市場政策・家族給付・家族向けサービス）の割合が高く、後者では、高齢者向けの支出（年金・介護サービス）の割合が高いと指摘する。ただし、二つのシステムを混合したモデルとしてオランダを挙げ、同国は、もともと職域に基づくシステムであったが、第二次世界大戦後、市民ベースの社会保障が導入されたという。他方、イタリアは導入できなかったが、その背景に政治的競争の特徴があるとし、イタリアの政治は極度の個別誘導型政治であり、普遍的な社会保障制度になると、投票との引き換えに利益を供与できなくなるからであるという。日本の政治システムがイタリアと類似するとは単純には言えないとしても、日本の社会保障が高齢者向けに過度に偏り、職域型であることは事実である。[6]

福祉レジームの分類は、それぞれ理念的なモデルにすぎないが、日本が抱える問題は社会保険を基盤とする保守主義レジームに共通することから、特にＯＥＣＤ諸国を比較するにあたっては、エスピン＝アンデルセンの三つのモデルを便宜的に使う。

困難に直面するビスマルク型社会保障

福祉国家に新しい役割が求められているなかで、とりわけ困難に直面しているのが保守主義レジームの国である。これは「ビスマルク型」とも言われ、19世紀に世界に先駆けて社会保険を導入したドイツの宰相オットー・ビスマルクにちなんで付けられている。

ビスマルク型社会保障の伝統的な特徴としては、①被用者と一部の自営業者を対象とする社会保険、②社会保険へのアクセスは保険料の事前拠出に基づく、③給付は原則として過去の拠出額に比例して現金で提供される、④サービス給付は限定的、⑤実施面では、政府というより準公共が中心であり、社会的パートナーが資金の管理に責任を有する、などが挙げられる[7]。

この社会保険システムは、男性の産業労働者に対して、労働者としての地位や所得を保障することを主な目的としていた。また、基本的には、保険原理が重視され、所得再分配を目指すものではない。しかし、社会保険システムの前提が大きく変わり、保険制度の基盤が崩れたのである。非正規雇用などが増えれば、保険料収入が減少し、保険財政も苦しくなる。こうしたことから、「さようならビスマルクモデル」とさえ言われるようになった。

ビスマルク型の国では、年金・医療・失業などが保険制度により拡充されてきたが、福祉国家の新しい機能や役割（「新しいリスク」とも言われる）に関する支出は全体的に脆弱である。社会保険料の引上げは比較的容易であるものの、新しいリスクに対応するためには一般財源が必要であり、増税は政治的に難しいからである。また、ビスマルク型国家では、育児は家庭の責任という伝統が強く、年金支出などは、家族政策の支出と競合関係にあることから、[8]「新しいリスク」への支出を増やすことが難しい。それでも、ビスマルク型社会保障の国は、新しいリスクに対して伝統的なモデルを軌道修正しているが、特に日本は修正が遅れている。

以下では、先進諸国における経済・社会のパフォーマンス、社会保障の規模・重点分野、財源などについて、福祉国家の三つのモデルの相違を分析し、日本の社会保障の特徴を明らかにする。先進諸国をすべて比較することはできないので、三つのモデルの代表的な国、すなわち、社会民主主義レジームについては、デンマーク・フィンランド・ノルウェー・スウェーデンを、保守主義レジームについては、フランス・ドイツ・イタリア・オランダを、自由主義レジームについては、オーストラリア・カナダ・英国・米国を取り上げる。そして日本である。

2　経済・社会のパフォーマンス

最も少子化高齢化が進む日本

レジーム別主要国の出生率と高齢化率（65歳人口の割合）を概観する。

２０２０年において、出生率が高い国はフランス（1・79）、デンマーク（1・67）スウェーデン（1・66）、米国（1・64）である。低い国はイタリア（1・24）と日本（1・33）であり、それ以外の国は1・4～1・6である。[9] 日本以外の多くの国で、１９９０年から２０１０年頃にかけて増加傾向にあったが、その後減少に転じている。例外は、フランス・デンマーク・ドイツである。特に、本

図1－1　三つの福祉レジームにおける主要国の高齢化率の推移

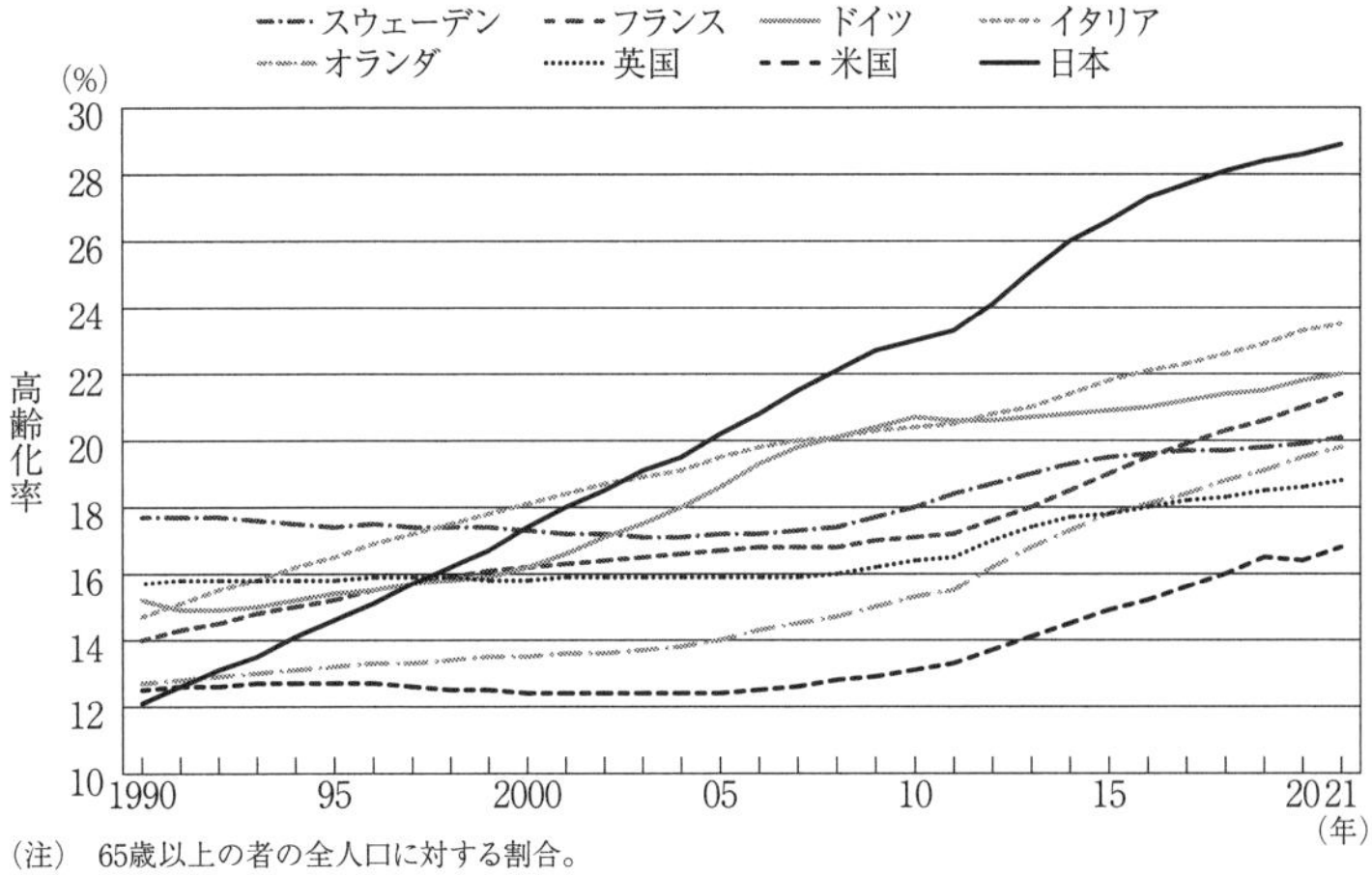

（注）65歳以上の者の全人口に対する割合。
（出所）OECD Population Databaseに基づき作成

書が焦点を当てるビスマルク型国家の代表であるドイツは、94年以降継続的に上昇し、2020年では1・53になっていることは特筆するべきである（移民がより多くの子どもを産んでいると言われている）。

高齢化率（65歳以上人口の割合）を比較する（図1－1）。足元の高齢化率は、オランダを除く保守レジームが高く、それを上回るのが日本である。日本は、過去30年間で各国を追い抜き、2021年で28・9％に達している。

各国とも非正規が増大

失業率は日本が最も低い。日本の失業率は、1990年代平均の3・0％から、2000年代に4・6％に上がったものの、10年代は3・6％に低下し、コロナ前の2019年で2・4％である。年により変動はあるものの、10年代で日本に次いで低い国は、4％程度のドイツやオランダなどで

図 1−2　保守主義レジームと日本における女性のパート雇用の推移

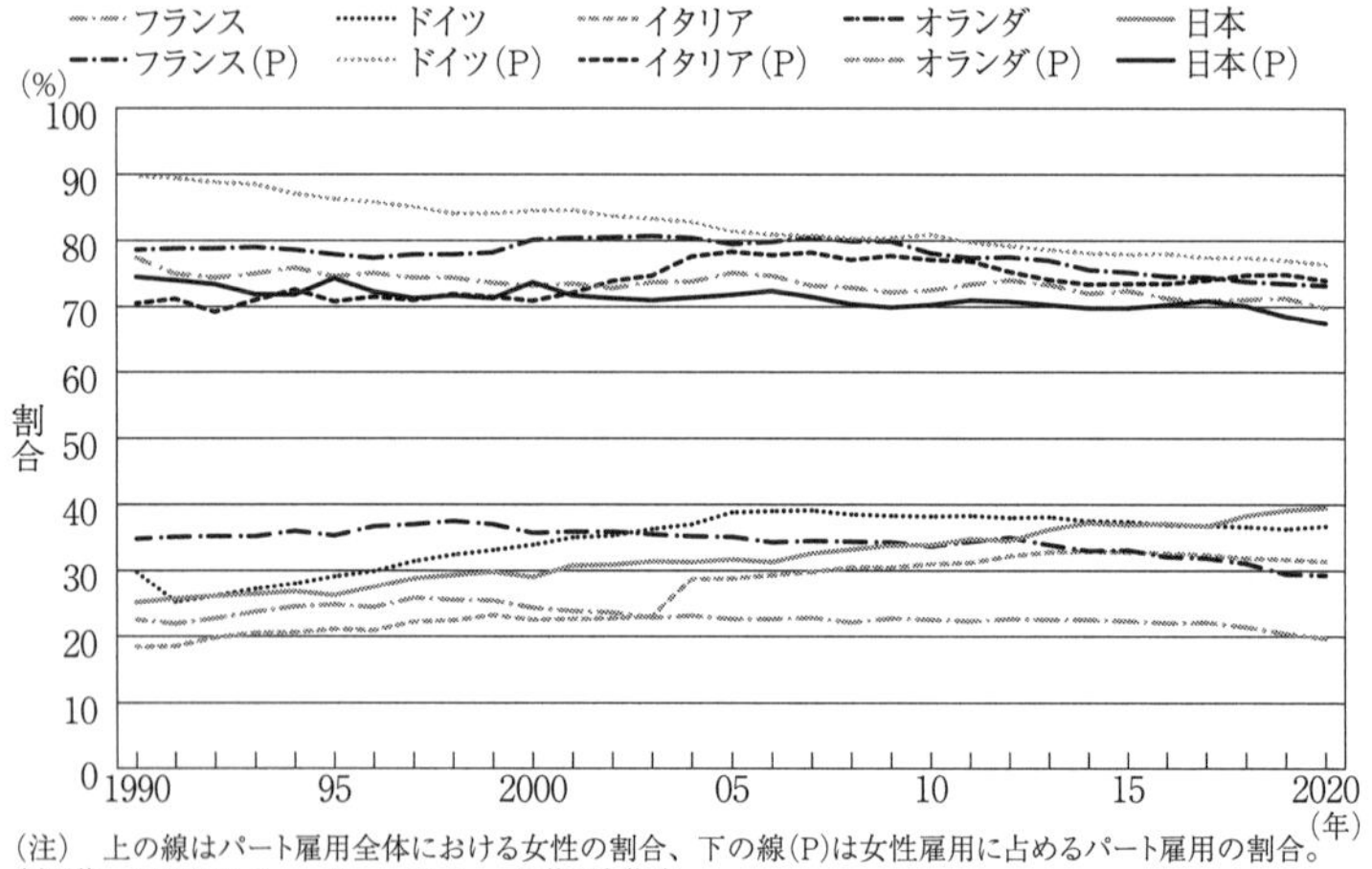

（注）　上の線はパート雇用全体における女性の割合、下の線(P)は女性雇用に占めるパート雇用の割合。
（出所）　OECD Labour Force Datase に基づき作成

あり、高い国は10％程度のフランスとイタリアである。(10)

日本の労働力率（２０１９年）は、男性については71・4％であり、スウェーデン（75・5％）に次いで高い。しかし、女性については53・3％と低く、男女差は日本が最も大きい(11)。

ほとんどの国の労働市場において、非正規、パート、派遣労働者などの雇用形態が増えている(12)。男性のパート雇用の割合は、２０１９年でオランダが19・4％で一番高く、続いて日本（14・2％）などである。オランダを除く保守主義レジームは10％未満であり、男性は正規雇用中心となっている。女性のパート雇用の割合についても、オランダ（56・9％）、日本（39・1％）が高い(13)。

パート雇用全体における女性の割合は、保守主義レジーム（平均74％）と日本68・5％が高い。保守主義レジームについて時系列的な変化をみると（図１－２）、パート雇用全体における女性の割合は、イタリアを除いて減少しているが、日本の過去30年間の減少幅は、ドイツやフランスより小さい。女性雇用全体におけるパートの割合は、オランダとフランスは低下しているが、日本・ドイツ・イタリアは顕著に増えており、最近では、日本が約４割で最も高い。

男女の賃金格差を見ると（２０１８年）、北欧は低く（10％未満）、英語圏の国やドイツ（15％）はやや高い。日本は24％であり、韓国（34％）に次いで高く、ＯＥＣＤ平均13％の約２倍である。女性雇用の位置づけについては各国相違があるものの、特に日本は男女差が大きい。

日本は、失業率が低いにもかかわらず、賃金が伸び悩んでいるが、これもスキルを持たない、非正規などが増えたことなどが背景にある。[14]

米国に次いで格差と貧困率が高い日本

社会保障制度のパフォーマンスを測る重要な指標の一つは所得や資産の分配状況なので、それについてみていこう。最初に不平等を表すジニ係数（所得再分配後）について、ＯＥＣＤ主要国を比較する（図１－３）。ほとんどのＯＥＣＤ諸国で、１９９０年代以降ジニ係数は増えており、不平等が拡大している。ただし、その水準は、米国と英国が高く、欧州諸国は低い。日本は、同じ期間で微増であるが、その水準は自由主義レジームやイタリアに近い。

国民の上位10％が占有する資産の割合については、レジームによる相違はそれほど大きくはなく、最も高い米国（２０１５～17年で79％）に続いて、デンマーク、オランダ（60％程度）であり、低いのはイタリア、日本（40％程度）である。[15]それ以外の国は50～55％程度である。

図1−3　福祉レジームの主要国におけるジニ係数（所得再分配後）の推移

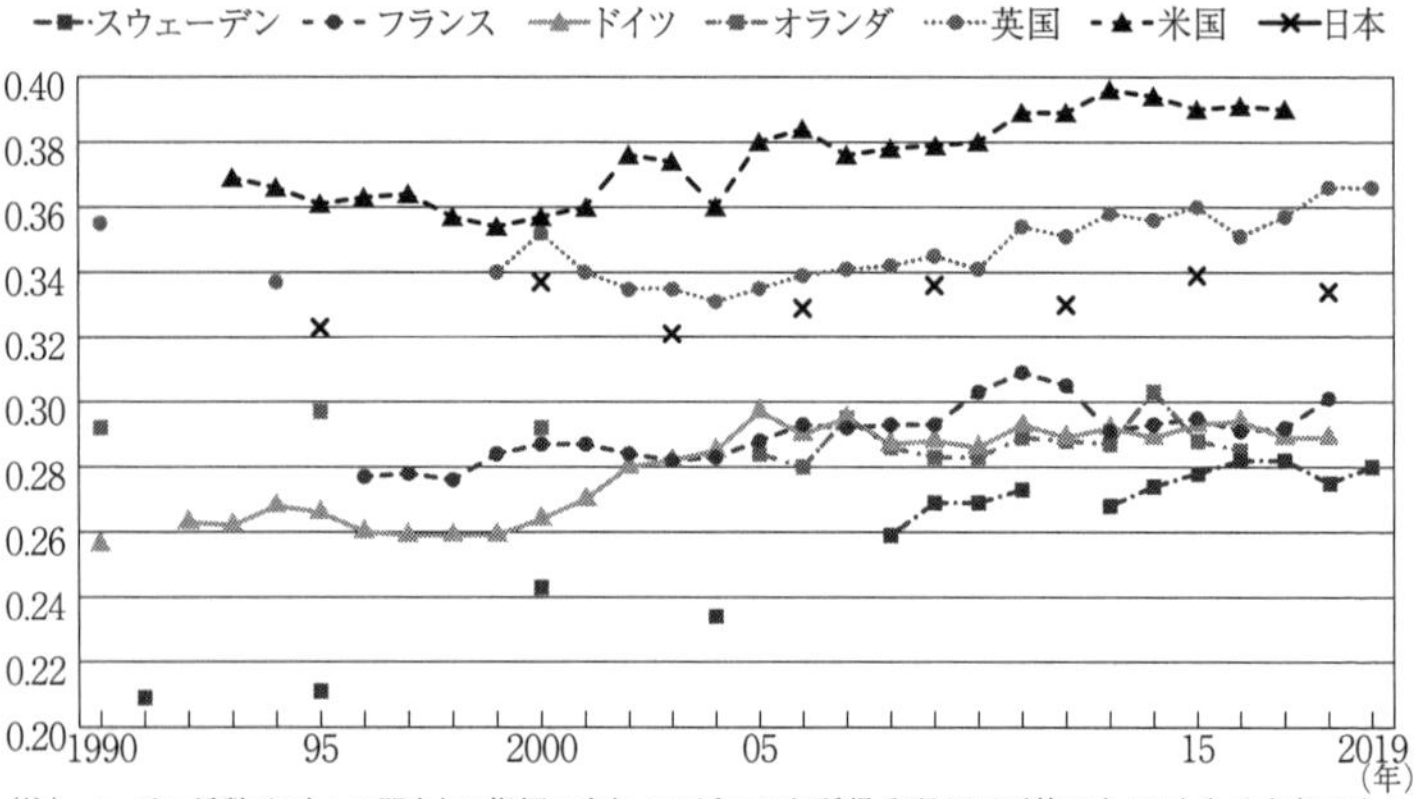

（注）　1. ジニ係数は0と1の間をとる指標であり、1に近いほど所得分配が不平等であることを示す（0であれば全員が同じ所得を有し、1であれば1人のみが所得を有する）。
2. 日本を除いて2011あるいは12年以降は新しい所得基準に基づく（日本は旧基準）。
（出所）　OECD Income Distribution Datasetに基づき作成

相対的貧困率（所得再分配後）についても増加傾向にある（図1－4）。ここでも米国が高く、次いで日本、欧州諸国である。日本は、英国を上回る。

社会保障・税による再分配が弱い日本

先進諸国における所得が低い下位20％の世帯が、どのくらい現金給付を受給し、税金（所得税と保険料など）を負担しているかについて、ＯＥＣＤの分析を紹介する。[16] この分析では、スウェーデンとオーストラリアが、社会保障の哲学において大きな相違があり、興味深い。

オーストラリアでは、現金移転は低所得者に集中的に投じられる（現金移転全体の41・5％）一方、彼らの税負担は極めて少ない（税負担全体の0・8％）。他方、スウェーデンは、低所得世帯も一定の負担をする一方で（同6・5％）、現金移転はそれほどでもない（同25・9％）。しかし、負担

図１−４　福祉レジームの主要国における相対的貧困率（所得再分配後）の推移

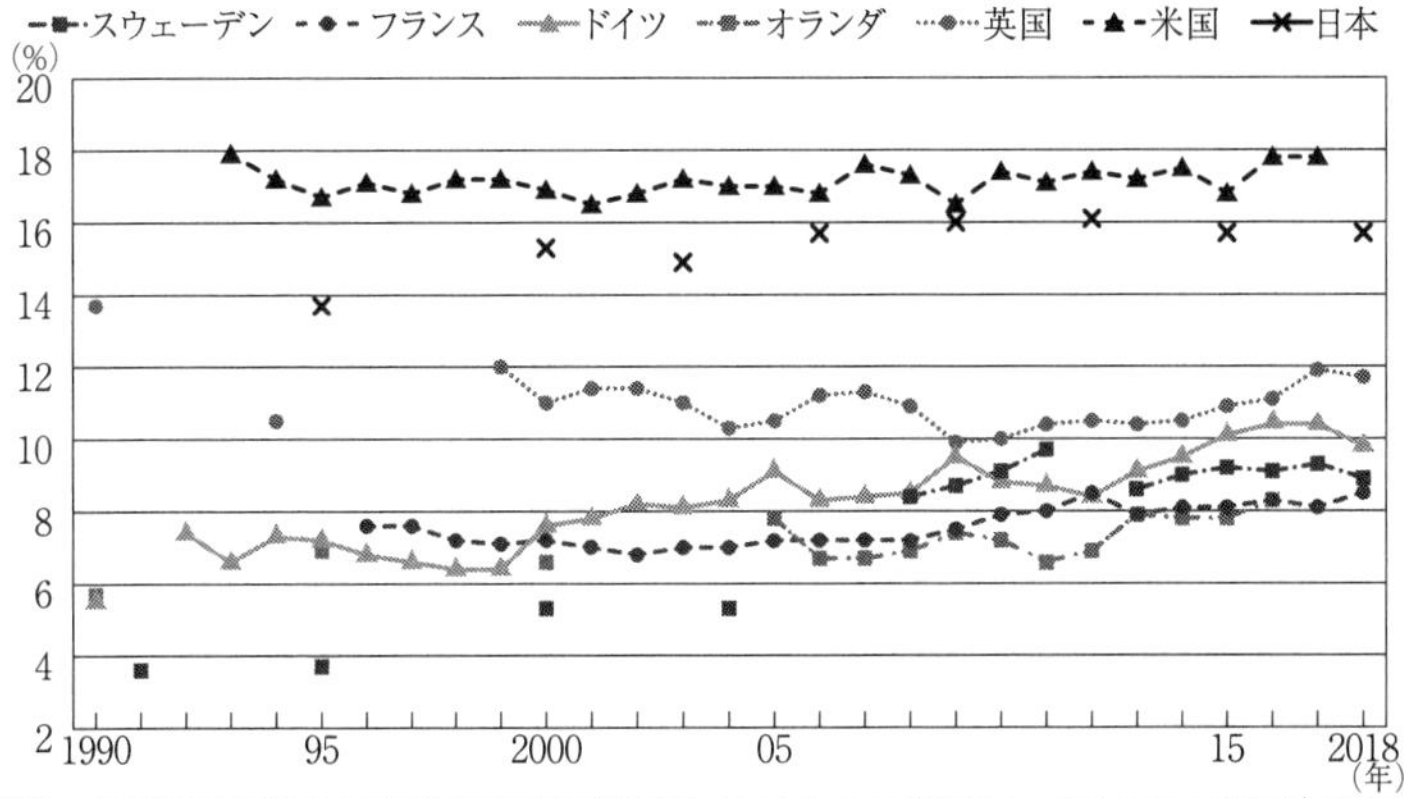

（注）　相対的貧困率は中位所得（全国民を所得の低いほうから並べて順番として真ん中の人の所得）の50%の所得を有する者の割合。
（出所）　OECD Income Distribution Dataseに基づき作成

を控除した低所得者への純移転（可処分所得に占める割合）は、オーストラリア５・８％、スウェーデン５・７％でほぼ同じである。つまり、両国とも低所得者対策は手厚いが、オーストラリアは低所得者へ選別的である一方、スウェーデンは国民全体で再分配し、より普遍的である。

　オーストラリアには政府が運営するような年金・医療保険はなく（義務的な私的年金は存在し、私的医療保険の加入を奨励される）、社会保障給付は一般財源で賄われるため、ミーンズテスト、すなわち所得や資産に基づき給付対象が限定される。ただし、年金などはその基準が寛容なので、多くの国民が受給している。医療は国営医療サービスであり、国民誰でもカバーされている。つまり、オーストラリアの社会保障の哲学では、政府が基礎的な部分を国民誰にも一般財源で保障しつつ、それを超える部分は個人の自助努力を求めているといえる。

日本はどうか。低所得者が負担する税・保険料負担の割合は6・0%でスウェーデンよりやや少ないだけであるが、現金給付は15・9%にすぎない。つまり下位20%に振り向けられる現金給付は、現金給付全体の20%に満たない。純移転では、日本は2・0%にすぎず、オランダ4・5%、ドイツ4・2%、フランス3・9%と比べてかなり低い。日本の低所得世帯は、所得税の負担は少なくても、社会保険料の負担が重い。日本の社会保障支出は、韓国などのように低いわけではないが、貧困率などが高いのは、低所得者への支援が少なく、むしろ豊かな者を保険制度を通して助けているからだ（第2章を参照）。

経済成長が最も鈍い日本

国内総生産（GDP）の伸びを見る。1990〜2020年までの過去30年間の年平均実質成長率では自由主義レジームが高く（4カ国平均4・3%）、次いで社会民主主義レジーム（同3・9%）であり、保守主義レジームは低い（同2・9%）。日本の平均成長率（0・5%）の低さは際立っている。

次に、一人あたりGDPの推移を見る。[17] 日本は、1990年においては、スウェーデン、フランス、英国などを上回るなど、主要国と遜色なかったが、2020年においては4万7768ドルであり、社会民主主義レジーム（平均5万1558ドル）、ドイツ（4万7855ドル）、オランダ（5万1572ドル）、米国（5万8298ドル）などと比べて大きなちがいがある。日本は人口が減っているにもかかわらず、成長率の伸び悩みを反映して、一人あたりGDPも伸び悩んでいる。

経済成長と格差の間には関係があるが、格差は人々の努力を促し経済成長を促進させる、格差是正は資源配分を歪めて成長にマイナスという主張がある一方、格差は経済成長を阻害する、格差是正は人々に安心を与えて経済成長を促進させるという異なる主張が併存している。

ＯＥＣＤは、長期的時系列データが入手できるＯＥＣＤ21カ国中16カ国において格差の指標であるジニ係数が上昇しており、それが経済成長にマイナスの影響を与えていると分析する[18]。ジニ係数が当該ＯＥＣＤ諸国全体で１９８０年代半ばの０・29から２０１１／12年に０・32に上昇したため、経済成長率が25年間にわたり毎年０・35％ポイントずつ押し下げられ、25年間の累積的なＧＤＰ減少幅は８・５％となっていると指摘する。その理由として、所得格差は、人的資源の蓄積を阻害することにより、不利な状況に置かれている個人の教育機会を損ない、社会的流動性の低下をもたらし、技能開発を妨げることを挙げる。

３　社会保障の規模と分野別の配分

モデルによる相違

社会保障関係の支出（対ＧＤＰ比）を比較する[19]。

２０１７年において、社会民主主義レジームの社会支出の平均は、保守主義レジームを代表する欧州大陸４カ国の平均とほぼ同じであり、これらと比べて自由主義レジームを代表する英語圏の４カ国の平均は８％ポイント程度低い（表１－２）。フランスは今やＯＥＣＤ諸国中最も高くなっている。

１９９０年以降、ほとんどの国で社会支出は増大し、ＯＥＣＤ平均では約４％ポイント増えている。

表1－2　福祉レジーム別OECD主要国の社会支出（対GDP比）

福祉レジーム	国名	1990年	2017年	1990−2017増減	2017年一人あたり
社会民主主義レジーム（北欧諸国）	デンマーク	21.9	31.3	9.4	17,211
	フィンランド	23.3	29.7	6.4	14,121
	ノルウェー	22.7	26.5	3.8	16,673
	スウェーデン	26.9	26.4	−0.5	13,946
	平均	23.7	28.5	4.8	15,487
保守主義レジーム（欧州大陸諸国）	フランス	24.4	32.2	7.8	14,398
	ドイツ	22.9	27.8	4.9	14,722
	イタリア	22.1	28.6	6.5	11,965
	オランダ	24.1	23.2	−0.9	12,846
	平均	23.4	28.0	4.6	13,483
自由主義レジーム（英語圏）	オーストラリア	13.1	21.8	8.7	11,203
	カナダ	17.5	18.0	0.5	8,830
	英国	15.2	21.3	6.1	9,861
	米国	13.7	24.8	11.1	14,737
	平均	15.3	20.4	5.1	9,965
	日本	11.1	22.7	11.6	9,300
	OECD平均	17.1	20.8	3.7	9,622

（注）　増減は％ポイント、一人あたりはUSドル（名目・購買力平価）、それ以外は％。
（出所）　OECD Social Expenditure Databaseに基づき作成。

注目すべきは、この期間で減少しているスウェーデンとオランダである。両国は、特に90年代において社会保障の構造改革を実施したからである。日本は90年と比べてＧＤＰ比で倍増し、２０１７年では英国やオランダとほぼ同じ水準になっている。日本は社会保障の後発国であることが影響しているが、今や欧州諸国並みの水準に達している（ただし、一人あたりでは少ない）。

この社会支出は、公的支出と義務的私的支出の合計であるが、これに任意の私的支出を加え、さらに税による支出（所得控除などの恩恵から課税による給付の削減を控除）を加えた純総支出を見ると、フランスは同様に最高水準であるものの（31・２％）、日本（23・８％）は、スウェーデン（24・４％）、オランダ（24・７％）、ドイツ（25・２％）などと比べて大きな差はない。日本は、高齢化が他国より進んでいるとはいえ、純総支出では、「小さな国」とは言えない。

年金・医療に偏る日本

次に、社会支出の内訳をみよう（２０１７年）。どこの国でも年金（遺族を含む）や医療のウエートが高いが、年金と医療を合計した支出の全体に対する割合は、米国87・７％、日本84・８％が突出して高く、それ以外の国は60〜70％程度である。米国は特殊であり、年金は少ないが、医療支出が他国のほぼ倍ぐらい多い。

他方、家族政策（対ＧＤＰ比）では、社会民主主義レジームが非常に高く（４カ国平均で３・２％）、保守主義レジーム（同２・２％）、自由主義レジーム（同１・９％）を上回る。フランスやドイツは家族政策を拡充しているが、それでもスウェーデンなどには及ばない。英国は、社会民主主義レジームと同じ水準になっている。

日本は1・6％であり、各レジームの平均を下回る。日本の家族政策への支出は、過去約30年間で約6倍に増えてはいるものの、その水準（対GDP比）や全体に対する割合では、2017年でも、ドイツ・フランスに及ばない。

積極的労働市場政策（職業訓練や就職相談など、対GDP比）についても社会民主主義レジームが高く（4カ国平均1・2％）、保守主義レジームのほぼ2倍、自由主義レジームの約6倍である。日本（0・15％）は、自由主義レジーム（平均0・2％）より少ない。失業給付についても、日本（0・15％）は、自由主義レジーム（平均0・39％）よりも少ない[20]。

保守主義レジームの社会支出が医療と年金に偏っていることには理由がある。保険料は、所得税などの税金と比べて引上げへの抵抗が少ないからである。そうしたなかでも、日本の偏重は際立っており、家族や積極的労働市場政策・失業に関する支出の低さが目立つ。日本は欧米諸国と比べて失業率が低いことから、関連する支出が低いと想定される。たしかに、失業に関する支出は失業率と一定の相関があるが、積極的労働市場政策の支出は失業率との相関はほぼない。

補償的支出 vs 社会的投資

次に、福祉レジームの資源配分の特徴、そしてビスマルク型社会保障の問題を明らかにするために、社会的投資を比較する。「社会的投資」とは、社会的包摂を促進させつつ、人的資本に投資し（幼児教育と育児、教育、生涯訓練）、人的資本をより効率的にするための政策（女性や片親を支援する、積極

図1−5　OECD諸国の社会的投資と補償的支出(2017年、対GDP比)

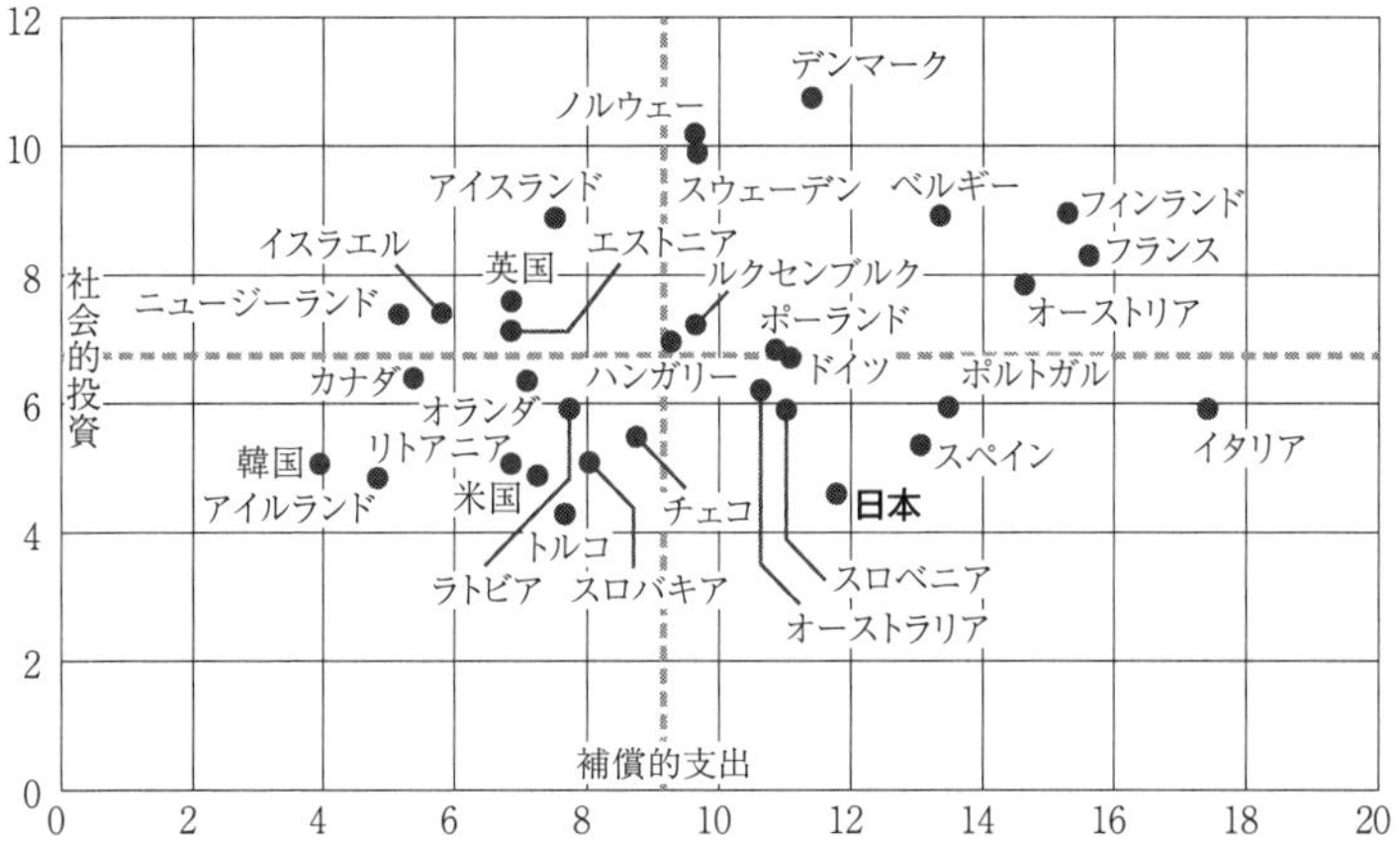

（注）　補償的支出と社会的投資の分類はRita（2012）に基づく。点線はそれぞれのOECD平均値。
（出所）　OECD Social Expenditure Database及びEducation Databseに基づき作成

的労働政策、労働市場の規制による政策、弾力的な保障を通じた社会的保護の制度）であり、統計的分析により、社会的投資政策が雇用と雇用の質に対してプラスの影響を与えること、短期の失業保障、傷病保険、日々のケア支出、教育支出、積極的労働市場政策、平均教育期間は、雇用水準にプラスの影響を与えることが示されている(21)。

　社会的投資は、経済発展のために、人的資本というサプライサイドを重視する政策である(22)。特に重視されているのが、家族政策・積極的労働市場政策・教育である。

　これらへの支出と伝統的な施策である補償的支出（年金と失業）のバランスを見たのが図１－５である。二つの支出がともにＯＥＣＤ平均を超えて高いのが社会民主主義レジームである。自由主義レジームは、総じて（米国とアイルランドを除けば）、補償的支出は低いものの、社会的投資は高い。保守主義レジームは、従来、補償的支出が高く社会的投資が低かったが、最近では、二つのグループに分岐している。フランスなど、北欧ほどではないものの、社会的投資がＯＥＣＤ平均を上回るグループと下回るグループである。ドイツは、ほぼＯＥＣＤ平均である。オランダは、従来右上の下のほうに属していが、左側にシフトしている。日本は、南欧と同じように右下に位置するが、社会的投資は南欧より少なく、それだけ経済発展に対してマイナスの影響を与える。

4　社会保障の財源

社会保険料の異なる位置づけ

国・地方などを合わせた一般政府レベルの収入総額を概観する。社会民主主義レジームの平均収入（対ＧＤＰ比、２０１９年）は42・８％であり、保守主義レジーム（平均41・５％）と比べて若干高い。自由主義レジームは29・９％、日本は32・０％（18年）である[23]。

レジームによりちがいが大きいのは社会保険料である（デンマークとオーストラリアには社会保険はない[24]）。社会保険料の収入総額に対する割合を見ると、社会民主主義レジームの平均は25～26％で、ほぼ一定で推移している。保守主義レジームの平均は、１９９０年の38％から２０１９年の34％へと４％ポイント低下している。自由主義レジームの平均は、18～19％で大きな変化はない。

図1－6　日本における一般政府の財源構成の変化

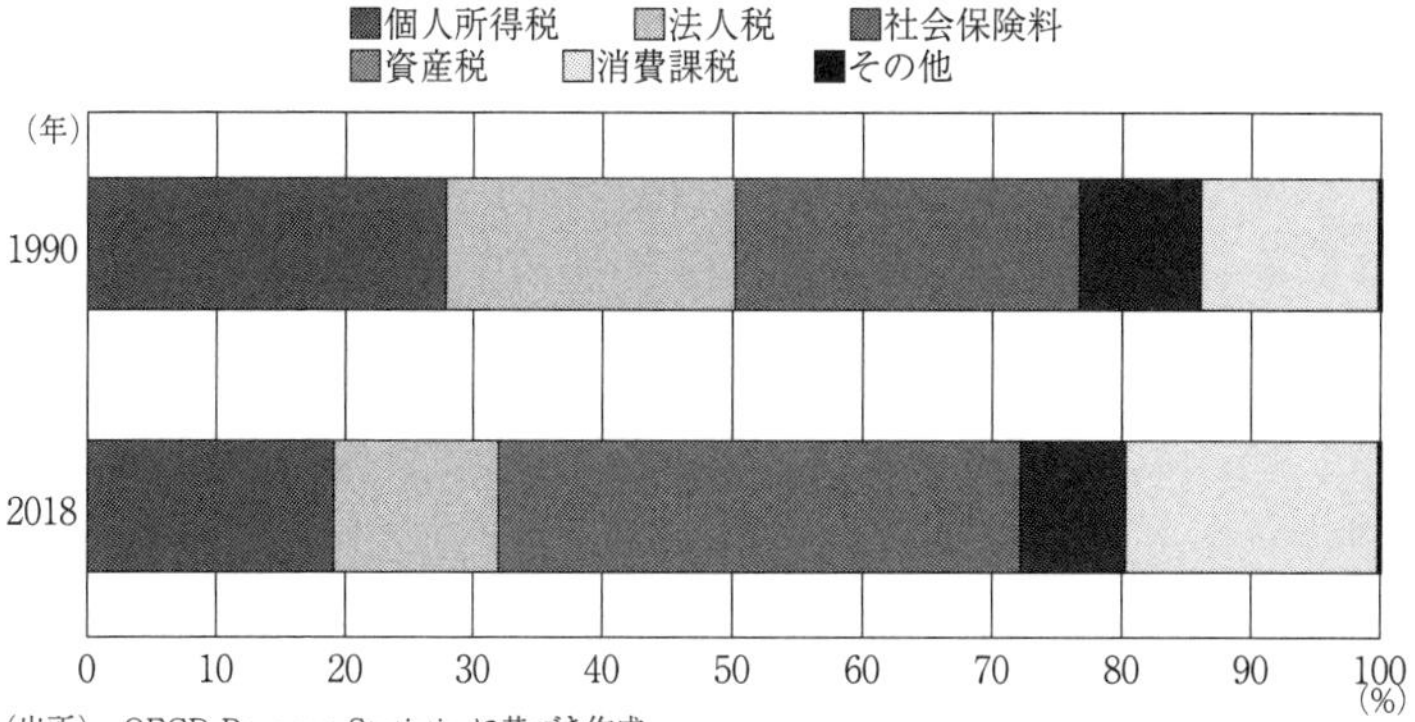

（出所）OECD Revenue Statisticsに基づき作成

保険料依存が突出する日本

次に、本書が焦点を当てる4カ国の保険料の収入全体に対する割合を比較する。ドイツは、30年間ほぼ38％程度で一定であるが、フランスは同じ期間で44％から33％へ11％ポイントも低下した（その減少分はほぼ所得税の増となった）。オランダは37％から34％へと3％ポイント低下している（所得税の割合も減る一方、法人税と消費課税が増えた）。

日本の保険料の対GDP比は、1990年の7・5％から2018年の12・9％へと1・7倍になっており、急増している。その財源構成を見ると（図1－6）、保険料の割合が急増し、最近では、全体の4割に達している。消費課税の割合も増える一方で、所得税や法人税の割合は減少している。

全体的に低い日本のパフォーマンス

本書が主に比較対象とするビスマルク型の4カ国についてまとめる。日本はドイツ、フランス、オランダより所得分配が不平等であるが、その要因の一つは、社会保障移転と社会保険料負担にある。日本は失業率が低いが、出生率も低い。フランスは出生率が高いが、失業率も高い。ドイツとオランダの失業率と出生率は改善している。パート割合はオランダが非常に高く（その理由については第3章で説明する）、フランスは低い。フランスは手厚い社会保障により、出生率が高く貧困率も低いが、失業の問題に直面している。日本の問題は、労働面における男女の格差が際立って大きいことだ。

ＧＤＰでみた経済的なパフォーマンス（30年間）については、オランダが一番優れており、日本が一番劣っている。ドイツは、ＧＤＰ全体の成長率はフランスとほぼ同じであるものの、一人あたりＧＤＰの伸びは、フランスを上回る（30年間でオランダ１・49倍、ドイツ１・40倍、フランス１・25倍、日本１・22倍）。こうしてみると、全体的にはオランダのパフォーマンスが優れており、次にドイツが続く。

【第1章　注】

（１）Bonoli and Natali（2012）を参照。

（２）中村（２０１９）は、アクティベーション政策を、「何らかの事情により労働市場と仕事から遠ざかっている人びと―『不活発（inactive）』であるとみなされる人びと―を、しばしば制裁措置をともなう義務として『仕事（work）』または職業訓練・教育プログラムへ参加するよう促し、そうすることで社会的給付を削減し国家の財政負担を軽減することをねらった、広範にわたる社会諸政策の組み合わせ」（５ページ）と定義する。

（３）エスピン＝アンデルセン（２０００）を参照。

（４）福祉国家の分類についての議論は、新川（２０１５）を参照。

（５）Lynch（2006）を参照。
（６）日本がどのモデルに属するかについては議論がある。北山・城下（２０１３）は、日本は、社会支出の少なさの点で自由主義レジーム、職域別の保険の点で保守主義レジーム、すべての国民に対する保険サービスの点で社会民主レジームの側面があるとする（３３７ページ）。また、ガザ（２０１４）は、年金と医療については、米英独仏などと多くの特徴を共有している一方（社会保険、普遍的なカバレッジ、同じ医療サービスの提供など）、失業給付と公的扶助については、最も水準が低く他国から大きく分岐していると指摘する（２２２～２２４ページ）。
（７）Palier（2010a, pp. 40-41）を参照。
（８）Bonoli and Reber（2010）を参照。
（９）本書が焦点を当てる３カ国の出生率を比較すると、１９９０年で、フランスが１・78で一番高く、オランダ１・62、日本１・54、ドイツ１・45だった。フランスは２０１０年の２・02まで回復し、その後に低下したものの、20年で最も高い。オランダは、95年の１・53まで減少した後、10年の１・80まで徐々に上昇し、20年では１・55となっている。OECD Population Databaseに基づく。
（10）２０１０年代において、社会民主主義レジームでは、ノルウェーの失業率が３～４％で低く、他の３カ国は５～８％である。自由主義レジームでは、10年代前半、英国・米国が８～９％と高かったが、コロナ前に４％弱まで低下し、オーストラリア・カナダは５％を下回っている。保守主義レジームでは、フランスは１９９０年代以降、変動はあるものの、８～10％で推移している。フランスより高いのがイタリアであり、２０１０年代前半には12％台に達した。ドイツは、90年代・00年代は８～10％で高かったが、10年代後半には３～４％に低下している。オランダは、90年代半ばの10％から、総じて減少傾向にあり、10年代後半には４％台になっている。日本を含めOECD Economic Outlook Databaseに基づく。
（11）労働参加率とは、15歳以上の人口の内、働いている人と完全失業者の人数を15歳以上の人口で割った値である。２０１９年において、男性の労働参加率については、社会民主主義レジームと自由主義レジームがそれぞれ平均で約70％と高く、次いで保守主義レジーム（平均64％）と続く。女性についても、社会民主主義レジーム平均64％、自由主義レジーム平均60％と高く、保守主義レジームでは、オランダ59・８％、ドイツは56・６％フランス51・３％、イタリア41・３％、となっている。本書の労働関係のデータは、OECD Labour Force Databaseに基づく。
（12）OECD（2015a）は、“Nonstandard workers”という用語を使っている。“Standard workers”とは、「雇用期限の定めのないフルタイム雇用」であり、そうではない雇用形態として、自営で生計を立てている労働者、一時的なフルタイム労働者、パートタイム労働者（有期・無期雇用）を挙げている。パートタイム労働者とは、主たる仕事について通常の労働時間が週30時間未満の者である。

(13) 男性のパート雇用の割合が低いのは、ドイツ9・5%、イタリア7・8%、フランス6・9%である。女性については、スウェーデン17・3%、フランス20・4%、ドイツ36・3%である。
(14) 金（2022）は、日本の2001~20年までの実質賃金上昇率は、マイナス0・5%であり、米国・ドイツ・英国は、それぞれ24・3%、17・0%、12・5%であるとしている。また、日本が低い理由として、相対的に賃金水準が低い非正規労働者、女性、高齢者、サービス業従事者が増加したこと、低い生産性が改善されないこと、企業が十分な利益を上げていないことなどを挙げる。労働組合が使用者側との交渉で賃上げを要求しない代わりに雇用を優先することもある。
(15) OECD Income Distribution Database に基づく。
(16) OECD（2008）を参照。
(17) OECD National Account Database に基づく。
(18) OECD（2014b）を参照。日本も含まれる。
(19) 本書では、国際比較の観点から、断りのない限り、OECD Social Expenditure Database に基づく「社会支出」を使う。社会支出は、年金・遺族、医療、障碍、家族、積極的労働市場政策、失業、住宅、その他（社会扶助等）に分類される。対象期間は1990~2017年としている。社会支出は、公的支出、義務的な私的支出、私的支出で構成されるが、前二者の合計を対象とする。
(20) 日本の積極的労働市場政策については、水準・伸び率いずれにおいても、ドイツ・フランス・オランダと比べてかなり低い。過去30年間で、日本は約0・6倍となり減っているが、3カ国は1・5~2・7倍に増えている。積極的労働市場政策の全体に対する割合は、3カ国は2%後半であるが、日本はそれらの3分の1程度にすぎない。失業対策もほぼ同様の傾向である。
(21) Morel *et al.* (2012, p. 2 & p. 8) を参照。ただし、社会的投資については批判もある。社会的投資は、伝統的な社会的な保護政策を犠牲にする、非正規など脆弱な環境にある人たちは、よい環境にある人たちと比べて社会投資からの便益を受けにくい、すなわち育児サービスや高等教育など関連するサービスは中間層や豊かな人たちがより利用する、といった指摘である (Fleckenstein *et al.* [2021], p. 8)。
(22) 諸富（2020）は、社会的投資国家は、一見、1980年代以降、先進国で社会的影響力を増してきた「サプライサイド経済学」と共通性があるようにみえるが、両者は、その国家観がまったく異なっていること、サプライサイド経済学は政府機能とその財政機能の縮小を通じて「小さな政府」の実現を目指している一方、社会的投資国家では、あくまでも公共目的に資する資源配分の決定権を国家が握り、市場に任せていては資金が提供されない人的資本、自然資本、そして社会関係資本の蓄積を意図していると整理する（159~160ページ）。
(23) 社会民主主義レジームでは、1990年と比べて平均で1・3%ポイント減少している（スウェーデンは6・1%ポイント減少）。保守主義レジームでは、オランダだけ０・４％ポイント減少したが、平均では３・５％ポイント増えている。自由主義レジームは、０・６％減少でほぼ不変である。日本は、保守主義レジームと同じように３・８％ポイント増えている。以上のデータはOECD Revenue Statisticsに基づく。

(24) 保険料の対ＧＤＰ比を見ると、社会民主レジームの平均は、１９９０〜２０１９年で10〜11％の水準で推移しつつ、全体として若干低下している。保守主義レジームの平均は、13〜15％の水準で推移している。フランスは３％、オランダは１％ポイント強それぞれ低下しているが、ドイツ、イタリアは２％ポイント上昇している。自由主義レジームの平均は５〜６％で推移しており大きな変化はない。

第2章　社会保障制度の発展・改革過程と現状

第1章では日本の社会保障が諸外国とどのように異なるのかを明らかにしたが、どうしてそうなったのか原因を探る必要がある。筆者は、社会保障制度の発展の歴史と財源調達にあると考える。そこで本章では、日本における社会保障制度の発展と改革の経緯を振り返るとともに、就業構造や所得再分配の現状、その背後にある人的投資や多様な働き方を阻害する社会保険制度の構造問題を探る。

1　社会保険制度の導入と限界

保険制度の導入と発展

日本も、ドイツやフランスなどと同様に、社会保険制度は、職域により分立しているが、ドイツなどとは発展の経緯が異なっている。ドイツなどは、政府の関与や規制はあるものの、経営者と労働者などのステークホルダーが職域の相互扶助として保険制度を発展させてきたが、日本は国家の経済を発展させる観点から、政府主導で導入が図られてきた。また、職域による分立といっても、現在では、年金は被用者とそれ以外であり、医療を除けば、ドイツやフランスほど分立してはいない(1)。

日本最初の社会保険は、健康保険法（1922年）に基づく医療保険であり、主に肉体労働者が対象であった。その後、国民健康保険法（32年、地域あるいは職域で任意設立・任意加入、健康保険の被保険者は除外）、船員保険法（39年）、労働者年金保険法（41年、男性工場労働者を対象）及びその改正法である厚生年金保険法（44年、事務職員・女子にも適用拡大）が制定された。

第二次世界大戦が終わり、戦後の貧困と混乱に対応するため、まず生活保護法（1946年）や児童福祉法（47年）、そして失業保険法（47年）や労働者災害補償保険法（47年）が制定されるが、その後の社会保障制度発展の基本的な方針を規定したのが、社会保障制度審議会の「社会保障制度に関する勧告」（1950年10月16日）である。

この勧告は、社会保険制度については、

① 国民の自主的責任を害することがないように、社会保障の中心は自ら醵出する社会保険制度でなければならない

② 今日の経済事情の下においては、すべての国民に対してすべての事故に備える十分な制度をつくることは不可能である

③ 現在の各種の社会保険制度を統合して給付の拡充と負担の公平を図る

④ 医療、出産及び葬祭に関する保険制度は、被用者に対する保険と一般国民を対象とする保険とに区別して取扱うことは止むを得ない

⑤ 年金保険もできればすべての国民を対象とすることが望ましいが、経済が窮乏し保険料の負担

能力が少ない現在、一般国民に対する保険は将来日本の経済が十分回復するまで待たなければならない

などと述べる。

経済がまだ復興の途上にある状況では、まず被用者を中心とする保険制度の拡充を図るという方向はやむを得ない選択である。他方で、保険制度は被用者向けと非被用者向けの二本立てとする、同じ保険事故に対しても分立する保険は、給付や負担面で不公平があることから、その是正を急ぎ将来的に統一する、といった方針が明確にされたが、「将来的に統一」という方針は、被用者年金の統合などを除けば、現在に至るまで実現されていない。

拡充から一転して抑制へ

この勧告が出された１９５５年から、戦後の高度成長が始まり、生活水準の向上とともに社会保障制度も拡充されていく（昭和30～40年代）。その象徴が「国民皆保険」の達成であり、具体的には、新しい国民健康保険法（58年制定）と国民年金法（59年制定）である。厚生労働省は、新国民健康保険法が61年４月から実施されたことをもって、国民皆保険体制が実現したと説明する。

全国民を医療と年金の保険の対象とすることは、理念としては美しいが、その実態は異なる。横山・田多は、医療保険については、１９５５年のスウェーデンに始まった北欧諸国の国民皆保険体制は単一制度で包括的に一様に国民の健康を保障しているが、61年４月にスタートした国民皆保険体制は、そ

れとは似て非なるものであり、八つの医療保険からなる「分立型国民皆保険体制」であると述べる[2]。

高度成長により税収が増え、それにより社会保障は拡充されていく。その象徴が、1973年に田中角栄政権が宣言した「福祉元年」である。その内容は、70歳以上の医療費無料化、年金の物価スライドや医療の高額療養費制度の導入などである。しかし、まさに同年及び78年の二度にわたる石油ショックを経て、日本経済は低成長に陥り、社会保障の拡充が財政を圧迫するようになる。

1981年に第二次臨時行政調査会が設置され、社会保障の見直しが始まる。老人保健法の制定（82年）、基礎年金導入や給付水準適正化などの年金制度改正（85年）、地域医療計画導入のための医療法改正（85年）、生活保護の国庫負担の10分の8から4分の3への引下げ（85年）などである。

急速な少子高齢化とさまざまな制度改革

1989（平成元）年、合計特殊出生率が1・57となり、戦後最低を記録した66年（ひのえうま）の1・58を下回った。また、94年には、高齢化率が14%を超え、国連が定義する「高齢化社会」が到来した。こうした状況を受け、平成時代は、少子化対策として、91年の育児介護休業法、94年のエンゼルプラン、2003年の少子化社会対策基本法など、高齢化対策として、89年のゴールドプラン、97年の介護保険法、2004年の年金改正（保険料水準固定・マクロ経済スライド）、06年の医療制度改革（医療費適正化、後期高齢者医療制度）などが進められた。

近年の大きな社会保障制度改革は、2012年に民主党政権下で、自民党と公明党も参画してとりまとめた「社会保障・税一体改革」である[3]。社会保障制度改革推進法（12年8月10日成立）に基づき、年金や子ども・子育てなどの関連法が制定された。一体改革は、消費増税（５％から10％へ）により、基礎年金の国庫負担の２分の１への恒久的な引上げをはじめとして、社会保障四経費（年金、医療、介護、子ども・子育て支援）を拡充するものである[4]。

さらに、一体改革は、第二次安倍晋三政権に引き継がれる。２０１３年８月に、社会保障制度改革推進法に基づき設置された社会保障制度改革国民会議が「確かな社会保障を将来世代に伝えるための道筋」と題する報告書をまとめた。同会議は、一体改革をまとめた三党合意により設置されたものであるが、報告書の発表は安倍政権（２０１２年末～20年９月）になっており、その内容は、「自助・共助・公助」の最適な組合せなど自公の基本的な考え方を反映したものになっている[5]。

国民会議の最終報告を受けて、２０１３年12月、社会保障制度改革プログラム法（「持続可能な社会保障制度の確立を図るための改革の推進に関する法律」）が成立し、生活困窮者自立支援法（13年）、被用者年金制度の一元化法（15年）、国民健康保険法改正（15年、国保の都道府県単位化）などの制度改正が行われた。

安倍政権の終盤になり、２０１９年９月、全世代型社会保障検討会議が設置され、同年12月に「中間報告」がとりまとめられ、厚生年金の適用範囲の拡大、在職老齢年金の見直し、70歳までの就業機会確保、後期高齢者の自己負担割合の引上げなどに加えて、不妊治療への保険適用、待機児童の解消などが盛り込まれた。

全世代型社会保障については、２０２１年９月に発足した岸田文雄政権にも引き継がれ、「全世代型社会保障構築会議」（21年11月９日の第１回会議開催）において検討が行われている。岸田政権でも、

「人への投資」が強調されており、構築会議では、子育て支援、非正規雇用、勤労者皆保険の実現、女性の就労、情報技術を活用した医療・介護・福祉サービスの効率化などに焦点が当てられている。23年1月には、岸田首相は「異次元の少子化対策」を講じ、家族関係支出の倍増を表明した。

日本型雇用の行き詰まり

労働政策についても、1990年代前半のバブル崩壊や2008年のリーマン・ショックなどを契機にさまざまな対策が講じられてきた。それは、規制改革とセーフティネット強化の両面がある。たとえば、04年の規制改革・民間開放推進3か年計画（職業紹介規制の緩和、派遣就業の機会拡大）、11年の求職者支援法（失業保険を受給できない者に職業訓練などを提供）、12年の労働者派遣法改正（派遣労働者の無期雇用化や待遇改善）、13年の生活困窮者自立支援法、14年のパートタイム労働法改正（差別的待遇の是正）、15年の女性の職業生活における活躍の推進に関する法律、18年の働き方改革関連法などである。

近年の動きは、安倍政権が掲げた「一億総活躍社会」であり、その一つの柱が「働き方改革」である。「働き方改革実行計画」（2017年3月28日閣議決定）では、同一労働同一賃金、賃金引上げと労働生産性向上、女性・若者の人材育成、子育て・介護等と仕事の両立などが規定されている。

さらに、2017年6月に「人生100年時代構想会議」が設置され、18年6月「人づくり革命基本構想」が取りまとめられた。その柱は、幼児教育・高等教育の無償化、大学改革、リカレント教育、高齢者雇用の促進などである。

田中秀明は、安倍政権の施策は多いものの、多くは政権浮揚や選挙対策を意識してつくられたものであり、社会保障の根本的な問題に切り込むものではないと指摘する(6)。

日本型社会保障の限界

第二次世界大戦後から現在に至るまでの社会保障政策の発展と改革の経緯を急ぎ振り返ったが、その特徴をまとめる。厚生労働省の資料「日本の社会保障制度の特徴」は、次のように述べる。

①　すべての国民の年金、医療、介護をカバー（国民皆保険・皆年金体制）
②　社会保険方式に公費も投入し、「保険料」と「税」との組み合わせによる財政運営
③　「サラリーマングループ」と「自営業者等グループ」の二本立て
④　国・都道府県・市町村が責任・役割を分担・連携

日本の特徴としてしばしば指摘されるのは、企業による保障である。アベグレンは、戦後の日本の企業の発展の源泉が「終身雇用」「年功序列」「企業内組合」にあることを指摘し(7)、エステベ−アベは、日本では、現役世代への所得保障は少ないものの、それと同等の機能を有する仕組みとして、企業や生産者への優遇措置、市場を規制することによる職の保護が発達してきたと指摘する(8)。

しかし、こうした仕組みは、バブル経済崩壊後の低成長や産業構造の変化、そして急速な少子高齢化を受けて綻びが目立つようになる。濱口は、日本特有の「メンバーシップ型雇用」では、非正規労働者の低賃金は生活給を稼ぐ正社員の妻や子どもであるという前提の上に社会的正当性を得ていたが、１９９０年代以降の就職氷河期世代の出現により、社会の相当部分がセキュリティのないフレクシビ

リティという悲惨な状態に追いやられてしまったと指摘する。(9)

そもそも「皆保険」及び「皆年金」は、実態とは異なっている。たとえば、国民年金では、全被保険者の約5割が保険料を満額納めていない。これでどうして「皆」といえるのだろうか。英語では、「皆」は universal というが、それは社会保険では達成できない。どのような社会になっても、保険料を負担できない者が存在するからである。つまり、そもそも国民全員を等しくカバーするという意味での「皆保険」は原理的に達成できない。そこで、最近では「勤労者皆保険」という用語が使われているが、これも同様だ。正確には、それは保険料を負担できる、あるいは負担する意志がある者には、保険が用意されているという意味である。これは単に定義の問題ではない。皆保険・皆年金をあたかも事実のように前提とすることが問題解決の糸口を塞ぐことになるからである。

厚生労働省が整理する日本の社会保障の特徴そのものが問題の核心であり、保険制度が就業構造の変化に対応できないのだ。

2 就業構造の変化と貧困・格差の拡大

「非正規」雇用とは

社会保障制度改革の背景となっている就業構造や所得分配などの状況について概観する。

就業構造を分析するにあたり、労働力調査で使われている関係する用語を整理しておく。労働力人口とは、15歳以上人口のうち、就業者と完全失業者を合計したものである。就業者は、雇用者（役員と非役員）、自営業者、家族従業者に分かれる。雇用者とは、「会社、団体、官公庁又は自営業主や個人家庭に雇われて給料・賃金を得ている者及び会社、団体の役員」であり、役員を除く雇用者については、勤め先での呼称により「正規の職員・従業員」「パート」「アルバイト」「労働者派遣事業所の派遣社員」「契約社員」「嘱託」「その他」の七つに区分されている。

これを踏まえると、正規ではない雇用者、すなわち「非正規」は、あくまでも呼称である。そもそも正規雇用とは、たとえば、厚生労働省が設置した「非正規雇用のビジョンに関する懇談会」報告書（２０１２）によると、①労働契約の期間の定めはない、②所定労働時間がフルタイムである、③直接雇用（労働者派遣のような契約上の使用者ではない者の指揮命令に服して就労する雇用関係（間接雇用）ではない）のいずれも満たす者となっている。逆にいえば、非正規雇用については、呼称だけではなく、契約期間や労働時間も重要なメルクマールである。

雇用関係についても、政府統計は実態を十分に把握できるとは限らない。特に、非正規雇用とフリーランスやギグワーカーといわれる人たちの境界線が曖昧になっているからである。後者は、法令上雇用契約ではないものの、実質的には雇用・従属関係にある場合もある。[10]

非正規の急増と賃金格差

日本では働く人が減っており、生産年齢人口（15～64歳）比率は、１９９１年に70％でピークに達し、２０２０年の60％まで低下している。[11]自営業と家族従業者は趨勢的に減少しており、就業者総数に対する割合でみると、１９７３年の31％から２０２１年に10％に低下している。その逆に、雇用者が

図2−1　雇用形態別雇用者の推移

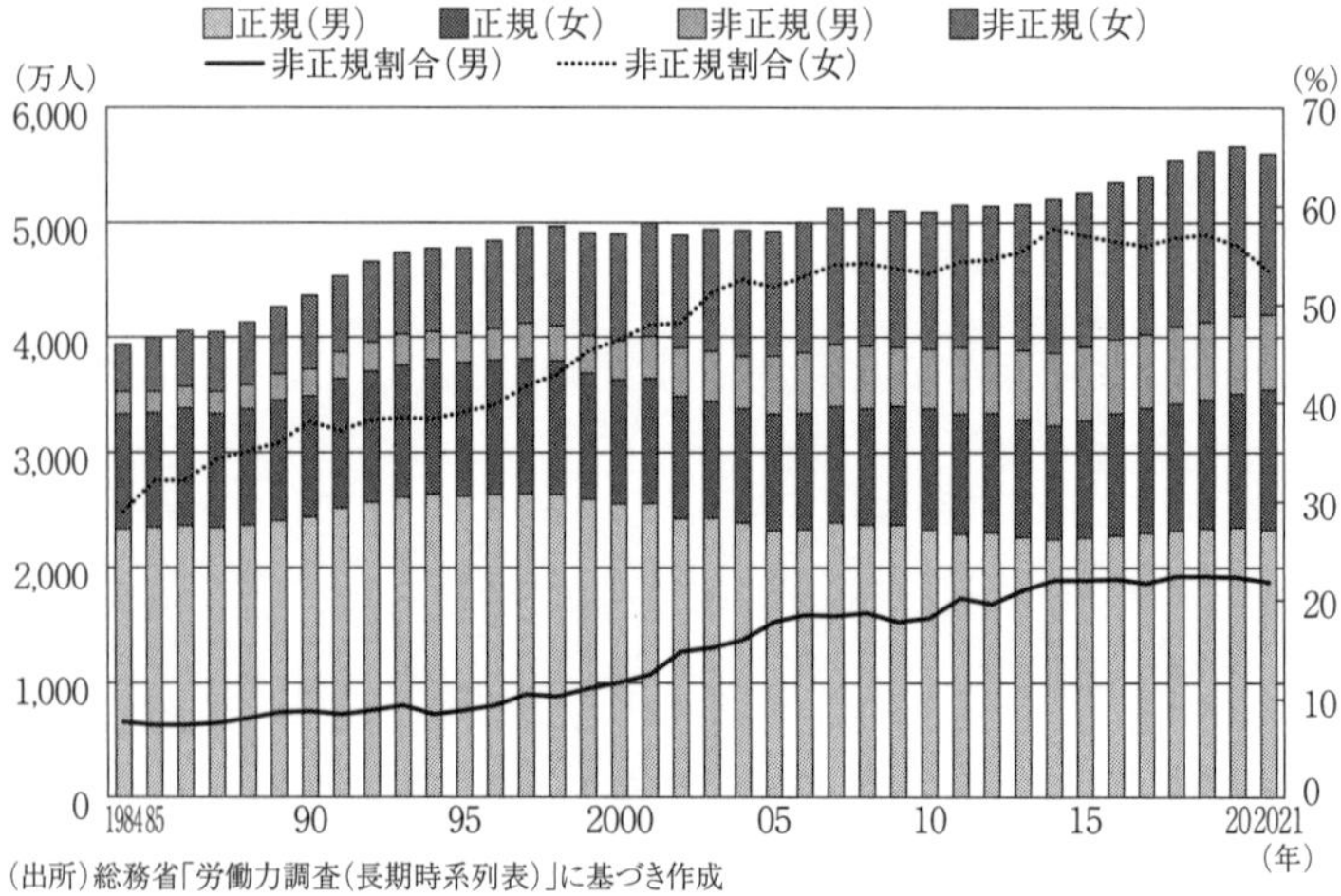

（出所）総務省「労働力調査（長期時系列表）」に基づき作成

増えており、現在では約9割に達している。

雇用者のうち、男女別の正規・非正規の推移を見る（図2－1）。1984年と2021年を比べると、正規（男性）はほぼ変わっていないが、正規（女性）は22％増えた。他方、非正規（男性）は3・3倍、非正規（女性）は3・4倍になった。この結果、21年で、男性の非正規割合は22％、女性の非正規割合は54％に達している（男女計では37％）。

このように、女性が非正規を担っていることについて、金井は、典型的・中核的な男性正社員の拘束性の高い働き方を合理化することで、拘束性の低い働き方としての非正規雇用の処遇を抑えることにつながり、これが非正規雇用の増大と雇用形態の間での強固なジェンダーの偏りをもたらしていると指摘する[12]。

2021年における男女別の年齢階級別の雇用者（正規・非正規）を見ると、非正規の状況は男

図2−2　年齢階級別・男女別・雇用形態別賃金（2021年）

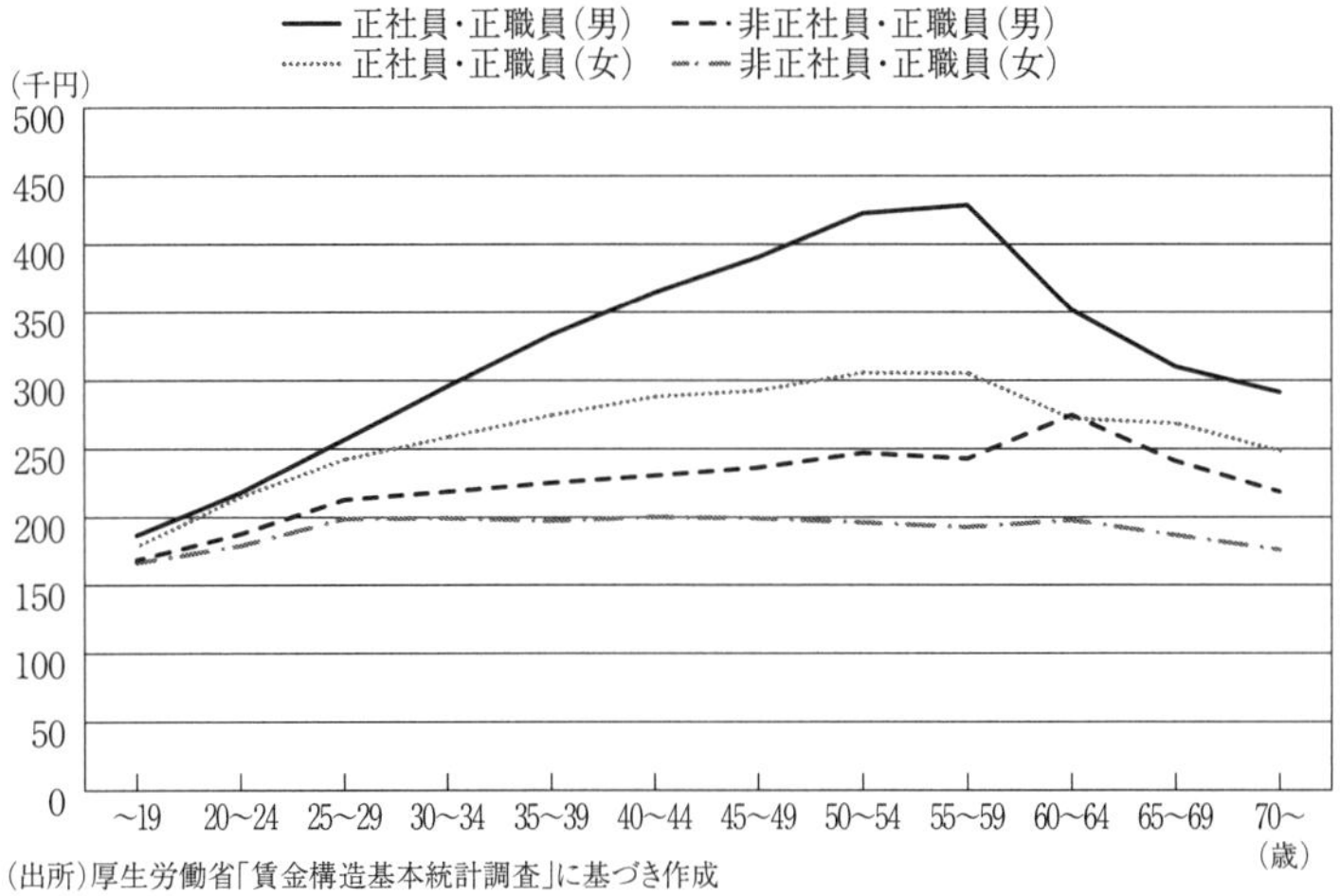

（出所）厚生労働省「賃金構造基本統計調査」に基づき作成

女で大きくちがいがある。男性は20歳半ばまでの若年者（46％）と65歳以上の高齢者（71％）で非正規の割合が高い一方、女性は30歳半ば以上で50～70％と高くなる。[13] 子育てを終えた者が多いからと考えられる。

次に、正規・非正規の賃金の相違を比較する。２００５年と21年を比べると、正規（男性）の賃金はほぼ変わっていない（３４９万円）[14]。非正規（男性）は、２００５年から９％増えて２４１万円、正規（女性）は13％増えて２７１万円、非正規（女性）は16％増えて１９５万円になっている。

年齢階級別の賃金を見たのが図２－２である。正規雇用（男性）において、年功序列が強い一方、女性（正規・非正規）は弱いことがわかる。特に、非正規（女性）においては、年齢による賃金の相違は20歳前後と70歳以上を除いてほぼない。正規・非正規の相違に加えて、相変わらず、日本は男女差が大きい。２０２１年で、女性の正規の賃金は、男性のそれの78％、女性の非正規の賃金は男性のそれの81％にとどまっている。

不本意な非正規

非正規雇用に焦点を当ててきたが、もちろん、そうした働き方を自ら選択している場合も多く、単純に非正規が問題というわけではない。

非正規の職員・従業員について、現職の雇用形態についた主な理由を見ると、自分の都合のよい時間に働きたいからとする理由が大きい[15]。他方、「正規の職員・従業員の仕事がないから」やむを得ず非正規を選んでいる者の割合（２０２１年）は、男性で17％、女性で８％である。ただし、その割合は、男性については、35～54歳で３割前後と高い。女性については、25～34歳で10～15％と高いものの、それ以外の年齢階級ではほぼ10％未満である。

また、主な正社員以外の労働者の現在の就業形態を選んだ理由をみると、全体では、「自分の都合のよい時間に働けるから」（36％）、「家庭の事情（家事・育児・介護等）と両立しやすいから」（29％）、「家計の補助、学費等を得たいから28％）、専門的な資格・技能を活かせるから」（24％）などが主な理由であり、「正社員として働ける会社がなかったから」は13％である[16]。

ただし、これは就業形態により大きく異なっている。不本意で非正規を選んでいる者は、パート労働者（８％）では少ないものの、派遣労働者（31％）や契約社員（24％）で多い。

貧困と格差の拡大

「国民生活基礎調査」に基づき、所得分配の状況を分析する。全世帯の一世帯あたりの平均所得金額は、若干の上下変動はあるものの、１９９４年の６６４万円をピークに減少を続けており、２０１８年に５５２万円になっている。次に、所得階級別の分布について、00年と18年を比較すると、平均所得は６１７万円から５５２万円へ、中央値は５００万円から４３７万円となり、所得分布が低所得のほうにシフトしていることがわかる。[17] つまり、日本全体が、バブル崩壊後の経済停滞やデフレなどの影響を受けて貧しくなっている。

相対的貧困率をみると、１９８５年の12・０％から上昇し、２０１２年以降減少しているが、18年で15・４％となっている。子どもの貧困率は、全体と比べて少し低いが（両親がいる場合は所得水準が高い）、子どもと大人１人世帯（典型的にはシングルマザーの世帯）の貧困率が突出して高い。ピークである97年の63％から低下しているものの、18年で48％が貧困である。

次にジニ係数をみると、当初所得のジニ係数は２００５年から17年で上昇しているが、同じ期間で可処分所得のジニ係数は若干低下している。[18] 当初と可処分所得の差は所得再分配によるが、17年で、純給付（給付金マイナス保険料負担）によりジニ係数は33％、税金により４％改善している。課税による格差是正は小さい。また、社会保障や税の役割は格差の是正に重要であるが、時系列でみれば、格差が大きく改善しているわけではない。

特に問題なのが母子世帯の貧困である。大沢は、所得再分配による貧困削減効果が全般的には乏しいとはいえ、妻が就業していない男性稼ぎ世帯ではプラスであるが、就業するシングルマザーではマイナスになっており、税・社会保障制度が総体として、女性が就業することに罰を与えている、あからさまなジェンダー・バイアスになっていると指摘する。[19]

高齢者世帯は、格差が大きいものの、平均的には現金給付（年金）が大きく再分配の恩恵を受けているが、現役世代の再分配には問題がある。ＯＥＣＤ諸国において、働く世代の個人に関し、所得分布の下位20％の低所得者と上位20％の高所得者に対して、現金給付がどのくらい提供されているかを見ると、日本は、下位20％が全体の18・５％、上位20％が18・２％を得ており、両者に相違はほぼない。[20]フランスも同様の傾向にあるが（下位・上位とも約21％）、ドイツは下位に29・７％、上位に13・２％、オランダは下位に37・１％、上位に11・４％と、低所得者に手厚い。

3　複雑な社会保険の仕組み

不公平な社会保険料負担

各保険制度を、被用者向けと非被用者向けに分けて、保険料負担を整理したのが表２－１である。いかに複雑な仕組みであるかがわかる。第３章で紹介するオランダの仕組みと比較してほしい。そもそもこうした一覧表を厚労省は作成しておらず、はなから国民に説明する気がないと思われても仕方がない。

雇用保険と労災保険については、基本的には雇用者向けかつ単一の保険者であるため、リスクによる保険料に相違はあっても、保険料の設定ルールは比較的単純であるが、年金と医療については、同じ社会保険でも保険料設定のルールに統一性や一貫性が乏しく、特に医療は非常に複雑である。被用者保険の保険料は、収入に対する定率である（賦課対象に上下限がある）。一方、非被用者保険では、国民健康保険と後期高齢者医療は定額と定率を合わせたものであるが、国民年金・介護保険は定額の段階保険料になっている。保険制度導入時は、自営業者の所得の把握が難しいという問題があったとしても、現在、同じ非被用者制度においても負担のルールが異なることに合理性があるとは思えない。ルールの相違は不公平をもたらす。

医療保険について、ドイツでは、保険者（疾病金庫）は１００強であり、保険料は統一されているが、日本は、保険料は統一されておらず（算定の基本的なルールは設定）、保険者の分立もはなはだしい。医療の保険者の数は、健康保険（１３９１）、協会けんぽ（１）、市町村国保（１７１６）、共済組合（85）、後期高齢者医療制度（47）、国保組合（１６０）となっている。[21] 保険では、その集団が大きいほどリスクを分散できるが、日本の医療保険は、人口が急速に減少するなかで、その原則にまったく反している。だから、別途財政調整が必要になっている。

年金については、被用者保険の統合（厚生年金と各種共済年金）により、保険制度は二つとなっているが、その保険料負担のルールはまったく異なる。そのため、厚生年金の非正規雇用への拡大に関連して、国民年金とのバランスが問題になる。

厚生年金の保険料納付の対象となる最低の標準報酬月額（２０２２年度）は８・８万円で、この場合の保険料（本人・雇主合計）は１万６１０４円である。他方、国民年金の保険料は１万６５９０円（22年度）である。月収10万円程度で、もし厚生年金に加入できれば、基礎年金部分プラス報酬比例

保険料（2022年）

非被用者保険制度	
賦課対象	保　険　料
（国民年金） 一定の所得以下に減免制度	16,590円／月額 （減免により0円、4,150円、8,300円、12,440円）
（国民健康保険／市町村） 均等割･平等割･所得割･資産割の組合せで自治体により相違	※千代田区の例（年間） 医療分＝A×7.30%+加入者数×37,800円、限度額65万円 後期高齢者支援分＝A×1.98%+加入者数×11,500円、限度額20万円 介護分＝A×1.22%+加入者数×16,100円、限度額17万円 ※A(算定基礎額)＝前年総所得等－基礎控除額（43万円） 均等割額については、7･5･2割の軽減措置がある 全国年額平均89,025円、東京都104,384円（一人あたり保険料調定額、介護分含まず、2019年度）
（国民健康保険組合） 組合により相違	※東京都医師国保の例（75歳未満の開業医･勤務医等、月額） 医療給付費分：27,500円、後期高齢者支援金等分：5,000円 介護保険分：5,500円 （家族分は、それぞれ7,500円、5,000円、5,500円） 全国年額平均179,875円（一人あたり、介護分含まず、2019年度）
（介護保険1号65歳以上） 所得金額と課税年金収入の合計に基づき自治体により相違	※千代田区の例（年間、所得金額に基づく段階保険料） 19,400円（世帯全員が非課税）～ 226,800円（所得金額が2,000万円以上）、限度額66万円 全国月額平均　6,014円
（後期高齢者医療） 均等割額+所得割額 自治体により相違	※東京都の例（年額） 46,400円+A×9.49%、限度額66万円 全国月額平均　均等割額3,981円+所得割率9.34%=6,472円 均等割額については、7･5･2割の軽減措置がある
非被用者は対象外	
一部の個人事業主は特例加入可能	

（出所）　厚生労働省、日本年金機構、健康保険組合連合会等の各種資料に基づき作成

表2－1　各保険制度の

	被用者保険制度	
	賦課対象	保　　険　　料
年金保険	（厚生年金） 標準報酬月額 8.8～65.0万円	18.3%（労使折半） 子ども・子育て拠出金0.36%（雇用者）
医療保険 介護保険	（健康保険） 標準報酬月額 5.8～139万円	組合により相違、3～13%（医療保険の法定料率） （労使折半、ただし雇用者負担を増やすことが可能） 組合平均(2021年度) 一般保険料：被保険者4.218%+雇用者5.014%=9.232% 介護保険料：被保険者0.873%+雇用者0.892%=1.764%
	（協会けんぽ） 標準報酬月額 5.8～139万円	都道府県により相違、9.51～10.65%（労使折半） 介護保険料1.64%（全国統一、労使折半） ※東京都の場合9.81%+1.64%=11.45%
	（国家公務員共済） 標準報酬月額 9.8～139万円	組合により相違 ※文部科学省の例（労使折半） 短期分：8.094%、介護分：1.746%
	（地方公務員共済） 標準報酬月額 9.8～139万円	組合により相違 ※東京都の例（労使折半） 短期分：7.54%、介護分：1.8%
雇用保険	被保険者の 年間賃金総額	一般の事業：労働者0.5%、雇用者0.85% 農林水産等：労働者0.6%、雇用者0.95% 建設業：労働者0.6%、雇用者1.05%　　※10/1以降
労災保険	事業所全労働者 の年間賃金総額	事業により異なり0.25-8.8%（雇用者負担） 例：輸送機器0.4%、道路建設1.1%、林業6.0%、 金属鉱業8.8%

（注）1. 厚生年金等の保険料は賞与にも賦課される。
2. 国民年金の保険料免除については全額・3/4,1/2,1/4免除がある。被扶養者無の場合所得金額67万円（年収175万円）以下で全額免除、学生特例や未婚のひとり親や障害者の場合異なる免除基準が適用。
3. 介護保険料については、1号（65歳以上）は定額、2号（40～64歳）は定率（毎年変動する）。2号保険料は介護給付費の一定割合(40-64歳人口の比率)を2号被保険者総数で除して一人あたりを算出。
4. 雇用保険の労働者及び雇用者の料率のうち0.2%は育児休業給付金に係るものである（合計0.4%）。
5. 労災保険には一定の要件を満たす場合保険料を減額するメリット制がある。

部分の年金を受給できるが、国民年金であれば、基礎年金部分しか受給できない。

個人負担でみれば、両者の間に2倍の相違がある。厚生労働省は、「全国民共通の基礎年金」、「基礎年金の部分については、給付の面でも負担の面でもすべて同じ条件で扱われる」と説明するが、これが実態と異なることは明らかである。国民皆で老後を支えるといっているのに、負担のルールが異なってよいとは思えない。

厚労省は、パート労働者が厚年に入れば報酬比例部分も受給できるから「お得」と説明するが[22]、それはタダではなく、誰かが負担することになるが、そうした説明はない。

厚年の保険料負担の枠組みを使う「子ども・子育て拠出金」もある。これは、被用者に係る3歳未満の児童手当の財源に充当されるもので、事業主のみが負担する（費用の7／15を負担し、残りは国16／45・地方8／45負担）。そもそも子育ては、年金や医療のような保険リスクに対応するものではなく、この拠出金は一般財源を十分確保できないために便宜的に課しているものである。

被用者保険の適用拡大の問題

現在、五つの社会保険が、正規雇用、非正規雇用、自営業者・フリーランスをどのように適用しているかを見たのが表2－2である。これは、関係法令に基づく制度上の適用である。問題となるのが、非正規や短時間労働者の保険適用である。

そもそも、厚年と健保の被保険者の対象は、1週間の所定労働時間及び1カ月の所定労働日数が同じ事業所の同様の業務に従事している通常の労働者の4分の3以上である者である。[23]また、この被保険

表2－2　就業形態別各保険制度の適用状況

	正規雇用	非正規雇用 （短時間労働者）	自営業者・フリーランス （非被用者）
年金保険	○厚生年金 （被扶養配偶者にも適用）	△適用拡大 （月額賃金8.8万円以上等の場合）	○国民年金 （保険料未納・減免が多い）
医療・介護保険	○健康保険組合 ○協会けんぽ （被扶養配偶者や子ども等の一定の親族等にも適用） ○介護保険（第2号）	△適用拡大 （月額賃金8.8万円以上等の場合）	○国民健康保険 （保険料減免が多い） ○国民健康保険組合 （医師・歯科医師・薬剤師・弁護士・理美容師等） ○後期高齢者医療制度 （保険料減免が多い） ○介護保険（1・2号） （保険料減免が多い）
雇用保険	○雇用保険	△短時間労働者に適用拡大 （20時間以上／1週間、31日以上雇用見込みの場合）	×
労災保険	○労災保険	○労災保険	×（大工・建設・土木、個人タクシー等の個人事業主は特例加入可能）

（注）1. 公務員は含めていないが、各種共済等により保障されている。
2. 厚生年金・健康保険については、すべての法人事業所（学校法人除く）、常時5人以上の従業員を雇用している個人事業所は加入義務。5人以上でも、サービス産業の一部、農林水畜産業等は除外。
3. 厚生年金・健康保険については、1週間の所定労働時間及び1カ月の所定労働日数が同じ事業所の同様の業務に従事している通常の労働者の3/4以上である者も対象。そうでない場合でも、月額賃金が8.8万円以上等の場合には加入できる。
4. 健康保険組合・協会けんぽについては、被保険者本人が生計を維持していれば、配偶者だけではなく、子・孫・弟妹、同一世帯3親等の親族や事実婚の配偶者なども被扶養者になる。
5. 雇用保険については、法人役員、季節的労働者、昼間学生、外交員、家事使用人等で一定の条件を満たす場合、加入可能。

（出所）厚生労働省等各種資料・関連法に基づき作成

者と生計をともにする配偶者や家族は、一定の条件を満たせば「被扶養者」として認定される（厚生年金の場合は「第3号被保険者」と呼ぶ）。その条件は、60歳未満の場合、130万円未満（月額10万8334円）かつ被保険者本人の収入の2分の1未満となっている(24)。

パート労働者など非正規の増大に伴い、彼らへの厚年や健康保険の適用拡大が課題となり、それは、社会保障・税一体改革に基づく年金機能強化法（二〇一二年制定）によって一定範囲で実現した。具体的には、2016年10月から、特定適用事業所（事業主が同一で被保険者数が一定数を超える事業所）で働くパート等の短時間労働者が、一定の要件（週の所定労働時間が20時間以上、月額賃金が8万8000円以上など）を満たす場合に、厚年と健康保険の被保険者となることになり、2016年及び20年の法改正で、適用がさらに拡大された(25)。

ここで適用拡大と被扶養者となることとの関係が問題となる。前者についての月額賃金の基準は、年収ベースでは106万円となる。被用者保険のルールに基づき、配偶者の年収が130万円未満であれば、被扶養者になるものの、106万円以上かつ事業所の規模基準等を満たせば、厚生年金と健康保険に加入することになったのである。

雇用保険にかかる短時間労働者への適用拡大については、厚年や健康保険以上に長い歴史があるが、近年の改革としては、2000年の雇用保険法の改正がある。これにより、1年以上雇用見込みがあり、1週間の所定労働時間が20時間以上の場合に適用されることになった。その後も適宜見直しが行われ、さらに社会保障・税一体改革の一環として、10年の同法改正により、雇用期間の見込みが「31日以上」になり、現在に至っている。

表2−3　就業形態別各保険の適用実態（2019年）

単位：％

	雇用保険	健康保険	厚生年金
正社員	92.7	97.2	96.1
正社員以外の労働者	71.2	62.7	58.1
出向社員	88.4	93.0	91.9
契約社員（専門職）	85.0	89.9	86.7
嘱託社員（再雇用者）	83.7	90.4	86.6
パートタイム労働者	64.0	48.7	43.1
臨時労働者	47.5	36.6	34.8
派遣労働者	86.4	86.6	84.1

（出所）　厚生労働省「就業形態の多様化に関する総合実態調査」

労災保険については、原則として労働者を１人でも使用する事業は強制適用されることから、雇用保険や厚生年金の対象とならないような、小規模な個人事業に雇われている者、パートやアルバイトも対象となっている。

社会保険（雇用・健康・厚年）の実際の適用状況を見たのが表２−３である。パート労働者への厚生年金の適用は、２００７年と比べて９％ポイント増えてはいるものの、約４割にとどまっている。雇用保険・健康保険の適用は厚生年金より高いが、正社員と比べるとまだ低い。

短時間労働者への被用者保険の適用拡大については、雇用主の問題もある。これにより低所得部分での逆進性がやや緩和されるとしても、制度が縦割りであるかぎり、雇用者の社会保険を適用する従業員を減らそうとする雇用主のインセンティブは，料率の上昇に伴って強まらざるを得ない[26]。金明中は、事業主は増え続ける社会保険料に対する負担を回避するために、①社会保険料に対する事業主負担分を労働者の賃金へ転嫁、②社会保険が適用されない非正規雇用労働者の雇用拡大、③既存の正規労働者の労働時間の延長や新規採用の縮小、④短時間労働者の労働時間の短縮などの対策を実施していると分析しており、社会保険の適用拡大が事業主に与える影響を懸念している[27]。

そもそも厚生年金にも加入漏れが多数あり、2014年の約200万人から減ったとはいえ、20年で105万人存在し、そのうち短時間労働者は約13万人で、17年の約12万人から1万人ほど増えている（「令和2年国民年金被保険者調査」に基づく）。

不公平な扶養の取扱い

被用者向けの年金・医療保険は世帯単位であるが、非被用者向けの国保などは個人単位の加入になっている。このため、前者では「被扶養者となる基準」があり、働くことに対して中立的ではない。これは、男性片働きを前提として発展した社会保険の根本的な問題の一つである。

この問題は、社会保険の適用基準だけではなく、所得税の扶養控除（配偶者控除・配偶者特別控除）にも関係し、103万円、106万円、130万円、150万円の「壁」と指摘されてきた。典型的には、パートで働く妻が、その給与収入により、夫の配偶者控除を受けられるか（妻自身が所得税を負担するか）、年金・医療保険の被扶養者となるか（妻自身が保険料を負担するか）が決まるため、労働時間を調整するという問題である[28]。

これに関して、長瀬は、パート労働市場が低年収市場として形成されて市場の賃金形成が歪むこと、妻が被扶養者にとどまれば保険料負担なしに基礎年金約６万５０００円（月額）を受給できる一方、たとえば１人前の保険料を20年間払っても増える報酬比例部分の月額は、年収２００万円の場合１万８２７０円しかなく、低い年金増であることを指摘する。[29]なお、医療保険については、新たに加入しても、傷病手当金などを除き追加的な給付はないので、メリットはほとんどない。

嵩さやかは、「第３号制度は、厚生年金への加入につながるような就労をせず個人としては無所得（または低所得）の被扶養配偶者に対し、被扶養配偶者（主に女性）の年金権の実質的保障のため、被用者集団・事業主集団から保険料相当額が再分配される仕組みと捉えられる」と指摘する。[30]

他方、第３号制度は、負担能力が低い配偶者（特に妻）の無年金を防ぐ必要があり、また医療保険と同じ扱いをするのが妥当であるといった理由から、賛成する意見も多い。また、片働き世帯と共働き世帯について、世帯の合計所得が同じであれば、負担と給付は同じであり不公平はないとして、３号制度を擁護する。ただし、同じ所得の独身者は、夫婦世帯と比べて給付が少なくなる。また、個人単位で負担と給付を比べると、片働き世帯は、少ない負担でより多くの給付を受けることができる。

この問題は、２００４年の年金改正の際に、厚生労働省が資料を提出し、第３号の保険料負担や給付削減などの提案を含め、さまざまな議論が行われたが、意見がまとまらず、基礎年金部分の年金分割を導入することにとどまった。

たしかに、西村が指摘するように、本人所得が低い第３号被保険者の負担を求めることは難しいことなどから、第３号被保険者制度の早急な廃止は困難であり、厚生年金の適用を拡大していくことが現実的な対応かもしれないが、[31]共働き世帯が過半以上を占め、より多くの国民がより長く働くことが求められているなかでは、第3号問題を、所得税の配偶者控除などとともに見直す時が来ている。岸田政権は、年収の壁の問題に対して、賃金を引き上げる企業に対して雇用保険から補助金を支給して、収入の逆転現象を解消するとしているが、木を見て森を見ない小手先の対策だ。

女性の年金については、遺族年金が専業主婦に有利であり、女性の就労意欲を削いでいるといった批判もある。また、労働者が職業を変えると、雇用者から自営業、あるいはその逆など、そのつど届出を提出する必要があり、雇用が流動化しているなかでは、届出を忘れて無年金になる可能性がある。

自営業者などへの保険適用の限界

次に、自営業者やフリーランスの各社会保険の適用を説明する。

年金保険については、国民年金に加入する義務があるが、国民年金の被保険者総数の半数が保険料を納めていない。[32] 保険料納付者の中には減免された保険料を負担している者が含まれる。つまり、保険料を満額負担している者はさらに少ない。医療保険については、地方自治体が運営する国民健康保険に加入する。国民健康保険では、保険料（税）が軽減（均等割・平等割について2・5・7割）されている世帯は全体の60％に達する。[33] 後期高齢者医療制度では、保険料が軽減（均等割について2・5・7・7¾割）されている被保険者は全体の64％に達する。[34]

介護保険の被保険者は二種類ある。40～65歳未満の場合、国民健康保険の加入者は自動的に介護保険に加入し（第2号被保険者）、医療分に上乗せして介護保険料を負担する。65歳以上は、雇用形態にかかわらず第1号被保険者となる。その介護保険料は自治体により異なり、また年金を含めた合計所得金額に応じた段階制になっており、建前としては国民年金のように「漏れる」ことはない[35]。

雇用保険は、労働者が解雇などにより失業するリスクに対応するための保険であり、自ら事業を営む自営業者本人は「労働者」ではないので、対象にはならない。

労災保険は労働基準法の適用を受けない者（個人事業主、法人の代表取締役、家事使用人、同居の親族等）には適用されない[36]。

自営業などの重要性

自営業者は、統計上趨勢的に減少しているが、把握されていない者もいる。高橋は、２０１７年に調査を行い、労働力調査の「自営業者」は、自身を自営業主と認識している者に限定したものであり、オンライン・オフラインを中心にいわゆるプラットフォーマーの中に、認識のない自営業主が４６７万人存在すると推計している[37]。

こうした雇用形態の変化が、まさに、国民健康保険の被保険者の属性を大きく変えている。１９６５年度から２０２０年度にかけて、市町村国保の世帯主の職業別構成割合は、農林水産業が42％から２％へ、自営業が25％から17％へと低下する一方、被用者が20％から33％へ、年金生活者等無職が７％から44％へと上昇している[38]。

非正規や自営業が多様な働き方の選択であれば、否定するべきものではない。正規労働者の働き過ぎ・働きづらさの問題に対しては、「雇われない働き方」は部分的な解決策にもなる[39]。自営業者の中では、法律・会計・特許事務所、獣医業、コンサルタント業、保健衛生など、「自営専門職」が増えている。[40] 起業やイノベーションの観点から、自営業者の活躍は期待されることから、彼らへのセーフティネットを疎かにはできない。

時代遅れの標準報酬制度

保険料算定の基礎となる標準報酬制度についても触れておこう。標準報酬とは、被用者保険（年金と医療介護）の保険料算定の基礎となるものであり、被用者の受ける報酬月額（基本給＋諸手当）に基づき決定される。標準報酬の月額は、原則年1回決定され（4～6月の報酬の平均額）、その年の9月から翌年の8月までの各月の標準報酬の月額となる。具体的には、被用者の報酬月額を標準報酬等級表に当てはめて、決定される。たとえば、報酬月額が13・0～13・8万円であれば標準報酬は13・4万円となり、これに保険料率を乗じて拠出額を算定する。

これは、あまりに時代遅れの仕組みである。そもそも、4～6月の給与が1年間の給与の平均となっているとは言い難い。[41] 会社により仕事の繁忙は大きく異なり、働き方が多様化し、月収が月により変動する場合もある。同じ社会保険料でも、雇用保険や労災保険、そして賃金に賦課される所得税はそのような段階制にはなっていない。標準報酬制度は、不公平と歪みをもたらす仕組みである。

さらに、社会保険料は、所得税と同じように収入や所得に賦課されるが、その賦課対象は異なっている。給与所得で考えると、保険料は、各種手当を含め被用者に支給されるすべての報酬であるが、所得税は、通勤手当・転勤などの旅費・宿直手当等は含まれない。[42] 具体的に指摘される問題は、新幹線を使う遠距離通勤である。通勤手当以外のすべての報酬が同じであっても、遠距離通勤者の保険料は、近距離通勤者より高くなる。法令が異なるとはいえ、合理的ではなく、縦割り行政の弊害だ。

副業に対応できない社会保険

近年、多様な働き方を背景に、副業やマルチジョブホルダーが注目されており、統計上の副業者は２０１７年で２６８万人いる。政府は、副業を奨励しているが（「働き方改革実行計画」17年３月28日）、現在の保険制度は、基本的に単一の事業所を前提としているため、保険適用や保険料算定などにおいて、さまざまな矛盾と不公平がある。たとえば厚生年金と雇用保険については、複数の事業所で働き、それぞれについては保険適用にならないものの、合算すれば保険適用の基準を満たすとしても、適用にならない[43]。また、自営業者が副業として被用者になった場合、週19時間勤務で第1号被保険者にとどまる場合と週20時間勤務で第2号被保険者となる場合で、後者の場合、収入が増えるにもかかわらず、本人の保険料負担（厚生年金と健康保険）が半分以下になる場合もあるという[44]。

これらは技術的あるいは例外的な問題ではない。現在の社会保険の適用や保険料の算定が時代に合わなくなっていることを示している。

4　社会保険の財源の変化と問題

逆進的な社会保険料の急増

社会保障の財源の変化を見よう。１９７０～２０１９年度において、社会保障収入（対ＧＤＰ比）

は、7・4%から31・6%へ増えているが、保険料（労使合計）は4・3%から13・2%へ約3倍、一般財源は2・2%から9・3%へ約4倍になった。(45)一般財源といっても、近年では借金に依存しているのが実態である。これ以外に、「他制度からの移転」があり、これは主に被用者保険の保険料を使って国民年金や国民健康保険等を支援するためのものである。1983年から実施された老人保健制度において本格的な移転が導入された。同年の移転の総額は2・2兆円であったが、2019年度には44・4兆円（対GDP比7・9%）に拡大している。

収入全体の財源構成（2019年度）を見ると、保険料42%、一般財源の割合29%、他制度からの移転（元は保険料）25%になっている。保険料と他制度からの移転の合計では、70年度の60%から、上下変動はあるものの、19年度の67%まで上昇傾向にある。

日本は、欧州諸国と比べて社会保障制度の整備が遅れていたことから、また急速な少子高齢化などの影響を受けて、社会保障支出が急増しているが、問題はその財源の仕組みにある。

図2－3は、第1号被保険者（国民年金）と第2号被保険者（厚生年金）の年金保険料の負担率を総所得階級別に示したものである。国民年金保険料は、低所得者等への減免制度はあるものの、原則、所得水準にかかわらず定額なので、所得が多い人ほど負担割合は低下する。厚生年金は、標準報酬月額が63・5万円までは定率負担（労使合計で18・3%）であるが、月額がそれを超えると、いくら月収が増えても、保険料は同額（11万8950円）なので、負担割合は低下する。つまり逆進性なのだ。

医療保険料については、給与世帯・事業世帯・年金世帯いずれの負担も逆進的である（図2－4）国民健康保険料については、均等割・平等割がある。また、健康保険組合の被保険者に関しては、大

図2−3　被保険者の種類別の年金保険料負担率（等価ベース）

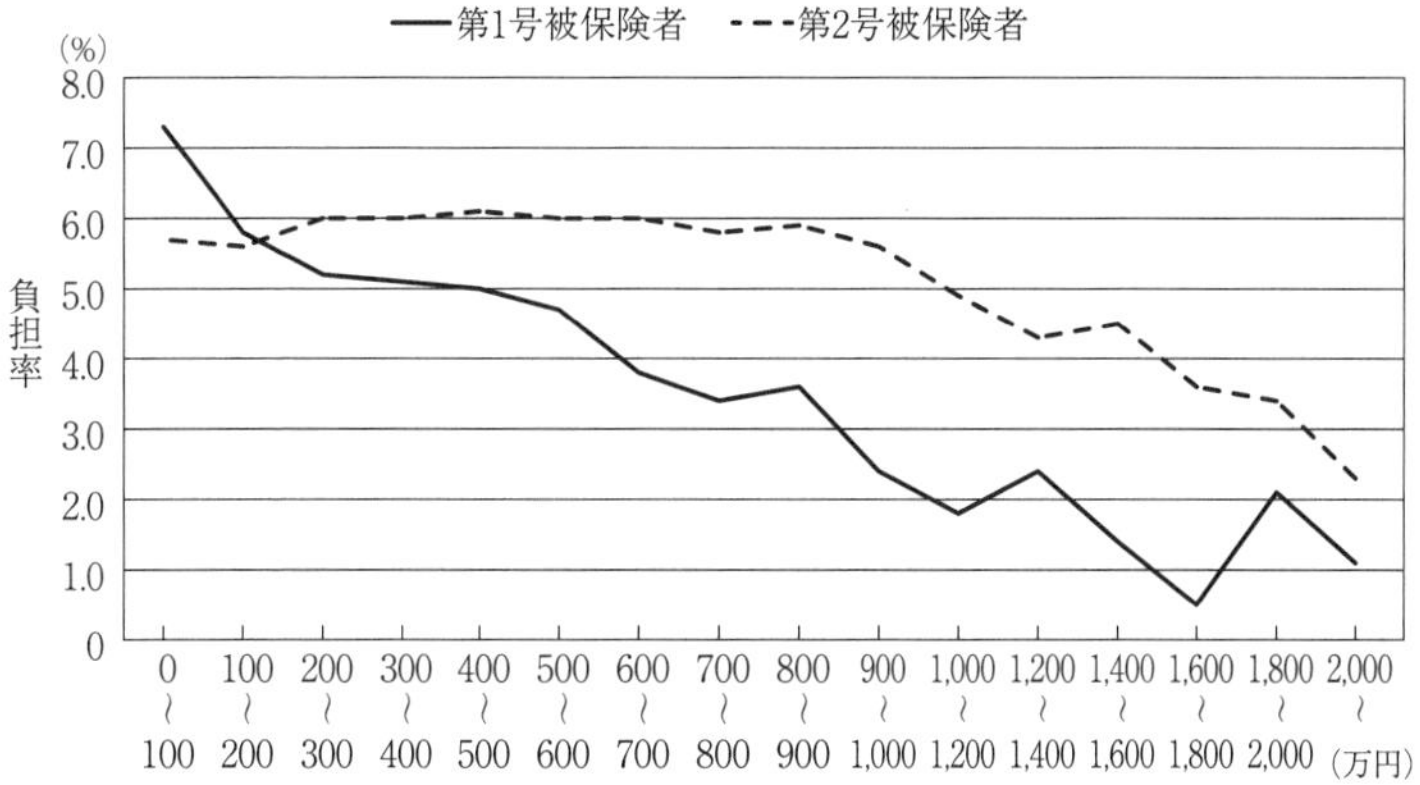

（注）　統計における家計の所得は世帯単位で計測されており、世帯あたりの人員数の調整は行われていない。そこで、家計における規模の経済も考慮しつつ、個人ベースに修正する必要がある。これを等価ベースといい、具体的には、世帯所得を世帯人員数の平方根で割って求める。

（出所）　田中秀明（2010）、「国民生活基礎調査」（2007）の個票に基づき推計

図2−4　世帯の種類別の医療保険料負担率（等価ベース）

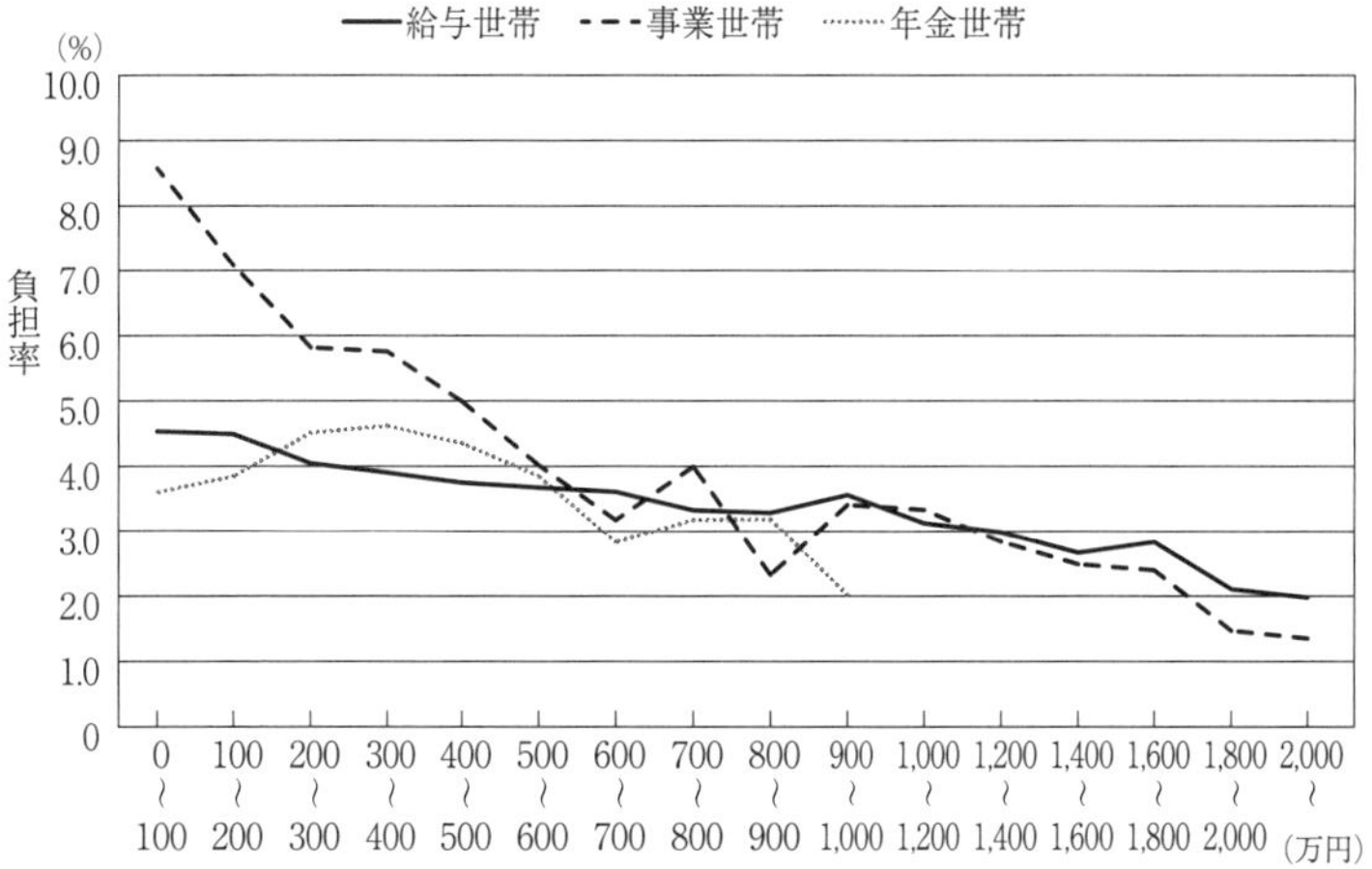

（出所）　田中秀明（2010）、「国民生活基礎調査」（2007）の個票に基づき推計

図２−５　一般財源の各社会保障制度への投入状況（2019年度）

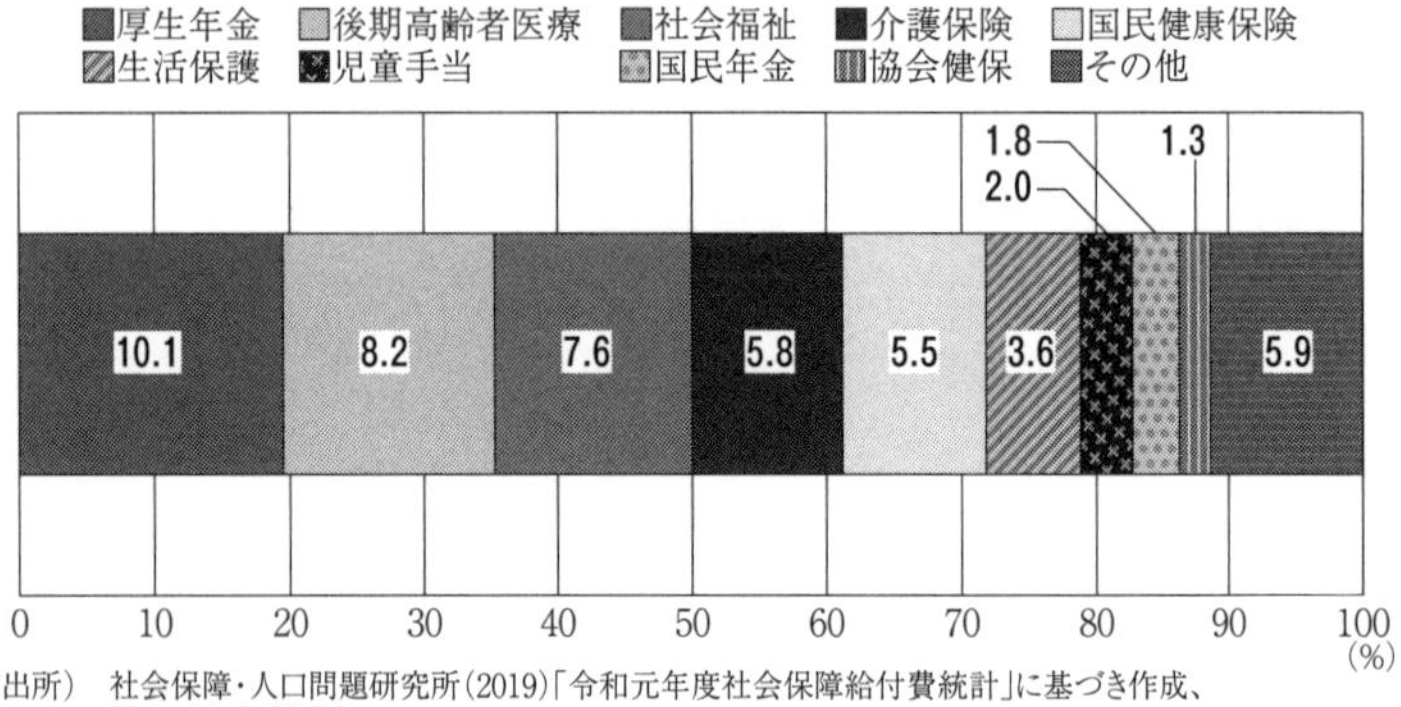

（出所）　社会保障・人口問題研究所（2019）「令和元年度社会保障給付費統計」に基づき作成、数字は金額（兆円）

企業の社員ほど所得が高い一方保険料は低く、かつ保険料拠出額に上限があるからであり、同じ被用者制度でも厚生年金以上に逆進的である。

豊かな者も支援する一般財源の投入

保険制度であるにもかかわらず、一般財源が大規模に投入されている。１９９０年度において投入されていた一般財源の総額は約16兆円だったが、そのうち、多く投入されていた制度は、国民健康保険、社会福祉、厚生年金などであった。２０１９年度では、総額は約52兆円に増え、制度別では、厚生年金、後期高齢者医療、社会福祉、介護保険、国保などが多い（図２－５）。

厚生年金は、相対的には豊かな人たちが加入する保険であるが、そこに一番多く一般財源が投入されている。これは、基礎年金部分の給付の２分の１が一般財源で賄われているからである。[46]

こうした社会保険への一般財源投入は、保険制度導入時から行われてきた。薄井は、租税と社会保険料混合方式について、「社会保険に関係する者に一定程度還元することが望ましいという考え方と、増税が困難な状況において特別会計を利用して充実した社会福祉を実現したいという事情によると思われる」と述べる[47]。その補助割合や方法は頻繁に改正されているが、その経緯を概観する[48]。

厚生年金については、その前身である労働者年金保険（1941年法制定）では、国庫負担は給付費の10％（坑内夫20％）であった。54年に厚生年金保険法が制定された際に、国庫負担が給付費の15％に引き上げられ、さらに65年改正で20％（坑内夫25％）に引き上げられた。この比率は、85年改正（基礎年金導入時）で、基礎年金部分の3分の1となった。さらに2004年度以降、3分の1から徐々に引き上げられ、09年度から2分の1になっている[49]。

国民年金（1959年法制定）については、導入時、国庫負担は納付された保険料の2分の1であった。その後、76年改正で、給付費に対する補助に変更されて、その割合は3分の1となった（その後は、基礎年金と同じ）。

国保や介護保険では半分が一般財源

国民健康保険については、新国民健康保険法が1958年に制定され、翌年1月から施行された。旧法では、「療養給付費の20％以内の補助制度」だったが、新法では「同20％の国庫負担」となり、新たに調整交付金制度（保険者である市町村の財政力の相違を調整するための仕組み）が創設され、療養給付費の5％補助が導入された[50]。その後、国庫補助率は、62年に25％、66年に40％となり、84年の改正により、療養医療費ではなく給付費の40％、財政調整交付金について、医療費の5％から給付費の10

%、組合国保について、医療費の2・5〜40%が給付費の32%になった。

その後もさまざまな見直しが行われているが、国民健康保険の責任主体の都道府県化（2015年の法改正）により、現在の姿に至っている。医療給付費（前期高齢者交付金部分を除く）の50%が公費負担であり、その内訳は、定率国庫負担32%、調整交付金（国）9%、都道府県繰入金9%となっている。また、保険料で賄うとされる残りの50%部分についても、保険者支援制度、保険料軽減制度、高額医療費負担金、財政安定化基金、保険者努力支援制度、さらに法定外繰入など、国・都道府県・市町村からの公費負担がある。

協会けんぽについては、その前身である政府管掌健康保険では、当初国庫補助はなかったが、1956年度以降予算の範囲内で給付費の一部を補助することが導入され、73年に国庫補助率10%が導入された。81年からは16・4〜20%となり（政令で規定）、その後、92年13%に引き下げられ、2010年以降は16・4%となっている。

健康保険組合への国庫補助については、保険財政の基盤がぜい弱なため健康保険事業の運営に支障を来すおそれのある健康保険組合に対する定額の予算補助として、1958年に「健康保険組合給付費等臨時補助金」が導入されている。2021年度では、前期高齢者納付金の負担増の緩和などを目的として820億円が措置されている。後述する財政調整で組合の財政が悪化しているからだ。

高齢者医療に関しては、1973年1月から実施された老人医療費支給制度により急増した医療費に対応するために老人保健制度（70歳以上を対象）が導入されたが（82年法制定）、一部負担を除いた費用について、各医療保険からの拠出金70%と公費負担30%（うち国20%、都道府県5%、市町村5

％）で負担することになった。

１９９１年の法改正で老人保健施設の療養費等介護に関連する部分の公費負担割合が50％に引き上げられ、２００２年の法改正で、75歳以上を対象に公費50％となった。06年に制定された「高齢者の医療の確保に関する法律」に基づき、後期高齢者医療制度、前期高齢者にかかる保険者間の費用負担の調整等が導入されたが、後期高齢者医療制度については、公費負担は、患者負担を除き、全体の約５割（国：都道府県：市町村＝４：１：１）となった。

介護保険（１９９７年法制定）については、公費負担は給付費の50％（国25％、都道府県12・５％、市町村12・５％）である。ただし、２００６年度から都道府県指定の介護保険三施設・特定施設については、国20％、都道府県17・５％となっている。

雇用保険法の前身である失業保険法（１９４７年制定）では、失業給付（基本手当）の国庫負担割合は３分の１であったが、59年に４分の１に引き下げられた。この比率は雇用保険法（74年制定）にも引き継がれたが、92年度以降、当分の間の措置として、本来の国庫負担の所要額に一定率を乗じて引き下げられており[51]、２０２１年度は２・５％（25％×０・１）となっている。22年度からは、雇用情勢及び雇用保険の財政状況が悪化している場合は４分の１、そうではない場合は40分の１となっている。なお、労災保険には一般財源は投入されていない。

一般財源投入の問題点

近年の財源の変化の背景としては、消費税の社会保障目的税化が挙げられる。１９９９年度から、高齢者三経費（基礎年金・老人医療・介護）に充当され、２０１４年度からは、社会保障四経費（年金・医療・介護・子ども子育て支援）に充当されているが、消費税収（国分）で該当経費を充当できる割合は５割前後である[52]。

社会保険に一般財源を一切投入するべきではないと言っているのではない。問題は、その投入の方法である。今の仕組みは、比喩的に言えば、非正規など低所得者が負担した消費税（所得税は負担しないとしても）が上場会社を卒業した退職者の年金に充当されて、彼らが相対的に高い給付を受ける一方、低所得者の給付は少ないことである。仮に、保険がすべて保険料で成り立っている場合、保険料を負担できない低所得者が年金給付を受けられないとしても、それは一つの「公平」と考えられるが、今の仕組みはそうではない。彼らも、消費税を通じて負担しているにもかかわらず、給付が少なくなる。

5　財政調整の仕組みと問題

制度の分立を補う財政調整の拡大

社会保障財政において、近年拡大しているのが、保険制度間の財政調整である。それは、社会保障給付費統計上、「他制度からの移転」として計上されている。その総額は、１９９０年度で約19兆円であったが、２０１９年度には合計が約44兆円となった。国民年金、後期高齢者医療、厚生年金、地方共済、介護保険などに多く投入されている（表２－４）。

表2−4　社会保障の制度間の移転の状況（2019年度）

単位：兆円

		他制度への移転（支出）						
		厚生年金	国民年金	協会けんぽ	組合健康保険	国民健康保険	各種共済	合　計
他制度からの移転（収入）	厚生年金		0.4				4.4	4.9
	国民年金	19.1					2.3	21.5
	後期高齢者医療			2.1	2.0	1.8	0.6	6.5
	介護保険			1.1	0.9	0.6	0.3	2.9
	各種共済	4.6	0.1					4.8
	前期高齢者納付金分			1.5	1.5	0.1	0.4	3.5
	合　計	24.0	0.6	4.7	4.4	2.5	8.2	44.4

（注）1. 船員保険・労災・存続組合に関する計数、後期高齢者医療と介護保険の拠出側の計数は、少額またはゼロのため表示していないが、合計欄には含まれている。
2. 前期高齢者に関する医療は、後期高齢者のように独立していない。その納付金のほとんどは国民健康保険に交付されている。
3. 各種共済とは私立学校・国家公務員・地方公務員である。
4. 協会けんぽ・組合健康保険・国民健康保険は「収入」がないので省いている。

（出所）社会保障・人口問題研究所(2019)「令和元年度社会保障給付費統計」の第17表に基づき作成

他制度からの移転は、それぞれの保険制度の財源の一つであるが、他方で支出がある。それぞれの合計は同額である。重要なのは、ネットの移転（収入）である。2019年度では、受入れ超過は、国民年金20・9兆円、後期高齢者医療6・5兆円、介護保険2・9兆円、国民健康保険（前期高齢者納付金分を考慮）1・0兆円であり、支出超過（マイナス）は、厚生年金19・1兆円、協会けんぽ4・7兆円、健康保険組合4・4兆円、地方共済2・0兆円であった。

財政調整の資金のやりとりは複雑であり、一般国民にはほとんど知られていないであろう。これは、社会保障制度審議会の「社会保障制度の総合調整に関する基本方策についての答申および社会保障制度の推進に関する勧告」（1962年8月22日）において、「制度の分立を前提とし、これら制度の不合理を是正するとなれば、制度間の財政の不均衡を解消するために国庫負担の増大が必要となるであろう。しかし国庫負担を増大する点においてはおのずから限度がある。したがって保険者間においてプール制による財政の調整をはかることもどうしても必要になってくる」と指摘されたことに遡る。

その後は、高度成長による税収増に助けられて、一般財源の増でしのぐことができたが、1980年代に入って財政調整が本格的に始まる。81年に第二次臨時行政調査会が発足し、その答申を受けて社会保障に対する国庫負担の抑制が強化されるようになると、それまで保険財政の赤字を国庫負担でしのいできた医療保険、特に高齢者比率が高く老人医療費負担の大きい国民健康保険は、深刻な財政上の困難に直面し、改革を迫られたのである[53]。

そこで、1982年に老人保健法が制定され、国庫負担を除いた70%を各保険者が拠出することになった。そのうち2分の1は、各保険者が給付した老人医療費の額に応じて負担し（医療費按分）、残り2分の1は老人加入率によって負担する（加入者按分）ことになった。

複雑で理解が難しい財政調整

その後、医療・介護保険については、制度改正のたびに、財政調整の仕組みが強化されている。

高齢者医療については、2008年に成立した「高齢者の医療の確保に関する法律」に基づき、老人保健医療制度は後期高齢者医療制度に変更され、併せて前期高齢者（65～74歳）にかかる財政調整の仕組みが導入された[54]。

後期高齢者医療制度では、給付費の2分の1は公費負担で賄われる一方、残りの2分の1は、高齢者の保険料（約１割）と財政調整である後期高齢者支援金（約４割）で賄う仕組みである。保険料と後期高齢者支援金の負担比率は、高齢化の進展に伴い、前者が増える仕組みになっている[55]。

後期高齢者支援金については、導入当初、各保険者の加入者数に応じて負担していたが、１９９８～２０１４年度において、被用者保険の支援金の３分の１は総報酬割で算定されることになり、15年度２分の１、16年度３分の２と引き上げられ、17年度以降全面総報酬割になった。これは、保険者によって加入者の報酬額が異なるため、負担能力に応じて支援するべきという考えで導入されたものである。

国民健康保険の財政は、後期高齢者医療制度や介護保険以上に複雑になっている。全体の姿を２０２２年度予算ベースでみると、前期高齢者交付金（３兆５２００億円）、残りを半分ずつを公費負担と保険料で賄うことになっている[56]。公費負担部分は、定率国庫負担２兆２０００億円（32％）、国の調整交付金７９００億円（９％）、都道府県繰入金６２００億円（９％）で構成される。

保険料部分にも複数の財政調整の仕組みがあり、２０２２年度では、保険者努力支援制度（都道府県・市町村の医療費適正化、予防・健康づくり等の取組状況に応じて支援するもので、予算額約１４００億円）、特別高額医療費共同事業（１件４２０万円超の高額医療費について、都道府県からの拠出金を財源に全国で費用負担を調整するもので、国の補助60億円）、高額医療費負担金（１件80万円超の発生による国保財政への急激な影響の緩和を図るため、国と都道府県が高額医療費の４分の１ずつを負担するもので、国の補助９００億円、都道府県の補助９００億円）、子ども保険料軽減制度（未就学児にかかる均等割保険料について保険料の５割を公費で支援するもので、国２分の１、都道府県４分の1、市町村4分の1で負担する。国の補助40億円)、保険者支援制度(低所得者数に応じ保険料額の一定割合を公費で支援するもので、国2分の1、都道府県4分の1、市町村4分の1で負担し、国の補助1300億円)がある。これら以外に、市町村による法定外一般会計繰入約1100億円(2019年度決算額)もある。

介護保険では、給付費の2分の1は公費負担で賄われる一方、全体の27%(18~20年度)は第2号被保険者の保険料である。(57) 第2号被保険者は介護サービスをほとんど利用しないので、これは事実上財政調整の仕組みである。(58) 従来、この保険料は、加入する医療保険の人数に応じて決められていたが、17年度から総報酬制が総額の3分の1として導入され、18年度2分の1、19年度4分の3と段階的に引き上げられ、20年度から全面導入された。さらに、第1号被保険者の保険料については、一般財源を投入して軽減措置が導入されている。(59) 市町村の介護保険特別会計が赤字になった場合に一般会計からの赤字補填をしないように市町村に対して資金の交付・貸付を行う財政安定化基金が導入されており、その財源は、国・都道府県・市町村がそれぞれ3分の1ずつ負担する。

年金にかかる財政調整は、1985年に導入された基礎年金制度である。しばしば誤解されるが、これは独立した年金制度ではなく、財政的に立ち行かなくなった国民年金を救済するための仕組みである。基礎年金の給付にかかる費用負担は、当該給付費から特別国庫負担(60)を除いたものを、各制度が人数(基礎年金拠出算定対象者)割りで基礎年金拠出金として分担する。(61) 厚生労働省は、国民年金の未納や未加入を減らそうとしているが、そうなると厚生年金からの支援が減るため、むしろ国民年金の財政は苦しくなる。この財政調整は矛盾もはなはだしい。

透明性と財政規律の低下

問題点をまとめる。第一に、一般財源投入と財政調整により保険制度が非常に複雑になっていることである。特に、国民健康保険の財政の仕組みを理解できる国民はほとんどいないだろう。

２０１９年度についてみると、厚生年金には、一般財源が約10・１兆円投入される一方、国民年金等を支援するための財政調整として19・１兆円を拠出（ネットの移転）している。国民年金には、一般財源１・８兆円が投入され、財政調整として20・９兆円を受け取っている。後期高齢者医療制度は、一般財源８・２兆円と財政調整６・５兆円（拠出はゼロ）を受け取っている。国民健康保険は、一般財源５・５兆円と財政調整１・０兆円（ネットの移転）を受け取っている。介護保険は、一般財源５・８兆円と財政調整２・８兆円（拠出はゼロ）を受け取っている。

健康保険組合には、一般財源は79億円しか投入されていないが、財政調整として４・４兆円拠出（ネットの移転）している。協会けんぽは、一般財源１・３兆円を受け、４・７兆円を拠出（ネットの移転）している。なお、雇用保険については、一般財源投入は25億円であり、統合された制度なので財政調整はない。

一般財源の投入と財政調整を同時に行う合理性は何だろうか。また、一般財源の投入といっても、給付費の一定割合だけではなく、再保険のような調整基金、さらには保険料の軽減やサービス利用時の負担軽減にも使われている。政府の資料では、「公費」や「国庫負担」という言葉が使われているが、それは国や地方自治体が負担するものではなく、国民が負担するものである。

厚労省は、一般財源投入の理由として、保険制度間の財政力格差等を調整するため、保険制度内の低所得者の保険料負担を軽減するため、負担の賦課ベースを広げ保険料の逆進性を緩和するため、そして、低所得者も含め全国民に加入義務を負わせる皆保険制度を維持するためなどと説明する。[62] 保険者間の財政調整については、基礎年金制度と老人保健制度の創設以来、社会保険財源の移転により財政調整が行われるようになり、税財源による調整の必要は低下したとしつつも、国民皆保険を実現する上では、保険者の自主的努力を超える構造的なちがいを調整することで保険者自治を実現する条件を整えるものとして不可欠である、と説明する。しかし、これでは両者の役割分担はよくわからない。

時間がかなり遡るが、社会保障審議会の「社会保障制度の総合調整に関する基本方策についての答申および社会保障制度の推進に関する勧告」（1962年8月22日）では、プール制（財政調整を意味する）ができあがるまでの間、プールが行われない制度間の財政の不均衡を調整するための国庫負担は依然として必要であると指摘するように、両者の関係が整理されていたが、これは忘れられた。

近年では、後期高齢者医療制度及び介護保険の支援金・交付金の算定の基準として総報酬割が導入されたが、これにより、組合健保・共済組合の支援金が増える一方、協会けんぽの支援金が減り、それに伴い国庫負担が減る。これについて、西沢は、総報酬割導入に名を借りて公費を社会保険料に付け替える手法は、政府にとって都合がよく、国民受けの悪い増税から逃避していると指摘する。[63] こうした付け回しは、毎年厳しくなる予算編成において財源を確保するための苦肉の策なのだろう。

他方、健保組合は、拠出金の増加により財政が圧迫され、赤字組合の割合は、2020年度の33％から21年に53％に増えている。[64] 組合の総数は、1989年度の1818から2019年度の1388へと3割弱減っており、組合全体の義務的経費（法定給付費と各種拠出金の合計）に占める拠出金の割合は19年度決算で46％に達している[65]。各健保組合は、保険料率（組合により異なる）を引き上げるか、解散して協会けんぽに移るか迫られている。移行したほうが負担は減り、一般財源による支援も受けられるからである。高齢者医療への一般財源投入を節約するために健保組合の拠出金を増加させると、協会けんぽへの移行を促し、結果として一般財源が必要になる、理解に苦しむ仕組みだ。

負担意識の稀薄化

第二に、負担意識が稀薄化し、保険本来の機能である負担と給付のバランスが働かないことである。一般財源と財政調整の規模が大きい四つの制度の財源構成を見てみよう（図2－6）。保険料の割合は、国民年金5・2％、後期高齢者医療7・8％、介護保険21・2％、国民健康保険24・3％であり、もはや「保険」とはいえない。保険料収入のうち自らの保険給付に使われている割合は、協会けんぽで72％、組合健保で51％にすぎない。

江口は、「老人保健拠出金、基礎年金拠出金、前期高齢者納付金については『対価性』が認められるが、退職者拠出金、被用者年金制度調整拠出金、後期高齢者支援金には負担の制度的根拠が認められず、『保険給付を受け取ることに対する反対給付』とは言えない」としつつ、さらに、「社会保険料と租税の中間に位置する拠出金等という新たな負担形態は、その性格が不明確なだけではなく、仕組みがきわめて複雑であり、給付と負担の関連性という社会保険の特性を失わせ、負担に対する被保険者の理解をさまたげる結果となっている」とも指摘する[66]。

これはまさに「保険のガバナンス」の問題である。後期高齢者医療制度や介護保険では、保険料負

図2–6　国民健康保険等の財源構成(2019年度)

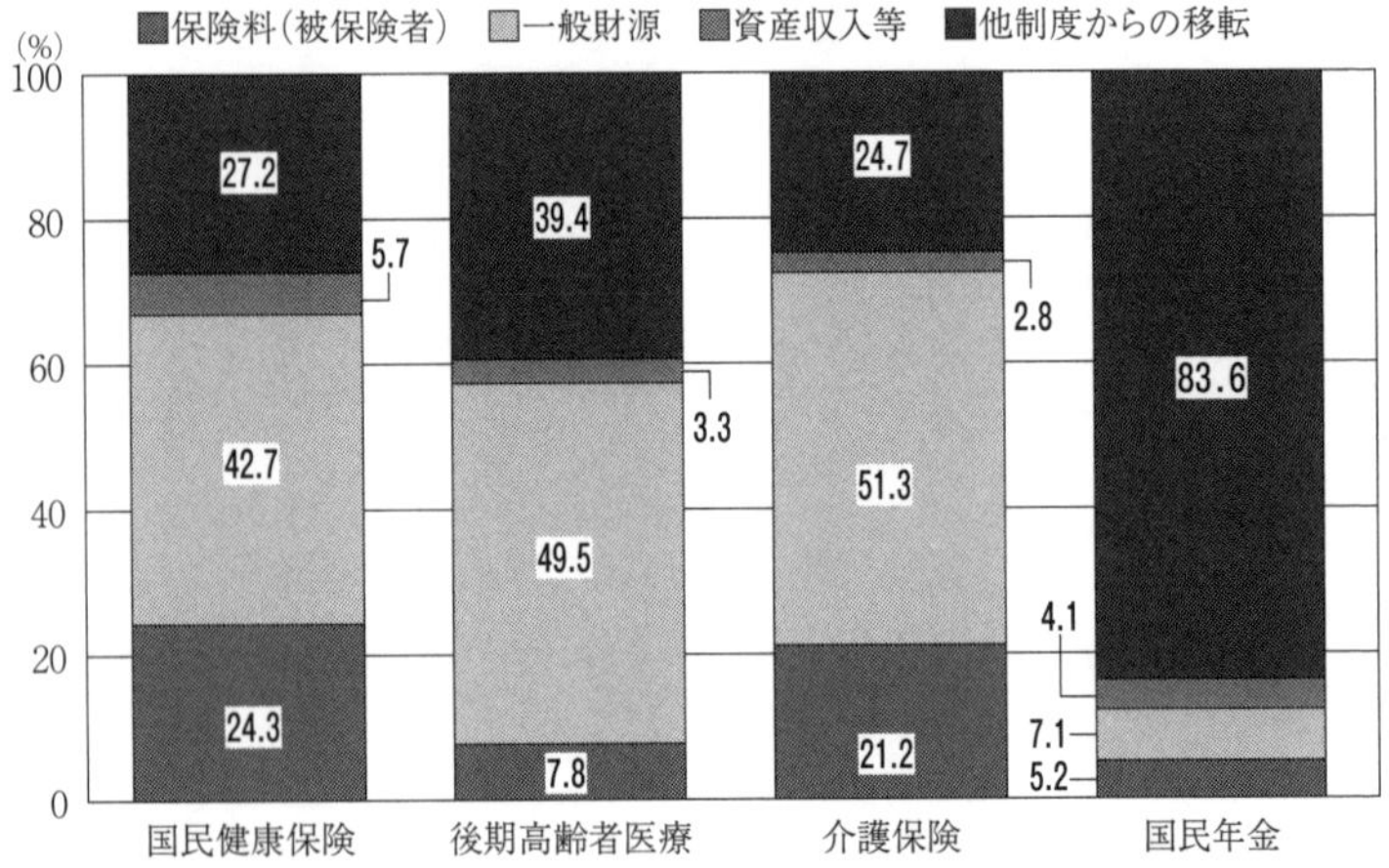

(出所)　社会保障・人口問題研究所(2019)「令和元年度社会保障給付費統計」に基づき作成、数字は割合

担の割合が1～2割程度しかない。それでも、三原は、一般会計からの繰入れの有無などにより、財政規律が制度により相違があるとして、介護保険については、一般会計からの補塡を禁止し、財政安定化基金を導入すること、保険料やサービス水準を3年ごとに定める介護保険事業計画の策定に際して、市町村は被保険者である住民の意見を聞くことが義務づけられることなどにより、「ハードな予算制約」になっていると指摘する。[67] 自治体関係者からも、保険料の引上げを住民にお願いするのは簡単ではなく、給付の抑制を図っていると聞く。介護保険料の水準は市町村によって異なっている。

後期高齢者医療についても、一般会計からの補塡は禁止されているものの、後期高齢者医療は、そもそも保険者が市町村の広域連合という責任が曖昧な仕組みである。また、保険料は都道府県内で同一なので、市町村の保健事業や保険収納への取組みが保険料に反映されず、後期高齢者支援金の

額は、かかった医療費に基づき最終的に確定させるので、医療費効率化のインセンティブに欠ける。(68)
国民健康保険については、都道府県化により一般会計からの法定外繰入は減少してはいるものの、(69)依然として認められており、予算制約は「ハード」になっていない。ただし、2015年の国保等改正によって導入された保険者努力支援制度などにより、保険者機能を強化して、給付の抑制を図る仕組みは導入されている。保険者努力支援制度は20年度に強化されており、22年度では、特定健診・特定保健指導の実施率、メタボリックシンドローム該当者及び予備群の減少率、収納率向上に関する取組みの実施状況などの指標に基づき、その達成状況で交付金を交付している。ただし、その金額は1500億円程度なので、指標の妥当性を含め、医療費抑制に真に効果的なのかはよくわからない。

負担と給付の不公平

第三に、負担と給付についての不公平である。この問題は、すでに、先ほど紹介した社会保障審議会の1962年勧告が、「負担能力があり給付内容のよいものについて、より多くの国庫負担がゆくという欠点があった」「各制度における国庫負担に対する既得権的な考えを一掃し、国庫負担は、最低生活水準を確保するために絶対的に必要とされる給付に対して一定水準の保険料が受益者の負担能力をこえるような場合に行われるべき」と指摘する。

一般財源の投入と財政調整は、端的にいうと、逆進性の高い保険料と消費税で再分配を行っていることを意味する。財政調整そのものが問題ではなく、制度や保険者によって、負担のルールが異なるにもかかわらず調整を行っていることが問題なのである。年金制度では、第1号被保険者は定額の保険料、第2号は定率であり、医療保険では、定額・定率・その組合せなど負担のルールは制度間で大きく異なる。もし、保険者は異なっても、すべての被保険者がその負担能力に応じて同じルールで負担するならば、高齢者の割合の相違などで調整することは合理的かつ公平であるが、そうなっていない。さまざまな方法で一般財源が各保険制度に投入されているが、もし低所得者対策というのであれば、介護保険のように、彼らの保険料を一般財源で補填し（その他の一般財源投入は廃止）、一般の被保険者と同じように取り扱うほうが公平ではないのか。

【第2章　注】

（1）医療保険については、現在においても、事業所単位で設立される健康保険組合、主に中小企業の被用者を対象とする全国健康保険協会（旧政府管掌健康保険）、船員保険、国家公務員共済組合、地方公務員共済組合、私学教職員共済、国民健康保険（都道府県・市町村国民健康保険、国民健康保険組合）、後期高齢者医療制度に分立している。

（2）横山・田多（1991）を参照。

（3）改革の中身を検討したのが、「社会保障国民会議」であり、2008年1月に設置され、11月4日に最終報告を発表した。そのポイントは、制度の持続可能性の確保と社会保障の機能強化である。特に、基礎年金の財政方式（税方式などの複数の選択肢）・未納問題、子育て支援サービスの拡充など、セーフティネット機能の強化に力点が置かれている。

（4）2019年10月に、消費税率が8％から10％に引き上げられたが、その際、増収分の約2兆円が債務増の軽減から子ども・子育て支援や教育への使途に変更された。2022年度予算における消費税増収分（14・3兆円）の使途は、①基礎年金国庫負担2分の1：3・5兆円、②社会保障充実（幼児教育・保育の無償化、高等教育の無償化、子ども・子育て支援、医療・介護保険制度改革、年金生活者支援給付金など）：4・01兆円、③消費税率引上げに伴う社会保障四経費の増（物価上昇分）：0・63兆円、④将来世代への負担のつけ回しの軽減：5・8兆円である（「令和4年度の社会保障の充実・安定化等について」厚生労働省2021年12月24日）。

(5) 三党合意後、民主党は中長期の年金改革を議論することを望んだが、現行制度の維持を基本とする自民党と対立し、同会議が報告書をまとめた際に、「三党合意を踏まえた議論ができないような社会保障実務者協議には応じない」として、協議から離脱した（『読売新聞』2013年9月1日）。
(6) 田中秀明（2019a）を参照。
(7) アベグレン（1958）を参照。
(8) Estévez-Abe（2008, p. 30）を参照。
(9) 濱口（2009、126～127ページ）を参照。
(10) フリーランス協会（2020）は、労働者として、正規雇用（正社員）、非正規雇用（派遣社員・契約社員、パート・アルバイト、日雇い・非常勤）、事業者に近い形態として、フリーランス、事務所所属、ギグワーカー、請負・委託、自営などに分類する。
(11) 人口に関するデータは、国立社会保障・人口問題研究所の人口統計資料集より引用。
(12) 金井（2021、82ページ）を参照。
(13) 総務省「労働力調査」に基づく。なお、女性の非正規割合は、35～44歳で49％、45～54歳で56％、55～64歳で66％となっている。
(14) 厚生労働省「賃金構造基本統計調査」に基づく。
(15) 同前。
(16) 厚生労働省「令和元年就業形態の多様化に関する総合実態調査」（複数回答3つまで）に基づく。
(17) 厚生労働省「国民生活基礎調査」に基づく。
(18) 当初所得のジニ係数は、2005年の0・4354から2017年の0・4795へと増大し、可処分所得のジニ係数は、0・3218から0・3194へと減少している。以上、厚生労働省「所得再分配調査」に基づく。
(19) 大沢（2018、24ページ）を参照。
(20) 2016年の数値。OECD Income Distribution Database に基づく。
(21) 国保組合以外については、2019年3月末の計数（厚生労働省「我が国の医療保険」より）。国保組合の数は、22年4月末の計数（全国国民健康保険組合協会ホームページより）。
(22) 厚労省は適用拡大のメリットとして、「年金の3つの保障が充実！年金が〝2階建て〟になり保障がワイドになります！」「あんしんの医療保険がさらに充実！」「保険料の半分は会社が負担します」と説明する（「パート・アルバイトのみなさまへ」と題するパンフレットより）。

(23) この基準は収入の多寡とは無関係である。なお、この基準は、法律や通達を根拠とするものではなく、役所から出される連絡文書（昭和55年6月6日付厚生省保険局保険課長等による都道府県民生主幹部（局）保険課（部）長あて内かん）である。また、この基準は目安であり、当該内かんは、労働日数、労働時間、就労形態、職務内容等を総合的に勘案して、常時使用関係にあることを認定すべきことを規定している。

(24) 60歳以上及び障碍年金受給者については、180万円（月額15万円）かつ被保険者本人の収入の2分の1未満である。この被扶養認定基準は、1977年に健康保険に導入され、導入当初は70万円未満であった。その後、給与所得控除と配偶者控除の限度額の合計額におおむね連動して改定され、87年以降は所得水準の伸びに応じて引き上げられ、93年以降、現行の130万円未満が維持されている。以上は、衣笠（2015、49ページ）を参照。

(25) 対象事業所の規模が、2016年10月から常時500人超となり、これが22年10月から同100人超、24年10月から同50人超となる。

(26) 大沢（2015、25ページ）を参照。

(27) 金（2015）を参照。

(28) 妻の年収が103万円以下までは配偶者控除、それを超えると配偶者特別控除を受けられる。そして、150万円までは同じ38万円の控除を受けられるが、それを超えると控除額は徐々に低減し、201・6万円を超えると、夫の控除額はゼロになる。ただし、夫の年収が1220万円を超えると、二つの控除は適用できない。

(29) 長瀬（2018・2021）を参照。

(30) 嵩（2017、54ページ）を参照。

(31) 西村（2021）を参照。

(32) 2020年度末において、国民年金の被保険者総数は1449万人であるが、未納者115万人、法定免除・申請免除374万人、学生特例・猶予者235万人を除くと、保険料納付者は726万人（全体の50・1%）となる。以上、厚生労働省年金局・日本年金機構「公的年金制度の状況・国民年金保険料収納対策について（概要）」（2021年6月28日）に基づく。この資料では、未納者と未加入者の合計は、公的年金加入者全体（6749万人）の約2%にすぎないと説明するが、そもそも厚生年金と国民年金は、保険料の負担ルールが異なるなど、まったく別の制度であり、両者の被保険者数を合計して割合を計算することは適切ではなく、実態を糊塗するものである。

(33) 「令和元年度国民健康保険実態調査報告」に基づく（2019年9月30日時点の調査）。

(34) 厚生労働省保険局「令和2年度後期高齢者医療制度被保険者実態調査報告」に基づく（2019年9月時点の調査）。

(35) 世帯全員が住民税非課税で低所得の場合でも一定の介護保険料が課せられるが、一時的な所得減や生活困窮の場合等に、保険料の軽減や減免措置がある。生活保護を受給している場合は、生活保護から当該保険料が支払われる。
(36) ただし、これらの者でも労災保険への加入を希望する者については、一定の要件のもとに特別加入制度が設けられている（運送業・林業などを営む自営業者など細かく条件が設定）。
(37) 高橋（２０１８）を参照。また、高橋は「労働力調査では把握されていない自営業主（４６７・０万人）のうち、主な仕事が雇用者の者４５２・４万人を、自営業主でもあると考えた場合に、役員２５９・４万人、本業自営業主４１２・５万人と合わせると、１１２４・３万人の自営業主が存在する」（44ページ）と述べている。
(38) 厚生労働省「国民健康保険実態調査」に基づく。
(39) 仲（２０２１、１５７ページ）を参照。
(40) 仲（２０１８）を参照。
(41) ３カ月平均の報酬月額と年間平均額が大きく異なる場合の特例措置はある。
(42) 厚生年金保険料にかかる報酬とは、「賃金、給料、俸給、手当、賞与その他いかなる名称であるかを問わず、労働者が、労働の対償として受けるすべてのものをいう。ただし臨時に受けるもの及び3月を超える期間ごとに受けるものは、この限りでない」と定められている（厚生年金保険法第3条1項1号）。所得税については、各種手当を含め給与所得が対象となるが、①通勤手当のうち一定金額（10万）以下のもの、②転勤や出張などのための旅費のうち通常必要と認められるもの、③宿直や日直の手当のうち一定金額以下のものは、例外である（所得税法第９条）。
(43) ただし、２０２２年1月から、65歳以上の労働者については、二つの事業所での勤務を合算して、雇用保険の適用要件（1週間の所定労働時間が20時間以上、雇用見込みが31日以上）を満たせば、雇用保険が適用されることになった。
(44) 杉田（２０１９）を参照。
(45) 国立社会保障・人口問題研究所の「社会保障費用統計」に基づく。
(46) 厚生年金の平均年金月額は14万６１４５円（２０２０年度）であり、15万円以上受給している者は、全体の46％である（厚生労働省「令和2年度厚生年金保険・国民年金事業年報」に基づく）。また、後期高齢者医療制度や介護保険にも、高所得の高齢者が加入しており、彼らも一般財源で支えている。高齢世帯の平均所得（18年）は３１２・６万円であり、３５０万円以上の所得がある者は全体の30％である（厚生労働省「２０１９年国民生活基礎調査」に基づく）。
(47) 薄井（２００９、99ページ）を参照。
(48) 本書では、法令上の負担割合を意味する場合は「国庫負担」や「公費負担」を使うが、基本的には、「一般財源」を使う。
(49) 国庫負担割合を3分の1から2分の1に引き上げる過程は紆余曲折を経ている。１９９４年の年金改正の附帯決議で2分の1に引き上げることが規定され、さらに２００４年の年金改正で、２分の１への引き上げが附則に規定された。その負担割合は引き上げられたが、それはもっぱら臨時財源によるものであり、財源が手当されたのは、２０１２年の社会保障・税一体改革である。こうした経緯については、勝俣（２０１１）を参照。

(50) 「20％以内の補助制度」は、１９５５年の改正で法定化されたものである。

(51) １９９２年度は22・５％（¼×０・９）、93～97年度は20・０％（¼×０・８）、98～２０００年度14・０％（¼×０・56）、01～06年度¼、07～16年度13・75％（¼×０・55）、17～21年度２・５％（¼×０・１）となっている。

(52) ２０１８年度46・８％、19年度50・７％、20年度55・１％である（当初予算ベース、財務省資料）。

(53) 横山・田多（１９９１、２７８ページ）を参照。

(54) 前期高齢者医療は後期のように独立した制度ではなく、保険者間において生じている前期高齢者（65歳以上75歳未満）にかかる医療費の不均衡を調整する仕組みであり、前期高齢者加入率の全国平均を基準として、前期高齢者加入率が全保険者平均を下回る保険者は前期高齢者納付金を納付することになり、前期高齢者加入率が全保険者平均を上回る保険者は、前期高齢者交付金が交付される。拠出するほうは、主に被用者医療保険（健康保険組合・協会けんぽ・共済組合）であり、それが市町村国保に交付される。

(55) 今後、後期高齢者人口は増加する一方、若人人口は減少する。保険料の負担割合と後期高齢者支援金の負担割合を変えないと、若人の一人あたりの負担は大きく増加する。そこで、若人人口の減少による若人一人あたりの負担の増加については、後期高齢者と若人とで半分ずつ負担するよう、後期高齢者の保険料の負担割合について、若人減少率の２分の１の割合で引き上げ、後期高齢者支援金の負担率は引き下げることとされた（負担割合は２年ごとに改定）。以上、「後期高齢者医療制度の概要」（第１回社会保障審議会後期高齢者医療の在り方に関する特別部会、２００６年10月５日）より引用。

(56) 以下の国保財政の説明は、厚生労働省保険局国民健康保険課（２０２２）から引用している。また、各財政調整の仕組みは西沢（２０２０）が詳しい。

(57) 一般財源で負担するのは２分の１であり、残りの２分の１は、第１号被保険者（65歳以上）と第２号被保険者（40～64歳）の人口比で按分することになっており、その比率は23％：27％である。

(58) ２０１８年度で第２号被保険者全体（４１９２万人）の０・３％（13万人）が介護サービスを利用している（厚生労働省老人保健局２０２１）。

(59) ２０１５年４月から、市町村民税非課税世帯のうち特に所得の低い者（65歳以上の約２割）を対象に、保険料基準額に対する割合が０・５から０・45に引き下げられた。さらに、17年４月から、市町村税非課税世帯全体を対象に、年金収入を基準に、保険料基準額に対する割合が０・45から０・３へ、０・75が０・５と０・７に引き下げられた。その削減分を国２分の１、都道府県３分の１、市町村４分の１で負担する（全体約１４００億円）。以上、厚生労働省「介護保険の１号保険料の低所得者軽減強化」より引用。また、第2号被保険者の保険料についても一般財源（国及び都道府県）が導入されている。
(60)　特別国庫負担は、保険料免除者に対する給付や20歳前障碍者に対する給付等に対し、特別に国庫が負担するものである。
(61)　この人数は「基礎年金拠出算定対象者」と呼ばれ、厚生年金の場合は第２・３号被保険者の人数の合計であるが、国民年金（第1号被保険者）の場合は、保険料納付済月数を12で割ることで人数換算したものである（被保険者数ではなく実際の納付額を算定の基礎にする）。ただし、保険料が免除される場合、たとえば半額の免除の場合は½月とカウントされる。半額免除者が1年間保険料を納付する場合に½人とカウントされる。つまり、国民年金の未納・未加入が増えると被用者が割を食う仕組みになっている。その結果、筆者の計算では、被用者の負担は被保険者総数で均等に負担する場合と比べて平均的に10～20％弱高くなっている。
(62)　「社会保障負担等の在り方に関する研究会」報告書（２００２年）。
(63)　西沢（２０２０、85ページ）を参照。
(64)　「日本経済新聞」（２０２２年10月６日付）に基づく。
(65)　健康保険組合連合会（２０２２）等から引用。
(66)　江口（２００９、１２３～１２４ページ及び１３０ページ）を参照。
(67)　三原（２０２０ａ）を参照。
(68)　西沢（２０２０、89ページ）を参照。
(69)　法定外繰入は、２０１５年度の３０３９億円（７６０市町村）から19年度には１１００億円（３２１市町村）、そして20年度には７６７億円（２６９自治体、速報値）に減っている（厚生労働省保険局国民健康保険課２０２２）。

第３章　ビスマルク型社会保障の変容

日本と同様に社会保険を基盤とするビスマルク型諸国が、それぞれどのように社会保障制度を見直しているかを知ることは、日本の方向性を模索する上で非常に参考になる。そこで本章では、ドイツ、フランス、オランダにおける、近年における社会保障制度改革、特に社会保険制度の見直し、給付やサービスのユニバーサル化、社会的投資やアクティベーション政策、非正規やギグワーカーといった非標準的雇用形態への対応、社会保険料と一般財源のバランスなどをみていくことにする。ただし、各国の社会保障制度やその仕組みを詳細に整理することが目的ではなく、ビスマルク型社会保障がどのように変容しているかを明らかにすることに主眼を置く。

1　ドイツ――社会保険モデルの微修正と家族政策の拡充

社会保障システムの基本的な特徴と改革の経緯

ドイツは保守主義レジームを代表する国であり、19世紀終わりにビスマルク宰相の下、医療保険（1883年）、労災保険（84年）、年金保険（89年）が整備された。これら三つの社会保険に加えて、現在では失業保険（1927年）と介護保険（94年）が存在する。

保険制度は、基本的には職域別に保険者が分立した仕組みになっている。政府が関係法令の制定に責任を有するが、疾病金庫など独立した組織が運営を担い、関係する当事者である雇用主、被用者、労働組合などのステークホルダーが大きな役割を担っている。

ドイツは日本と異なり、皆保険を謳《うた》っていない。保険制度は、常勤・男性・被用者向けの保障として導入され、その後労働市場の変化などに対応して、一定の自営業者やパート労働者を保険の対象に取り込んでいるが、現在においてもすべての国民に加入義務が課されているわけではなく、任意加入も残っている。[1] 経済成長の鈍化、財政赤字の拡大などを背景に、先進諸国は1990年代以降、福祉国家の見直しを進めるが、ドイツは合意形成が必要な政治システムから（第4章を参照）、制度改革は容易ではなく、本格的な改革は2000年に入ってから始まる。

改革の旗を振ったのが1998年10月に首相に就任したゲアハルト・シュレーダーである（2005年11月まで在任）。シュレーダーは社会民主党（SPD）に属していたが、福祉国家の再編としては、00年以降、自由主義モデル化を目指したパラダイム転換政策がいくつも出現し、「保守主義」的または「社会民主主義」的政策は後景に退いていく。[2] こうした構造改革だけではなく、伝統的な男性片働きモデルが見直され、家族や育児対策なども拡充されている。

ドイツにおける社会保障制度改革の背景には、東西ドイツの統合後の経済の低迷と財政負担の増大があり、経済を立て直すためにドイツ企業の国際競争力を取り戻すことが政治的な重要課題となった。その柱の一つが社会保険料の企業負担の軽減である。

社会保険料と一般財源のバランスの変化（1995～2019年）をみると、保険料の割合が69%から66%に減り、一般財源の割合が29%から33%へ増えている。[3]それでも保険料の全体に対する割合は、比較対象三カ国で最も高い。

一般財源に関しては、社会保障のための増税が何度か行われている。1998年に付加価値税が増税（15%から16%へ）され、この増収分は年金保険への連邦補助として投入されている。2000年より、環境関連税制改革に基づく税収の一部が、98年に導入された連邦補助の追加として投入されている。次は、04年より、たばこ税増税による増収分が医療保険に投入されている。こうした増税分が年金・医療保険に投入されているが、これらは次節で説明するフランスのような社会保障目的税ではない。[4]

年金――非正規への適用拡大

ドイツの年金制度は3階建てであり、1階の公的年金、2階の企業年金、3階の私的年金で構成される。公的年金は報酬比例の1階建てであり、基礎年金のような定額部分はない。公的年金は、一般年金保険（民間被用者を対象）、鉱山労働者年金保険、官吏恩給制度、自営業者相互補助制度（医者・弁護士・芸術家・手工業者等）、農業者老齢保障のように、職業によって分立している。

常勤の被用者は公的保険に加入する義務があるが、非正規やパート労働者などの加入義務は限定されている。彼らの取扱いや基準は各保険制度に共通する部分もあるので、ここで概要を説明する。

ドイツでは、パートなどは「僅少労働」と呼ばれるが、東西ドイツの統合後、保険料負担を回避す

表3－1　ドイツにおける雇用形態別の社会保険料（2020年）

		義務的に保障				任意に保障
		常勤の被用者・パート被用者[3]	パート被用者（ミニジョブ）月収450ユーロ未満	自営業の芸術家・作家	その他の自営業	自営業者（フリーランサー等）
年金保険[1]	被用者	9.30%	3.60%[4]	9.30%	18.60%[5a]	月収により変動[a]
	雇用者	9.30%	15.00%[4]	ほぼ9.30%[6]	—	—
医療保険[2]	被用者	7.30%＋追加分[7]	—	7.30%＋追加分[7]	14.60%＋追加分[7]	14.60%＋追加分[7]
	雇用者	7.30%	13.00%[4]	ほぼ7.30%[6]	—	—
介護保険[2]	被用者[8]	1.525%[b]	資格無し	1.525%	3.05%	3.05%
	雇用者	1.525%[b]	—	ほぼ1.525%[6]	—	—
失業保険[1]	被用者	1.20%	資格無し	申請により資格条件あり	申請により資格条件あり	申請により資格条件あり
	雇用者	1.20%	—	—	—	—
労災保険	被用者	—	—	資格なし	資格なし	資格なし
	雇用者	リスクにより変動	リスクにより変動	—	—	—

（注）1. 年金・失業保険の保険料賦課対象の上限は年収78000ユーロ（統合前の従来の州の場合、月収では6500ユーロ）。
2. 医療・介護保険の保険料賦課対象の上限は年収62550ユーロ。この上限を超える高所得者は適用除外を適用し民間保険に加入可能。
3. パート被用者（月収450～1300ユーロ）の本人保険料は月収により軽減される（月収450ユーロの場合本来の半額で、850ユーロで同額）。
4. 個人の家庭に雇用される場合、被用者は13.6%・個人家庭5%の保険料負担（年金）、個人家庭5%負担（医療）。
5. もしくは毎月の保険料556.33ユーロ（従来の州の場合）を負担（自営の最初の3年間について50%削減可能）。
6. 使用者への徴収金と政府の補助金で雇用者負担分を賄う。
7. 保険者により追加保険料（0.6～1.7%）がある。
8. 子を有しない場合、0.25%の追加負担。
a. 月額最低83.70ユーロ（パート被用者の月額450ユーロの基準に基づく）、最高1,320.60ユーロ（従来の州で、保険料上限基準に基づく）。
b. 子を有しない23歳以上の被用者の保険料率は1.775%。サキソニー州では被用者・雇用者の保険料率が上記と異なる。

（出所）OECD（2018）のTable 5.1を基にドイツ政府機関の資料、厚生労働省（2020）、森（2020）などによりデータを可能な限り更新し作成るため企業は僅少労働を増やした。そうしたなかで、１９９９年の法改正で僅少労働に対する社会保険の適用ルールが導入された。これにより、僅少労働の対象範囲が、週労働時間15時間未満かつ労働報酬が月３２５ユーロ以下に設定された（こうした対象者は「ミニジョブ」と呼ばれる）。その後２００３年に施行されたハルツⅡ法（後述）により、月収基準が４００ユーロに引き上げられるなどの改革が行われ、20年現在４５０ユーロとなっている[5]。

この制度改正の目的として、松本は、①僅少労働が増加することにより保険料収入が浸食されることを防止する、②事業主がコスト削減のための僅少労働を拡大しようとする経済的な誘因を取り除く、③僅少労働に従事する者に将来の年金給付の改善につながる選択肢を用意する、を挙げる[6]。

重要な点は、この基準以下の場合には、年金・医療保険の加入義務が免除され[7]、加入する場合は保険料率が軽減されることである（表３－１）。また、僅少労働者が保険に加入するか否かにかかわらず、雇用主が保険料を負担する必要がある（年金15％、医療13％に加えて所得税２％であり、合計30％）。

ハルツⅡ法では、月収４００超～８００ユーロまでの僅少労働に関しては、被用者負担の保険料が月収によって変動する仕組みが導入された。４００ユーロの場合、本来の被用者負担割合の半額であり、それ以上は月収に応じて保険料率が増大し、８００ユーロで本来の水準となる[8]。

医師や弁護士、農業経営者など一部の自営業者には年金保険などの加入義務があり、その場合、雇用主分の保険料も負担することになる[9]。常勤の被用者以外への保険適用は徐々に拡大されているが、任意加入の自営業者が存在するなど、すべての国民がカバーされているわけではない。また、非正規や自営業者を保険制度の対象とするため保険料の免除・軽減措置が導入され（雇用主負担も導入）、対象者の条件や保険料負担などのルールがより複雑になっている。

年金をはじめ各保険は、労使が負担する保険料で賄うのが建前であるが、保険制度への一般財源の投入が増えている。2019年で、年金保険組合総収入の23・8%(一般財源から14・1%、付加価値税及び環境税から9・6%)となっている。この一般財源の投入には、「一般的な連邦補助」と「追加的な連邦補助」の二種類がある。[10]

年金の給付面では、1990年代以降、給付水準の引下げや支給開始年齢の67歳への引上げなどが行われている。2001年の改革では、モデル年金(45年加入)の給付水準に関して、現役の平均可処分所得の70%から段階的に引き下げて67%程度にすることとされた。この改革に併せて、年金給付水準の引下げを補完するために、「リースター年金」(当時の社会労働大臣の名前に由来)と呼ばれる積立方式の企業年金が導入されている。

老後の所得保障に関しては、高齢者向けの社会扶助の見直しも行われている。これは、高齢期は働くことができないという前提の下に、親族の扶養要件などを通常の社会扶助より緩和するものであり、2003年から「基礎保障」として実施されている。[11]

最近の改革は、2020年に法律が制定された基礎保障年金である(21年1月より実施)。これは最低保障年金であり、33年間保険料を納めても(パートタイマーとして働いた年数、子育てや介護をした年数なども含める)年金額が基礎保障に満たない場合に、それを上回るように追加給付される。[12]

医療・介護――保険者の集約と競争

ドイツの公的医療保険制度では、地域や企業などを単位として設置されている公法人である疾病金庫が保険者となっている。

この医療保険の対象者は、賃金が月４５０ユーロを上回り一定所得を超えない被用者（２０２０年の上限：年間６万２５５０ユーロ）、自営農林業者などであり、高所得者・自営業者・公務員などについては強制適用ではない[13]。また、パートなどの僅少労働の場合の保険料は免除あるいは軽減されている（前出表３－１）[14]。なお、年金受給者は雇用されていないので、雇用者負担に該当する部分は年金保険者が負担している。

自営業者や僅少労働者は加入が限定的である。僅少労働者は、公的医療保険に加入している家族の被扶養者として保険に加入することが想定されており、民間医療保険にも加入していない場合には、医療保障を受けられない。また、女性の僅少労働者が離婚により公的医療保険の加入資格を失った状態であるにもかかわらず、保険加入の義務が発生しない僅少労働であると、医療保障が受けられない。医療保険の加入状況は、公的医療保険88％、民間保険11％、軍人や公務員１％となっている[15]。

生活困窮者の医療については、自治体が責任を有する社会扶助が対応している[16]。ドイツでは、地方自治体が社会扶助の実施責任を負っている。扶助を受ける者の医療保障については、２００７年の公的医療保険競争強化法の導入を受けて、原則として、医療保険料を社会扶助が負担することになった。従来は、実施者主体が、保険料の肩代わりか医療扶助による現物給付のどちらかを選択していたが、後者は例外的な扱いとなった。なお、失業扶助である求職者基礎保障制度（後述）の対象となる者については、疾病金庫に加入し、その保険料は連邦政府が負担する。

従来は、疾病金庫は勤務事業所や勤務地などに応じて設立されていたが、1993年の「医療保険構造改革法」により、疾病金庫間の競争を促進するため被保険者が疾病金庫を選べるようになった。疾病金庫には、地区疾病金庫、企業疾病金庫、同業者疾病金庫、農業者疾病金庫、鉱業・鉄道・船員疾病金庫、代替疾病金庫の6種類があり、合計の数は、1992年に1223あったが、1996年に642に半減し、2017年では113になっている。[17] この改革でリスク構造調整が導入され、高齢者や低所得者などを多く抱える疾病金庫は、競争で不利になることから、それを是正するための交付金が交付される。[18]

医療保険への一般財源の投入は2004年から始まった。医療についても、「保険になじまない給付」がその理由であり、具体的には、保険料を負担しない被扶養者に対する給付、年金受給者である医療保険の被保険者に対する所得再分配、妊娠・出産に関する給付などである。[19] 一般財源の投入は、2020年で145億ユーロとなっている。

ドイツの介護保険は、日本と異なり、受給にあたり年齢制限はなく、一般財源は投入されていない。保険料は、導入当初の1995年は1・0％であったが、その後、徐々に引き上げられ、2019年1月現在3・05％（労使折半）となっている。ただし、08年7月より、子どもがいない場合、被用者は0・25％の追加負担がある。[20]

雇用・労働――経済を再生させた労働市場改革

労働市場改革については、２０００年代前半のシュレーダー改革が重要である。ドイツは東西ドイツの統合後失業率が高止まりするなど、労働市場の改革が避けられなくなっていた。

改革の発端は、シュレーダー政権が２００２年に設置した「労働市場における現代的サービス委員会（通称「ハルツ委員会」と呼ばれる）である。ハルツ委員会は02年８月、改革案を盛り込んだ報告書「アジェンダ２０１０」を発表し、これに基づき03年１月にハルツ第Ⅰ・第Ⅱ法、12月に第Ⅲ・第Ⅳ法が成立している。改革の基本的な目的は、従来の手厚い失業者の保護を転換し、失業者を労働市場へ復帰させることであり、戦後の政策を見直す抜本的な改革であった。

改革は、連邦雇用庁を連邦雇用エージェンシーに再編し職業紹介を強化すること、解雇などの労働規制の緩和、失業保険の給付期間の短縮（32カ月から12カ月へ）など多岐にわたるが、特に重要なのが「求職者基礎保障制度」である。これは、働くことが可能だが生活に困窮している者に対して、所得保障を提供しつつ、就労支援を行い、労働市場に復帰させるための制度である（２００５年１月から実施）。

失業者への生活保障は、従来、失業保険、失業扶助（一般財源、連邦負担）、社会扶助（一般財源、自治体負担）であったが、求職者基礎保障制度は、失業扶助と社会扶助のうち稼得能力がある者への給付を統合するものであり、同制度はミーンズテストを要件とし、支給額は社会扶助の生活扶助と同額である。[21] 従来の失業保険は連邦雇用庁が担う一方、求職者基礎保障制度は、新たに設置されたジョブセンターが責任を負う。財源は、受給者の住居費や暖房費など地方自治体が負担する部分を除き、全額連邦政府の負担である。
求職者基礎保障制度は、三つの問題に対処するものである[22]。
① 社会保険の異なる分野、異なる財源による政策の間におけるコストの転嫁を是正する（財源と実施主体が異なる失業扶助と社会扶助の間における責任やコストの転嫁）。
② 長期失業者に対する二つの異なる仕組み（失業扶助と社会扶助）が重複して非効率である。
③ アクティベーション政策が弱い。
このうち③については、職業訓練などの要件を満たさないと給付が削減される制裁措置があり、いわゆる「ワークフェア改革」と位置づけられる。所得比例給付である旧失業扶助の受給者は、定額給付である求職者基礎保障への移行を余儀なくされ、1日あたり3時間の労働が可能であるかどうかという厳正な基準の下、旧社会扶助受給者の大部分が稼働能力を認められる結果となり、より強い求職義務を課される求職者基礎保障に移行した[23]。

シュレーダー改革については、失業率が、求職者基礎保障制度が施行された2005年の11・7%から19年10月には4・9%に低下し、また同制度受給者も減少していることを踏まえ、受給者にミニマムではなく一般水準の社会参加を保障し、貧困と社会的排除の中に閉じ込められた長期失業者・長期受給者の社会参加を促進するものであるという評価がある一方、非正規やワーキングプアを拡大させたといった批判も強い[24]。また、その後も、関連法である社会法典は改正され、長期失業者に社会保険加入を促進するための賃金補助の拡充（2019年）などの改革が進められている。

家族・育児――伝統的な家族観の転換と給付の拡充

ドイツは、日本と同様に、これまで男性片働きの家族モデルが基本であったが、これを転換し、男女の仕事と家庭を両立させる取組みが2000年初めより始まり、その後、出生率が徐々に上昇傾向にある。人口減少や少子化に対応するため積極的な家族政策が必要になり、「パラダイム転換」が起きた[25]。その立役者が、第二次シュレーダー政権下（02～05年）のレナーテ・シュミット連邦家族相（社会民主党）と第一次メルケル政権下（05～09年）のウルズラ・フォン・デア・ライエン連邦家族相（キリスト教民主同盟）の二人である。後者に関して、アンゲラ・メルケル首相は、男性片働きモデルを前提とするキリスト教民主同盟・同社会同盟（CDU／CSU）の伝統的な家族観を転換させることを長年の目標としており、これまでの「中核理念に修正を迫る」ような方向性を打ち出し、そのためにスウェーデン型の福祉国家を目指すライエン家族相を起用した[26]。

2000年代における家族政策は広範に及ぶ。特に重要な施策は、第一に、2005年1月から施行された「保育整備法」による保育所の拡充である。これは、10年までにドイツの保育を西ヨーロッパ諸国と同等の質・量の確保を図る、06年夏までに旧西ドイツ地域の保育施設の定員を倍増（6万人分→12万分）させる、10年までに23万人分の保育所または家庭預かり保育を新たに整備するものであった[27]。

第二に、2007年1月から導入された「両親手当」である。これは、親が育児のために仕事を一時的に中断・縮小する場合に、12カ月間（両親で休業を取得する場合は14カ月）、従前の手取り収入の65～100％給付するものである。従来の育児手当は、所得制限があり、月額300ユーロを24カ月支給するものであった。これに代わるのが両親手当であるが、所得制限はなく、低所得者の場合には給付率が最大100%まで引き上げられる[28]。全額連邦政府の一般財源で賄う。

第三に、2008年家族給付法による児童手当の段階的な増額、家族を支援するサービス費にかかる租税法上の控除の増額である。児童手当は、18歳未満が対象で（学生は25歳未満）、第1～2子月額219ユーロ、第3子月額225ユーロ、第4子以降は月額250ユーロであり、所得制限はない（一般財源で対応）。児童控除は、扶養児童一人あたり年額2730ユーロ（夫婦で子どもを養育する場合、それぞれが控除の対象となるため控除額は5460ユーロ）の「児童扶養控除」と年額1464ユーロ（夫婦の場合2928ユーロ）の「養育教育控除」がある。控除と手当はどちらかの選択制である[29]。

改革により経済を回復

ドイツの社会保障制度は変容しているものの、ユニバーサル化などは限定的であり、社会保険制度の堅持が基本となっている。その特徴は次のように要約できる。

第一に、非正規や自営業者に対しては、保険料負担を軽減・減免するなどにより適用拡大が進められているが、適用除外や任意加入が残されている。一般被用者、非正規の被用者、自営業者といった雇用形態によって、また収入などによって加入対象や適用される保険料率は異なり、制度は非常に複雑化している。雇用主の保険料負担は下がっているものの、被用者負担は一般財源と同様に、対GDP比及び社会保障全体に対する割合で増えている。

第二に、保険制度へ一般財源を投入しつつも、建前としては「保険になじまない」部分、あるいは低所得者への補助に限定している。他方で、医療保険者間の競争促進やワークフェア改革など、保険機能の強化を図る側面も見られる。ワークフェアは、社会扶助や失業扶助への依存を減らす一方で、保険加入者や保険料支払いを増やすことが期待されている。

第三に、家族政策の拡充である。東西ドイツ統合後、ドイツの福祉レジームは動揺し、歴代政権は、福祉レジームの縮減と育児・介護の社会化という二つの課題に取り組んできた(30)。特に、家族政策については、従来の男性片働きを前提とした社会システムを見直し共働きを奨励するものであり、保守主義レジームの大きな修正である。

社会保障制度改革は利害が衝突することからどこの国でも難しい。特に、ドイツは合意形成が必要な政治システムであるが、そうしたなかで改革を進めたことは評価できる。他方で、非正規雇用が増加し、労働市場が二極化しているという問題が指摘されている。ただし、失業率は低下しており、本書が焦点を当てる四カ国の中では、２０１０~20年における年平均経済成長率は最も高く（１・１％）、欧州では「ドイツ一人勝ち」と言われる所以である。

2　フランス——社会保障目的税によるユニバーサル化と手厚い給付

社会保障システムの基本的な特徴と改革の経緯

フランスもドイツと同様に職域別に保険制度が発達してきた。社会保障の出発点は、１９４５年の社会保障計画（ラロック・プラン）であり、すべての国民を対象とする「総合社会保障システム」を構築することを目指した。その基本理念は、「最終的にはすべての国民を対象に、全国社会保障基金を頂点とする一元化された管理運営組織の下、被保険者や使用者等の負担する保険料を唯一の財源とし、関係当事者自らが直接制度の管理運営に関与する」である。[31] 社会保険は、国が主導して整備してきたというより、職域ごとの相互扶助の仕組みとして発達したからである。

しかし、実態は異なる。一般被用者向けの制度とは別に、自営業者や農業労働者などを対象とする保険制度が順次発展した。その一つの理由は、自営業者などがこの総合社会保障システムの対象となることに反対したからである。[32] こうした経緯から、社会保障の中心となる社会保険は、職域によって分立した複雑かつ相違のある制度になっている。

具体的には、年金・医療・労働災害・家族（障碍・住宅を含む）の四つに分かれ、それぞれについて、民間被用者を対象とする一般制度、国・地方の公務員向けの特別制度（鉄道職員向けの制度なども含む）、自営業者や手工業者等の職域別に組織される自治制度、農業従事者向けの農業制度があり、それぞれに複数の保険者（金庫、連合会、共済組合など）が実際の管理運営を行っている。[33] 失業保険は四分類に含まれておらず、使用者団体と労働組合による独立的な組合によって運営されている。

戦後発展を遂げた社会保険制度は、経済社会、労働市場の変化に対応することが難しくなる。特に、職域により細分化された保険制度では、それぞれが独立採算を維持することは難しい。フランスでは、社会保険の「財政化」は政府による関与となり、自治が崩れることから、関係者が反対していたため、改革には時間がかかった。[34]

1991年のマーストリヒト条約導入の合意（93年発効）を受けて、財政赤字削減のために、93年

表3－2　一般社会拠出金（CSG）の賦課率（2021年1月現在）

単位：%

賦　課　対　象		賦課率	低所得者に対する軽減賦課率
稼働所得		9.2	6.8
その他賃金の補足（利益分配金等）		9.2	6.8
代替所得	−失業手当	6.2	3.8
	−早期退職手当	9.2	6.8
	−退職年金･障害年金	3.8, 6.6, 8.3	3.8, 4.2, 5.9
	−日額手当	6.2	3.8
資産所得		9.2	9.2
投資益		9.2	9.2
賭博益		6.2	6.2

（出所）　フランス医療保障制度に関する研究会（2021）の図表3-3

３月に発足したパラデュール内閣は[35]、５月に、財政再建を目指す「経済・社会再建プログラム」を発表する。さらに、95年に右派のシラク大統領が誕生し、自由競争・規制緩和を掲げ、アラン・ジュペ首相の下で、95〜97年にかけて社会保障制度改革（社会保障財政に関する議会の権限強化、病院改革、年金制度改革など）を含む一連の財政赤字削減策を提案した。ただし、痛みを伴う改革案であったため、激しい反対が起こり、計画どおりに実現されることはなかった。

保険料を減らし社会保障目的税に転換

１９９０年代の改革のなかでも、フランス特有の改革が社会保障目的税の導入であり、保険料から一般財源への代替である[36]。その第一は、91年財政法により導入された「一般社会拠出金」（contribution sociale généralisée：ＣＳＧ）である（91年２月１日以降の所得に課税）。ＣＳＧは、当初、家族給付の財源に充当するため、賃金などの稼働所得、年金などの代替所得、資産・投資益それぞれ

表3－3　一般社会拠出金（CSG）の充当（2019年）

単位：%

充当対象	賦課対象	料率	財源構成
医療	稼働所得	5.95	57.0
	失業手当・日割手当	4.65	
	退職年金・障害年金	4.77	
	賭博益	7.35	
家族	稼働所得・代替所得・賭博益	0.95	9.0
老齢連帯基金	稼働所得・代替所得	1.98	14.0
	資産所得・運用益	8.60	
全国自律連帯金庫	稼働所得	0.23	1.8
全国商工業雇用連合	稼働所得	1.47	11.5
社会債務償却金庫	賭博益以外の所得	0.60	6.8
	賭博益	0.30	

（注）　料率は表3−2の賦課率がどの部門に充当されるかを示し、財源構成はCSGの収入合計に対する割合（実績）を示す。
（出所）　フランス医療保障制度に関する研究会（2021）の図表3-4等

に１・１％の賦課率で徴収するものであったが、その後段階的に引き上げられ、２０２１年現在、表３－２のとおりになっている。

　ＣＳＧは目的税なので使途が限定されている。その充当対象は、料率の引上げなどに応じてたびたび変更されており、19年現在、稼働所得の賦課率９・２％は、医療５・９５％、家族手当０・９５％、などに割り当てられている（表３－３）。ＣＳＧの賦課対象・料率などは、現在では、非常に複雑になっている。

　第二は、１９９６年に導入された「社会保障債務返済拠出金」（contribution au remboursement de la dette sociale：ＣＲＤＳ）である。これは、当時のアラン・ジュペ首相が提案した年金・医療等についての社会保障改革案に盛り込まれたものである。各社会保障制度が有している累積債務を、社会保障基金（ＣＡＤＥＳ）に移管し、その償還を、独自財源（ＣＳＧ及びＣＲＤＳ）、フランス年金準備金（ＦＲＲ）からの資金移転及び資本性所得にかかる社会負担金等で賄うものである。[37] ＣＲＤＳは、ＣＳＧと同様に、稼働所得、年金、失業手当、資産所得・投資収益など多様な収入に課されるが、賦課率は、ＣＳＧと異なり、共通の０・５％である[38]（当初から現在まで）。

ＣＳＧとＣＲＤＳのポイントは、稼働所得に加えて、高所得者層に多い資産所得や投資益なども対象とすることにより、賦課対象を拡大していることである。また、賃金などに賦課される部分に限り一般制度の保険料と同じように社会保障家族手当保険料徴収連合が徴収し、社会保障財源に充当される点で保険料的な特徴を有する。[39]

こうした財源調達の改革の結果、フランスは比較対象の欧州三カ国の中で、社会保障の財源として税財源が最も増えている国である。保険料の社会保障財源全体の割合は、２０１９年の75％から２０１９年の55％に減り、目的税の割合が、８％から30％に増えている。[40]

年金制度の財源（２０１９年）は、保険料70％、ＣＳＧ13％、国庫からの移転15％、医療制度の財源（19年）は、事業者による保険料34％、ＣＳＧ34％、目的税（タバコ・酒等）28％、国庫からの移転１％などとなっている。[41]

目的税の投入と保険料の軽減によって、分野によって程度は異なるものの、社会保障制度のユニバーサル化が進められている。特に医療と家族政策については、当初の社会保障の理念である連帯がほぼ実現に至ったともいえる。

こうしたなかで社会保障関係の支出は増加しており、社会支出（公的＋義務的私的）の対ＧＤＰ比（２０１７年）では、フランス（32・２％）はデンマーク（31・３％）を上回り、ＯＥＣＤ諸国中で最も高い水準となっている。

年金——無拠出の年金も導入

フランスの年金制度は3階建てになっている。1階の基礎制度（régime de base：報酬比例であり定額の基礎年金ではない）、2階の補足年金制度（régimes complémentaires）、3階の任意加入年金制度（régimes supplémentaires）である。3階は企業年金や個人年金などの私的年金であるが、2階は多くの場合加入義務があり、事実上、1階と一体となっている。

フランスにおいても、人口動態の変化などに対応するため、満額給付を受けるための保険加入期間の引上げなどの年金改革が行われているが、保険料引下げを除けば、全体的には軽微な改革にとどまっている。

社会保障目的税であるCSGを活用した給付やサービスのユニバーサル化として、1994年に導入されたのが老齢連帯基金（Fonds de solidarité vieillesse：FSV）であり、これは無拠出の最低保障年金である。具体的には、無年金者への老齢特別手当、基礎制度からの受給額が一定水準に満たない場合の補塡などがある。

社会保障目的税を活用した重要な改革は保険料の引下げである。[42] ここで、各保険制度の保険料についてまとめて説明する（表3－4）。フランスの保険料についての特徴は、雇用主負担が大きく、低所得者に適用される保険料が軽減されるとともに、一定の累進性も有していることである。

年金と医療保険については単純な定率保険料ではない。医療保険については、被用者の保険料が1

９９３年６・８％、97年５・５％、98年０・75％へと引き下げられ、２０１８年以降ゼロになっている。雇用主負担は98年に12・８％だったが、19年現在二段階制になっている。なお、年金受給者は、現役時代に加入していた保険制度に継続して加入する。

自営業者の保険適用については、その種類によってルールが異なるなど、その仕組みは複雑である。家族給付と基礎的医療保障については職業によらずユニバーサルになっていること、職人・商人の年金（基礎と補足）については被用者と同じ給付であるものの保険料と賦課対象が異なること、妊娠・出産に関する医療サービスは職業にかかわらず、すべてを対象としていること、労災・補完的医療・失業・傷病手当については任意加入できることなどの特徴がある。(43)

断片化した年金保険制度の整理統合は長年の課題であったが、近年改革の動きがある。マクロン政権（２０１７年発足）において、エドアール・フィリップ首相は、19年９月12日、20年夏までに年金改革の成立を目指すと発表したが、主な内容は、職域に分立し、現在42ある年金制度の一元化、支給開始年齢の引下げ（62歳から64歳へ）、保険料拠出期間の延長などである。(44) しかし、この改革案は、痛みを伴う改革であり、労働組合の反対、自営業者らの反対デモ、交通機関のストライキなどが起こり、棚上げになった。その後、大規模なストライキなどの反対運動があったものの、２０２３年３月、年金改革が盛り込まれた「社会保障財政修正法」が成立した。そのポイントは、23年９月から30年にかけて年金の受給開始年齢を毎年３カ月ずつ引き上げて、現行の62歳から64歳に引き上げること、満額支給に必要な拠出期間を27年までに段階的に43年に引き上げることである。

社会保険料（2022年）

	自営業者（職人･商人）	
雇用主	賦課対象	本人
8.55%	～39,228ユーロ	17.75%
1.90%	39,228ユーロ～	0.60%
4.72%	～37,546ユーロ	7.00%
1.29%	37,546～156,912ユーロ	8.00%
12.95%		−
1.62%		−
7.00%	～27,459ユーロ（専門職収入）	3.5%～6.6%
13.00%	27,459ユーロ～（専門職収入）	6.50%
−	～39,228ユーロ（専門職収入）	1.30%
0.30%		−
リスクにより変動		−
4.05%		−
0.15%		−
3.45%	～43,150.80ユーロ	2.15%
5.25%	43,150.80～54,919.20ユーロ	2.15～5.25%
	54,919.20ユーロ～	5.25%
−	専門職収入+義務的社会保険料[5]	8.00%
−	代替所得[5]	6.20%
	39,228ユーロ	0.25%

表3−4　被用者及び自営業者の

		被用者向け制度	
		賦課対象	被用者
年金（基礎制度）		〜3,428ユーロ	6.90%
		全給与	0.40%
年金（補足制度）[1]	賦課対象1	〜3,428ユーロ	3.15%
	CEG	3,428〜27,424ユーロ	0.86%
	賦課対象2	〜3,428ユーロ	8.64%
	CEG	3,428〜27,424ユーロ	1.08%
医療・出産・障害・死亡		SMIC[4]×2.5までの給与	−
		SMIC[4]×2.5を超える給与	−
障害・死亡（自営向け）			−
自立連帯保険料（CSA）[2]		全給与	−
労働災害		全給与	−
失業		〜13,712ユーロ	−
賃金保証保険協会（AGS）[3]		〜13,712ユーロ	−
家族給付		SMIC×3.5までの給与	−
		SMIC×3.5を超える給与	−
CSG		総給与の98.25%	9.20%
CRDS		総給与の98.25%	0.50%
職業訓練（自営向け）			

（注）1. 従来は幹部職とそれ以外に対して異なる賦課率が適用されていたが、2019年1月から両者は統合され同じ賦課率が適用
賦課対象1は保険料の賦課上限まで、同2はその8倍までを対象。なお、CEGは「総合均衡保険料」である。
2. CSAとは高齢者と障害者の自立を支援するための雇用者に課せられる拠出金であり、国から県に対して交付される。
3. AGSは会社が法的な倒産手続きなどに入った場合に従業員の賃金を保証する。
4. SMICは最低賃金。
5. 自営業者については、収入を2つに分けて異なる税率（CSGとCRDSの合計）が適用

（出所）フランス政府資料「フランスの社会保障システム」（Centre des Liaisons Européennes et Internationales de Sécurité Sociale）に基づき作成。自営業者の保険料についてはCahuc（2018）Table 4.2からの引用（2017年の水準）

医療──個人の保険料負担をゼロに

医療保険は、基礎的医療保険と補足的医療保険の二つから成り立っている。前者では自己負担が大きいため、後者は、前者から償還されない自己負担を軽減するための保険である。[45]

医療保険は、職域別に分立し複雑な仕組みとなっている典型であり、制度間の不公平や保険から漏れた人々が存在した。しかし、１９９０年前後から30年余の時間をかけて幾度も制度改正を行い、複雑ではあるものの、ユニバーサル化を達成しており、年金保険とは異なる経路をたどっている。

最初の取組みは１９８８年に導入された参入最低所得保障制度（revenu minimum d'insertion：ＲＭＩ、社会扶助に相当するもので後述）であり、ＲＭＩが医療扶助として、保険料を負担することにより、その受給者が医療保険に加入することができるようになった。

次の改革は、１９９９年の立法により２０００年に実施された普遍的医療給付制度（couverture maladie universelle：ＣＭＵ）であり、これは98年のＣＳＧの４・１％への引上げによる財源を活用して、低所得者や無職者に医療保障を提供するものである。

通常の医療保障と同様に、基礎的ＣＭＵと補足的ＣＭＵの二つからなる。前者は、既存の医療保険に加入できない者を一般制度の対象とするものであり、所得に応じて無償ないし減額された保険料を納付することによって、医療を保障する。[46] これにより、県による医療扶助は廃止された。つまり、ＣＭＵは、日本の医療扶助のように一般の医療保険とは分離した仕組みから、一般の医療保険に低所得者を取り込み、自己負担金を税財源で負担する仕組みである。ＣＭＵは「皆保険」を実現するものであり、「税財源の投入と無拠出者の受給権の保障によって、フランスの医療保険制度は保険料を財源とする職域ごとの社会保険という職域連帯の論理から逸脱し、税による普遍的な給付という国民連帯の論理に接近した」といえる[47]。

２０１６年社会保障財政法により普遍的疾病保護（protection universelle maladie：ＰＵＭＡ）が導入され、被扶養者の対象が18歳未満に限定されるとともに、被扶養者として加入していた配偶者などが個人として保険料を負担し保険に加入することになった（低所得者には保険料減免）。加入が個人ベースになったことから、被扶養者と認定する労働時間や所得などの基準がなくなった。ＰＵＭＡの導入によって、基礎的ＣＭＵは廃止された。

高齢者の介護については、ドイツのような保険ではなく、県が責任を負っている。従来は低所得者を対象とする社会扶助によって給付やサービスが提供されていたが、２００２年に全国共通の個人別自立手当」（allocation personnalisée d'autonomie：ＡＰＡ）が導入され、普遍的な給付・サービスを提供している[48]。また、04年の高齢者及び障碍者の自立のための連帯に関する法律により、雇用主が被用者の給料の０・３％を拠出する「自立のための連帯拠出金」（contribution de solidarité pour l'autonomie：ＣＳＡ）が導入され、県に対する財政支援として交付されている。

雇用・労働——新たな社会扶助の導入

労働政策については、主として失業率の高さ（特に若者）に対応するため、さまざまな対策、特に福祉から労働へというワークフェア政策が講じられているが、失業率は継続的に8～10％と高く、ドイツやオランダと比べると、全体としては成功しているとはいえない。１９８０年代後半以降、失業を減らして雇用を増やすため、有期雇用や派遣労働に関する規制を緩和してきたが（86年の派遣労働契約に関する法改正など）、社会党政権が続いたこともあり、こうした雇用制度は制限が厳しい内容になっている。[49] 有期雇用に関連しては、92年、新しくパートタイム雇用を創出した場合の雇用主について保険料を30％減額する措置、93年、法定最低賃金の給与を支払う雇用主について、保険料の部分的免除などが導入された。

ワークフェアに関連する主な取組みとしては、社会扶助の改革がある。1988年、税財源による最低所得保障制度である「参入最低所得保障制度」（ＲＭＩ）が導入されている。従来は、障碍など分野別に低所得者対策が行われていたが、ＲＭＩにより世帯収入のみを条件として給付する最低保障が導入された。しかし、ＲＭＩは、勤労所得があるとその分減額されるためインセンティブに欠けていたことから、2008年の法律により「活動的連帯所得手当」（revenu de solidarité active：ＲＳＡ）が導入された。ＲＳＡは、ＲＭＩと就労利得制度・単親手当を統合し、簡素化した上で、勤労所得の増加が給付額の増加につながる仕組みとなっている。[50] 受給者が無職の間は県が財源を負担し、再就職した後は国が負担する。ＲＳＡは、就労が義務となっているわけではないこと、就労の強制よりも就労に向けた手厚い個別支援に主眼が置かれていることなどの点で、英国などにみられるワークフェア政策とは異なっている。[51]

失業保険は、1958年、労使交渉による「失業保険協定」に基づき導入され、国がそれを承認することにより義務的に適用される仕組みになっている。これは、就労促進の観点から、2001年の協定により大きく見直され、失業手当は「雇用復帰支援手当」（allocation d'aide au retour l'emploi：

ＡＲＥ）となった[52]。

失業保険制度によるＡＲＥの受給期間が終わった長期失業者などに対しては、国による連帯制度である「特別連帯手当」（allocation solidarité spécifique：ＡＳＳ）がある[53]。ＡＳＳは、１９８４年に導入され、その費用は全額国庫負担である。ＡＳＳは失業扶助であり、失業保険を受給していたこと、すなわち同保険の要件である就労期間が必要であるが、ＲＳＡにはそれはない。よって、ＲＳＡの受給者は高齢者が中心となっている。

家族・育児――戦前から続く拡充

フランスは家族政策を充実してきたことで有名であるが、それは、最近に始まったことではない。１９３０年代の出生率の落ち込みに対応するため、32年には、企業慣行から始まった家族手当が法定化されるとともに、39年には、家族法典が制定された[54]。この家族法典により、自営業者も含めて家族手当の対象となった。興味深いことは、年金や医療などと異なり、家族手当については、社会保障発展の初期段階でユニバーサル化されていたことである。家族手当は家族関係の給付の中心的存在であるが、現在では、第二子から支給され、所得に応じた支給調整がある[55]。

フランスにおける家族政策は、手当による経済的な支援から始まり、育児と仕事の両立支援策へ発展している。具体的には、１９４５年に所得税におけるｎ分ｎ乗方式が導入（子どもを有する世帯を優遇する世帯単位で課税する仕組み）、76年にひとり親手当が創設、80年代は家族給付全国金庫による保育所の拡大、82年に家族問題全国会議が開催（94年に法律により毎年開催が義務化）、85年に乳児手当・養育手当が創設、90年に認定保育ママ雇用に対する援助の創設、2003年に認定保育ママ雇用援助と養育手当等を再編し、乳幼児迎入れ手当の創設など、さまざまな対策が講じられてきた[56]。

こうした改革の背景にあるのが「自由選択」という考え方である。これについて、千田は、「子育てをするために家庭内にとどまるか労働市場に参加するかの選択は個人の判断に委ね、政府はどちらの選択も不都合にならない多様な施策を目指す全体的な方針」と定義する[57]。ただし、家事・育児・介護といったケア労働を「自由選択」と称して、選択する負担は女性にとどまったままであること、フランスの女性の就業率は相対的に高いとも言えないことから、脱家族化は一定のレベルにとどまっているとの指摘もある[58]。

これら各種政策や手当の給付は、全国家族手当金庫及び各県の家族手当金庫が、それぞれ国及び県と契約を結び実施している。年金や医療と異なり、運営主体が一元化している。これらの金庫は、雇用主や自営業者、被保険者の代表などで構成される理事会によって運営されている。財源は、約6割が社会保障拠出金、約2割がCSG、残りが国庫拠出金である[59]。

社会保障目的税の導入による部分的なユニバーサル化

フランスの社会保障は「国民連帯」の理念に基づき出発したが、その現実は理念どおりにはならなかった。加藤は、この連帯概念は、第二次世界大戦後、当初の国民連帯の標榜から職域連帯への移行(職域に応じた個別制度の複数併存)、1970~80年代の職域連帯から職域間連帯へ(国家の介入を防ぐための個別制度間での財政調整)、90年代以降の租税代替化(一般社会拠出金)の進行に伴う国民連帯と職域連帯の併存へと移行していると述べる。[60] こうした結果、従来の社会保険と「国家における連帯」と呼ばれる医療・家族給付・排除を是正する政策、普遍的な仕組みが併存するかたちとなっている。[61]

具体的な特徴を整理すると、第一に、社会保険制度を維持しつつも、目的税の大規模な投入により保険制度の内側あるいは外側で低所得者などに給付やサービスを保障し、ドイツ以上にユニバーサル化が進んでいる。医療は、被用者個人の保険料負担がなくなり、税方式化しているともいえる。[62] 家族政策は拡充され、出生率はドイツや日本と比べて高い。他方、被用者保険については、職域による制度の分立は残っており、自営業者と被用者向けの制度の統合は進んでいない。

第二に、失業率は高く、雇用政策やアクティベーション政策は、医療や家族政策などと比べると遅れをとっている。ただし、手厚い給付やサービスにより、貧困率や格差はドイツよりも低い。

第三に、ユニバーサル化により低所得者などは恩恵を受けているものの、社会保険に普遍的な制度を継ぎ足すような仕組みになっていることから、給付や負担の両面において、制度が非常に複雑化・断片化している。社会保険料から社会保障目的税への転換は課税ベースの拡大などの点で評価できるものの、ＣＳＧの賦課対象や所得基準は細分化され、各制度への充当の配分の根拠は透明とはいえず、国民にはわかりにくくなっている。

家族・育児政策に係る拠出金は雇用主・自営業者だけが負担するが、そもそも「保険」とは言えない仕組みである。

3　オランダ――実質的な税方式によるユニバーサル化と弾力的な雇用システム

社会保障システムの基本的な特徴と改革の経緯

オランダは第二次世界大戦時、ドイツに侵略された際に社会保険制度が導入された経緯を有するものの、1950年代に導入された老齢年金など、当初からユニバーサルな特徴を併せ持つ、手厚い社会保障を発展させてきた。すなわち、ユニバーサルな所得保障制度を構築したという点では、北欧に共通した「社会民主主義レジーム」に位置づけられる一方、キリスト教に基づく伝統的な家族主義、カトリック教会の組織原理である補完性原理を基盤とした民間非営利主義のサービス供給システム、また、社会保障制度の管理・運営面における労使の役割などは、大陸諸国に見られる「保守主義レジーム」とも共通する、北欧と大陸の福祉国家の両面的な特徴を持っている[63]。

しかし、そのオランダはその後困難に直面する。1973年の第一次石油危機後の通貨高で経済成長の鈍化と財政赤字の拡大を招き、いわゆる「オランダ病」に陥った。手厚い社会保障故に、70～80年代を通じて、オランダはヨーロッパにおける「働かなくても社会保障に頼れる国」の最も代表的な国になってしまった[64]。

改革の端緒は、1982年に雇用主団体、労働組合、政府の間で締結された「ワッセナー合意」であり、賃金上昇の抑制、労働時間の短縮・パート雇用の創出、社会保障負担の抑制などが盛り込まれた。これにより賃金と物価の上昇を抑えることに成功した。

さらに、ルベルス政権（１９８２～94年）による失業保険などの改革を経て、コック政権（94～２００２年）におけるワークフェア政策をはじめとする構造改革が進められた。オランダも、ドイツやフランスと同様に、労働組合や経営者などソーシャル・パートナーが強い影響力を有していたため改革は進まなかったが、それを打破する政府主導の改革が始まった。

その改革のポイントは、就労促進を進めるためのワークフェア政策であり、94年の長期失業者に公的部門で働く機会を提供する事業、95年の失業保険制度改革（支給要件の厳格化等）、98年の求職者雇用法（社会扶助受給者の就労促進のため個人別に就労復帰計画を策定）などである。また、ワッセナー合意の延長として、１９９６年の労働時間差別禁止法や２０００年の労働時間調整法制定など一連の改革で、フルタイムとパートタイム労働者の間の格差が是正され、両者の権利・義務はほぼ同じになった。併せて、共働き世帯を支援する育児対策なども拡充された。

雇用面以外にも、２００６年の医療の皆保険化、15年の介護保険制度の抜本的な見直しなど、オランダは状況の変化に対応してプラグマティックに改革を進めている。オランダは、90年代以降先進諸国において社会支出が対ＧＤＰ比で減少した数少ない国の一つであるが、その背景として、一連の給付削減に加えて、公的医療保険における民間保険者の活用など、民間活用が挙げられる。

オランダの現在の社会保険（所得保障制度）は、国民保険制度と被用者保険制度の二つで構成されている（別途、一般財源による社会扶助がある）。前者には、老齢年金（基礎年金）、遺族年金、介護保険、児童手当があり、後者には、失業保険、就労能力に応じた就労所得制度、疾病給付がある。

国民保険制度は、文字どおり国民全員を対象とするものであり、制度の建前としては「保険」であるが、その財源は個人の所得税と併せて徴収される「保険税」である。財源が不足する場合には、一般財源が投入される。

オランダは、財源を含めユニバーサルな制度という観点から、伝統的な保守主義レジームからの転換が最も進んでいる国である。保険料の社会保障財源全体に対する割合は、2019年の69％から2019年の60％に減り、一般財源の割合が、14％から24％に増えている。[65]

年金——居住を要件とする普遍的な基礎年金

オランダの年金は、公的年金である基礎年金（AOW）、職域年金（企業単位や産業単位の年金基金）、個人年金（保険会社の個人年金契約）の3階建てである。[66]

AOWは1957年に導入された制度であるが、導入時からユニークな仕組みであった。[67] 保険料は所得比例の拠出であるが、オランダに居住することが給付の条件であり、年金給付（定額）は保険料納付期間や従前所得と連動しない。所得がある限り拠出義務があるが、たとえば、所得がなく保険料を納めなかった主婦でも年金を満額受給できる。オランダの年金は、形式的には、社会保険方式であるが、実質的には税方式である。[68]

AOWの基本的な仕組みは、①15～65歳のすべての居住者が対象で、毎年2％の受給権を獲得し、50年で満額給付、②もし国外に住居を移転すると、その期間は受給権を獲得しない（任意で拠出しない限り）、③保険料は、被用者も自営業者も同じ17・9％（法的な上限として18・25％が設定）と遺族年金部分の0・1％であり、雇用主負担はない、④単身のグロス年金率は、法的な最低賃金の70％に設定、夫婦の場合はそれぞれ50％に設定、⑤居住が50年に満たないとその分減額されるが、満額受給できない者については、補足的国家補助を給付、である。[69] 基礎年金の導入当初は一般財源の投入はなかったが、その後、保険料収入では給付を賄うことができなくなったため、一般財源が収入全体の３分の１強投入されている。[70]

ここで、各保険制度の保険料負担の仕組みを一括して整理する（表３－５）。老齢年金および遺族年金については、すでに説明したとおりであり、被用者と自営業者は同じ保険料を負担する。介護保険料も基本的には年金と同様であり、本人のみの負担であり、所得がなければ負担する必要はない（15歳以上に負担義務）。

医療保険料については、定額保険料と所得比例保険料がある。前者については、被保険者本人（18歳以上、被用者および自営業者）が民間の保険会社が提供する保険プランを選択する仕組みになっており、それによって金額が異なる（後述）。一定所得以下の場合、医療手当サービス法に基づき、国が定額保険料を補助する。[71] 所得比例保険料については、被用者の場合は雇用主が全額負担し、自営業者（非被用者）の場合は軽減されている。医療保険の加入は、日本などと異なり世帯単位ではなく個人単位になっており、配偶者や子どもも保険料を負担する必要がある（親に扶養されている18歳までの子どもは負担なし）。ただし、専業主婦など所得がなければ所得比例保険料を負担する必要はなく、定額保険料のみを負担する。

オランダでは、労働法や社会保障法上、正規・非正規は同等に扱われるので、失業保険などの被用者保険制度も両者に同じように適用される。その保険料は、基本的に雇用主のみが負担する。ただし、

表3−5　オランダにおける社会保険料（2022年）

1. 国民保険制度

	被用者	雇用主	自営業者（非被用者）
基礎年金（AOW）	17.90%	−	17.90%
遺族年金（Anw）	0.10%	−	0.10%
介護保険（Wlz）	9.65%	−	9.65%
医療保険（Zvw）	定額保険料	−	定額保険料
	−	6.95%	5.65%

2. 被用者保険制度

	被用者	雇用主
失業保険（WW）	−	2.7 or 7.7%
就労能力に応じた就労所得制度（WIA）−IVA（完全障害）	−	5.49% or 7.05%
−WGA（部分的障害）	−	職種による
疾病給付（ZW）	−	職種による

（注）1. 政府資料には国民保険制度に児童手当が含まれるが、現在では一般財源で賄われているため上記に含めず、他方政府資料には含まれていない医療保険を含めている。

2. 国民保険制度（医療除く）の賦課対象の上限（年収）は35,472ユーロ、医療保険・被用者保険制度は59,706ユーロ。

3. 自営業者（非被用者）には年金や失業給付などを受給している者も含む（年金・遺族保険を除く）。

4. 医療保険の定額保険料は保険会社により異なるが、平均的には1,300ユーロ程度（年額）。

5. 失業保険について、無期限の書面に基づく雇用契約があることなどの条件を満たすと低額保険料が適用される。

6. WIAの従前の制度である就労不能保険（WAO）は、2006年1月1日以前に受給を開始した者には継続しているが、上記には含めていない。

7. IVAの保険料は、小規模雇用者の場合軽減税率が適用される。

8. WGAとZWは職種により異なる。たとえば、電気産業の場合それぞれ0.53%・0.19%、中央省庁の場合1.02%・0.16%。

（出所）租税関税庁「賃金税マニュアル2022」（Handboek Loonheffingen 2022）、社会保険銀行等オランダ政府資料に基づき作成一時的な契約に基づく労働者や派遣労働者などは失業保険などに加入できるものの、給付は従前所得や過去の労働期間、契約期間などによるので、彼らは、雇用期間の定めのない労働者とまったく同じ恩恵を受けることはできない。

自営業者に対する保護は、被用者に対するそれとは異なる。強制適用となっている国民保険制度や医療保険以外については、一定の条件の下で任意加入できる。就労における病気や障碍などについて必要があれば、自身で私的保険に加入する。彼らに対する最終的な保障は社会扶助である。

税と保険料の一体改革

さて、オランダに特有な保険料負担の仕組みは、国民保険制度において被保険者本人のみが負担することである。この仕組みは、１９９０年の税制改革で導入されたものである。基礎年金と遺族年金はもともと本人負担のみであったが、改革前の当時の仕組みとして、介護保険・障碍年金・児童手当といった雇用主のみ負担していたものがすべて被保険者本人の負担に変更された。

１９９０年の改革は、税と社会保険料の一体的改革であり、島村は、この税制改革の意義について、次のように整理している[72]。

① 納税・社会保障番号が導入され、所得税と保険料を一元的に徴収することになった。
② 社会保険料の課税ベースが所得税と統一された。社会保険料控除が廃止され、課税ベースが拡大された。
③ 国民保険料はすべて被用者負担となったが、その負担増に対しては、「調整加給金」という雇用

主負担が導入され（給与や手当の増額）、課税ベースの拡大にも資することになった。

2001年には、高所得者に有利な所得控除を税額控除へ転換する税制改革が行われた。所得税の基礎控除・勤労者控除が、基礎税額控除と勤労税額控除に転換された。前者は、誰もが利用できるものであり、後者は被用者向けである。[73]

社会保険料と所得税を併せた一体的な課税の仕組みを説明する。所得税率は三段階になっており、第一段階の3万5472ユーロまでの所得に対しては、所得税率と社会保険料（年金・遺族年金・介護保険の合計）が課せられる（表3－6）。

表3－6　オランダの所得税率と社会保険料（2022年）

単位：％

ブラケット	課税所得	所得税	社会保険料	合計
1	0～35,472ユーロまで	9.42	27.65	37.07
2	35,472ユーロを超えて69,398ユーロまで	37.07	0.00	37.07
3	69,398ユーロ超	49.50	0.00	49.50

（注）　年金受給開始年齢（66歳7カ月）までの者が対象（年金受給者は年金保険料を負担しない）。
（出所）　オランダ租税関税庁（Belastingdienst）ホームページに基づき作成

基礎税額控除は、国民保険制度の保険料と所得税を低減させるためのものである。所得税と社会保険料の実際の控除額は所得によるが、最大2888ユーロまで控除できる（2022年）。これは、特に低所得者層に対して重要である。彼らに現金を給付するのではなく、社会保険料負担を軽減する。[74]

国民保険制度の社会保険料は、実質的には、所得税と一体的に徴収される「保険税」である。所得控除の廃止により、課税最低限が低くなり、多くの国民が負担する一方で、低所得者には税額控除により負担が軽減される。この結果、日本のパート労働者のような労働時間の調整（１３０万円の壁など）の余地がない。また、保険料を被保険者のみの負担とすることで（医療を除く）、被用者と自営業者の負担の相違がなくなったことも大きい。

なお、税・保険料は租税関税庁が徴収する一方、基礎年金・遺族年金、そして児童手当の管理運営は社会保険銀行（ＳＶＢ）が担っている。

医療・介護――民間保険会社を活用

医療保険は、１９６４年の健康保険法（Ｚｖｗ）により、介護保険は、67年の特別医療費保険法（ＡＷＢＺ）により導入された。ＡＷＢＺは当初からすべての国民に加入を義務づけていたが、Ｚｖｗは一定所得以下の被用者と公務員が対象であり（各地域に設置された疾病保険基金が運営）、高所得者、自営業者、高齢者などは民間保険に加入していた。

２００６年に抜本的な医療・介護保険制度改革が行われ、皆保険が達成されるとともに、民営化と保険者の競争が促進された。新たな仕組みは、特別医療費保険法（ＡＷＢＺ）に基づく介護保険、健康保険法（Ｚｖｗ）に基づく健康保険、私的医療保険の三つの保険で構成される。[75]

ＡＷＢＺの保険者は国であるが、実際の管理運営は民間保険者が行っている。

Ｚｖｗの保険者は民間（非営利の協同組合あるいは株式会社）である。Ｚｖｗも強制加入の社会保険であるが、民間保険者が社会保険の担い手になっている。雇用主が所得比例保険料を負担する一方、被保険者は定額保険料を民間保険者に支払う。後者については、保険者が、被保険者の年齢などの属性、給付の対象範囲などによって異なるプランを提供しており、国民は自らの健康状態や負担などを勘案して選択する[76]。

Zvwの財源構成（2018年）は、所得比例保険料50%、定額保険料37・7%、国庫補助5・6%、自己負担6・7%となっている[77]。私的医療保険は、任意であるが、Zvw加入者の9割以上が加入しており、大人の歯科サービス、義眼・義足、聴覚補助、理学療法サービスなどであり、北欧諸国のような待ち時間短縮のためではない[78]。なお、オランダでは、家庭医制度が発達しており、ゲートキーパー機能が発揮されている。

オランダの医療保険で特徴的な点は、民間保険者を活用し、管理競争を進めていることである。1991年、保険加入者の属性による相違を調整するリスク構造調整が導入されるとともに、92年、当時の保険者である疾病保険基金が全国レベルで事業が可能になった。リスク構造調整で使われる要因は、年齢・性別、所得の属性（社会保障給付・給与・自営業の収入）、社会経済状況、居住地域、慢性疾患患者の薬剤使用量、精神疾患の状況などである[79]。こうした競争の結果、保険市場は少数のグループに複数の保険者が属する寡占的構造になっており、06年に16グループ・33保険者であったが、16年には9グループ・25保険者になっている[80]。

リスク構造調整は、所得比例保険料を財源として行われるが、それは、租税関税庁が雇用主などから徴収した保険料を健康保険基金へ移転し、同基金が担っている。疾病などのリスクの高い被保険者が多く加入する保険者ほど、この基金から支払いを受ける。所得比例保険料や政府補助金は、一般基金に集められ、リスク構造調整を行い各保険者に予算として支払われるが、この予算より現実にかかると予想される費用が上回る場合には、定額保険料を科すことになっている。個人は年１回加入する保険を代えることができるため、一定の品質の下で定額保険料を下げるための費用効率化を促すメカニズムが備わっている[81]。

２０１５年には、介護給付費の増大に対処するため、介護保険制度の抜本的な改革が行われた。従来の介護保険法に基づくサービスは、四つの法令に移管された。すなわち、24時間の介護が必要な施設入所については新介護保険法（Ｗｌｚ）へ、訪問看護（介護を含む）は医療保険（Ｚｖｗ）へ、ほとんどの非施設サービス（家事援助や軽度の介護サービス）は、自治体が実施責任を有する社会支援法（Ｗｍｏ）へ、子どもに対する予防と精神医療は青少年法へ、それぞれ移管された。

新しい介護保険（Ｗｌｚ）においても、国が保険者であるものの、実際の管理運営は民間の医療保険会社が担うとともに、実際の介護サービスは、介護認定機構（国の機関）による介護の認定を経て、介護サービス事業者が提供する[82]。ただし、この改革については、自宅で十分な介護サービスが受けられないのではないか、関係機関の連携が取れないのではないか、家族介護が強要されるのではないか、といった懸念も指摘されている[83]。

雇用・労働――働き方改革に成功

雇用・労働分野の改革は１９９０年代に始まる。その柱は、ワークフェア（失業保険や就労不能保険などの厳格化と就労支援）とワークシェアリング（フルタイムとパートタイムの差別撤廃や男女の機会均等など）である。ルベルス政権は、働かないで給付に依存する仕組みになっていた就労不能保険（ＷＡＯ）について給付水準の70％への引下げ、給付期間の短縮、受給審査の厳格化などを行い、次のコック政権は、社会扶助に就労を条件づけることや関係行政機関の民営化や統合など、福祉政策と雇用政策を連動させる抜本的な改革を行う(84)。

ただし、こうした改革には副作用も生じており、社会扶助受給者は、仕事の適正や過去の経験にかかわらず仕事を選べなくなったこと、質の高い仕事ではなく安い仕事にシフトしたこと、子どもを抱える片親など働くことに制限のある人たちに影響が出ていること、自治体間で格差が生じたことなどが指摘されている(85)。なお、オランダの社会扶助において特徴的なことは、その金額が、基礎年金を含め各種給付の社会的最低限として位置づけられており、また法定最低賃金にもなっていることである。

さて、現在の被用者保険は、失業保険（ＷＷ）、就労能力に応じた就労所得制度（ＷＩＡ）、疾病給付（ＺＷ）である(86)。

ワークシェアリング関連の改革としては、１９９４年の無差別待遇に関する法律（基本原則と均等待遇委員会の設置）、96年の労働時間差別禁止法（フルタイム労働者とパート労働者の間の差別を禁止し女性の雇用を促進）、２０００年の労働時間調整法（労働者が労働時間の増減を決めることが可能）、01年の就労と育児に関する法律（パート労働者を含めた育児休暇の保障）、02年の臨時契約及び終身雇用契約に関する均等法、03年の障碍者および慢性的疾患を有する労働者に関する雇用機会均等法、03年の年齢差別に関する雇用機会均等法などが挙げられる。こうした改革の結果、労働時間にかかわらず、被用者には均等の雇用条件が保障されることになった。

家族・育児――給付と税による拡充

ワークシェアリングは、導入当初は失業削減対策だったが、１９９０年代以降は、家庭と労働を両立させるための対策になっている。90年代後半以降、職業訓練をはじめとする積極的労働市場政策、教育・チャイルドケア・高齢者サービスなど、人的投資が増加し、２０００年代半ばまでに、ＥＵ内でオランダはスウェーデン、デンマークに次ぐ第３位の「社会的投資」を行う国として位置づけられるようになった[87]。

オランダは、ドイツと同様に保守的であり、子育ては母親が担うとの考えが強かったが、一連の改革で、年間労働時間が主要国で一番短い、男女ともに就業率が高い、男女ともにフルタイムとパートタイムの賃金格差が非常に小さい、「参加型」の社会となっている[88]。

育児関係の主な公的支援は三種類である[89]。第一に、18歳未満を対象とし所得制限のない、現金給付である児童手当（kinderbijslag）である[90]。第二は、児童税額控除（toeslagen）であり、就学前の育児費用及び就学児の放課後の育児を手当てするものであり、収入、子どもの数、育児の種類に基づき控除金額が計算される。第三は、低所得者を対象とする「育児予算」（kindgebonden budget）であり、これはミーンズテスト付きの税額控除である。

保険税によるユニバーサル化と効率的な運営

オランダの最大の特徴は、社会保険制度を建前としては維持しつつも、プラグマティックに修正し、北欧や英語圏の国とは異なる方法で給付やサービスのユニバーサル化を達成していることである。

社会保険制度において、国民全員を平等に対象とすることが難しいのは、被用者と自営業者の相違（雇用主負担の取扱い）、被扶養者の取扱い、といった問題があるからである。これに対して、オランダは、社会保険料を保険税に変えるとともに、負担を個人単位にすることにより解決を図っている。日本で使われている言葉を使えば、「税方式」である。国民は、所得がある限り負担し、そうでなくても給付やサービスを受けられる。

社会保障を維持していくためには、国民全員が可能な限り働いて税や保険料を納めることが重要であるが、この点については、正規・非正規、フルタイム・パートタイムの間の相違や差別を廃止し、柔軟な労働システムを構築していることが大きい。

水島は、オランダは保守主義レジームから脱却するのではなく、現代的な展開を図る「ポスト保守主義レジーム」になっていると指摘する。[91] 具体的には、かつては男性フルタイム労働者に対する手厚い「雇用保障」がパートタイムを含め多様な雇用形態の労働者にも適用されるとともに、男女間の一定の役割分担は前提としつつも、ワーク・ライフ・バランスを重視し、仕事優先の傾向に対して「家族重視」を貫いているとする。

第二の特徴は、ユニバーサル化を図る一方で、社会保障の効率化や保険原理の強化も行っていることである。医療・介護保険については、民間の会社が保険者あるいは管理運営を担うとともに、サービスの供給も委託を受けて行っている。国民は利用者として保険者及びサービスの供給者を選択できるし、保険者は供給者を選択できる。すなわち、保険者・国民・供給者の三者の間で、三つの管理された市場が形成されている。[92] 特に、医療については、リスク構造調整により保険者が競争している。また、被保険者本人が、定額保険料の負担と保険者の選択を通じて、自身の健康意識や負担意識を醸成している。

オランダの社会支出の規模は（対ＧＤＰ比）日本とほぼ同じである。オランダの人口は１７２５万人（２０２１年９月現在、中央統計局）であり、単純な比較はできないとしても、経済や社会保障のパフォーマンスは日本を上回っており、費用対効果は優れている。一般財源によりユニバーサル化を達成しつつ、保険原理と民営化により効率化した結果と考えられる。

もちろん、オランダの社会保障にも課題がある。第一に、自営業者やギグワーカーなどの非標準的労働の問題である。被用者については、制度上、労働時間にかかわらず平等に保障されるようにはなっているものの、彼らは雇用契約により不利になる場合もある。[93]第二に、市場原理やワークフェアの強化に伴う副作用である。医療・介護については、質の低下や家族負担の増加の懸念である。90年代から始まる就労強化は、ドイツなどと同様にワーキングプアを増やしているという批判がある。

【第3章　注】

（１）「社会的保護の必要性」が認められる者だけを社会保障の対象にするとの考え方が存在し、たとえば、公的医療保険における加入義務の対象は、被用者、年金受給者、失業手当受給者などに限られており、大部分の自営業者、官吏などは加入義務が課されていない（松本２０１７、30～31ページ）。

（２）近藤（２００９、１３５ページ）を参照。

（３）Eurostat databaseに基づく。保険料の中では、雇用主負担が減る一方、被用者負担が増えている。社会保障財源総額の対Ｇ

DP比は、同じ期間で28％から32％へ増えている。

（4）ドイツの上院である連邦参議院は、社会保障財源としての税金のシェア拡大に反対するので、社会保障のための増税は、付加価値税、たばこ税など、連邦参議院の同意が必要のない増税に限定されている（Manow［2010］p. 298）。

（5）このほか、僅少労働には、3カ月以内または70日以内の短期雇用（月収上限なし）も含まれる。以上、僅少労働の仕組みについては森（2020）を適宜引用している。

（6）松本（2017、171ページ）を参照。

（7）2013年以降、パート雇用のすべての被用者は年金保険に登録されるようになったが（加入義務が発生）、加入免除を申請できる。その場合でも、雇用主が負担した保険料は将来の年金給付に反映されるので、パート雇用にとってメリットがある。

（8）この上限の水準は、2013年に850ユーロに、19年に1300ユーロに引き上げられている。

（9）自営業者のうち芸術家と作家については、1981年に制定されたドイツ芸術家社会保障法（KSVG）により特別形態の保険が提供されている（年金・医療・介護の各保険）。その費用負担は、本人の保険料50％、彼らの使用者20％、政府30％となっている。

（10）前者は、グロス賃金・給与の伸び率と保険料の変化に応じて毎年改定される。後者は、保険料率の上昇を抑制するためのものであり、先に説明した付加価値税や環境税などにより賄われる。年金保険における一般財源の投入は、本来の保険制度から逸脱した「誤った財源調達」として位置づけられており、年金については、「保険になじまない給付」が含まれている。具体的には、3歳未満の児童養育期間中の保険料の肩代わり、兵役期間や抑留期間など保険料が納付されていない期間の保険料代替などである。こうした保険になじまない給付の総額は、一般財源の投入額を上回っていることから、保険制度に財源の手当なしに過大な再分配が求められているともいえる。以上の記述は、松本（2017）に基づく。

（11）親族等に対する事後の償還請求を行わないこと（扶養義務者の年間収入が10万ユーロを超えない限り、扶養義務は求められない）、資力調査については、本人及び同居の配偶者以外には適用されないこと、子または親の所得が年間10万ユーロ以上の高所得者である場合には例外的に本人は基礎保障を請求できないことなどの特徴がある（厚生労働省［2020］）。

（12）具体的には、保険料納付期間や子育て期間などをポイントに換算し、それに応じて上乗せする給付額が算定される。ドイツ年金保険連合（各州の年金基金の連合体）のパンフレット（Grundrente：Zuschlag zur Rente 2021）によると、130万人が受給し、上乗せ額の月額平均は75ユーロである。横井（2018）によれば、「第3次メルケル政権の連立協定では、長期間就業した低所得者に対して高齢者基礎保障を上回る額の年金を保障する『連帯的生涯勤勉年金』の導入も予定されていたが、巨額な財源が必要であることに加え、等価原則という公的年金保険の基本原則に反する」（146～147ページ）ことなどから、政党間で合意できなかった。

(13) 公的医療保険の加入に関しては、「公的医療保険競争促進法」（２００７年）に基づき、２００９年1月より、原則として、公的医療保険に加入していない者については、民間医療保険に加入することが義務づけられた。これにより、自営業者も公的医療保険か民間医療保険の加入が義務づけられた。ただし、これは国民全員が文字どおり医療保険の対象になることを意味していない。

(14) 医療保険において、僅少労働にかかる事業主保険料が課されるのは、当該僅少労働を行う者が医療保険の被保険者である場合に限られる。失業手当受給者として医療保険の被保険者となっている場合や医療保険の被保険者の配偶者または子であるために家族被保険者となっている場合などが、これに該当する。以上、松本（２０１７、１７４～１７５ページ）を参照している。

(15) Tickkanen *et al.*（2020, p. 85）を参照。

(16) 社会扶助を受ける者の医療保障については、田中耕太郎（２０１２）を参照している。

(17) 藤本（２０１８）を参照。

(18) さらに、疾病金庫共通の統一的な保険料（２０１９年現在14・６％で労使折半）が導入されたが、リスク構造調整と連邦政府補助金で足りない場合は、疾病金庫独自の追加保険料（労使折半、２０２０年推計平均で１・１％）を徴収することができる。

(19) 松本（２０１７、１１８～１１９ページ）を参照。

(20) 介護保険では、介護費用の約６割しかカバーされていないので、自己負担が不可能な場合は、社会扶助が対応する。週最低14時間以上介護し、その他の所得が限定的な介護者には、年金・医療・介護・失業・労災といった保険が適用される。介護期間中、介護者には年金保険の加入が義務づけられ、その保険料は介護保険から支払われる。以上、齋藤香里（２０１５）を参照している。

(21) 嵯峨（２０１２）を参照。

(22) Clasen and Goene（2014, pp. 178-9）を参照。

(23) 福田（２０１４、39ページ）を参照。

(24) 前者については市川（２０２０）を、後者については熊谷（２０１４）を参照。

(25) 齋藤純子（２０１０）を参照。齋藤は、ドイツにおける子どもを抱える家庭の負担を軽減する概念として「家族負担調整／家族履行調整」があること、１９９０年の連邦憲法裁判所の違憲判決を受けて子の最低生活費に対する課税を免除することが憲法上の要請になったこと、これを受けて96年から児童手当と児童控除が一体化され、両者のいずれか有利なほうを適用することなどと説明する。

(26) 倉田（２０１４、42ページ）を参照。

(27) 須田（２００６、36ページ）を参照。

(28) さらに、2015年7月1日以降に生まれた子から、親手当の受給方式に親手当プラスという方式が追加された。これは、支給額を½に抑える代わりに支給期間を2倍にするものである。また、父親と母親の両方がパートタイム勤務（週25～30時間）を行えば、両者の親手当プラスの支給期間が4カ月延長される。こうした仕組みは、父親と母親の双方が同時に職業と育児を両立させる働き方を優遇する。以上、齋藤純子（2019）を参照。

(29) 2021年の数字で、厚生労働省（2021）に基づく。

(30) 近藤（2015、69ページ）を参照。

(31) 加藤（2007、5ページ）を参照。

(32) Cahuc（2018, p. 101）を参照。

(33) 民間被用者向けの年金といっても、日本の厚生年金のように統合されているわけではなく、職域別に分立した制度になっている。自営業者向けの自治制度は、2018年社会保障財政法によって一般制度に統合されている。

(34) Palier（2010b）を参照。

(35) 1993年の議会選挙で共和国連合（RPR）とフランス民主連合からなる右派連合が勝利し、パラデュール内閣が発足した。大統領はミッテラン（社会党）であり、左右連合によるコアビタシオンとなった。

(36) フランスにおいても、保険制度間の財政調整が行われてきた。人口動態の変化を受けて個別の制度を維持することが難しくなったからである。1954年の一般制度と公営鉄道共済との間の老齢年金に始まり、60年代にはその他の被用者制度間に拡大、74年からは医療保険、老齢年金及び家族手当の三つの部門において、被用者制度のみならず、非被用者制度との間でも調整を行う、一般化された調整が実施された。ただし、今日では制度間調整の役割は低下している。医療保険の被用者制度間の二制度間調整は、2016年のPUMAの創設により廃止され、現行法では、老齢保険の調整のみが残されている。以上、フランス医療保障制度に関する研究会（2021、59ページ）を参照。

(37) 江夏（2015）を参照。

(38) CADESは、当初、1994～95事業年度における社会保障制度の累積赤字、全国非農業非被用者疾病出産保険金庫（独立自営業者向けの医療保険）への負担などを対象とするものであったが、その後、各年の社会保障財政法により対象範囲が、一般制度の医療や年金部門・家族手当全国金庫、老齢連帯年金（FSV）、農業制度などの赤字へと拡大されている（柴田［2017］）。また、CADESは、2009年までの時限措置で導入されたが、その後たびたび延長されて、残存債務の完済期限である2025年まで延長されている（江夏［2015］）。

(39) フランス医療保障制度に関する研究会（2021、57ページ）を参照。

(40) Eurostat database に基づく。一般財源の割合は、同じ期間で、14％から13％に微減である。社会保障財源総額の対GDP比は、30％から34％へ増えている。

(41) 厚生労働省（２０２０）を参照。

(42) ＣＳＧ導入後、使用者負担保険料が逆進的で低賃金階層ほど相対的に使用者負担が大きくなっていたことから、１９９３年に家族手当、95年に医療保険に関して、低賃金労働者にかかる使用者負担保険料が減免され、その減免分は国家予算で補塡している（柴田［２０１７］）。その後も、たとえば２０１４年に、企業の競争力と雇用の創出のため、企業の負担軽減と投資促進策の一つとして社会保険料の事業主負担が軽減されている（フランス医療保障制度に関する研究会２０２１、１５３ページ）。

(43) Cahuc (2018) を参照。２００９年、「小規模事業主制度」(microentrepreneur) が導入され、起業の手続きを簡略化し、事業収入が基準より低い場合の保険料負担を設定する。

(44) 日本貿易振興機構（２０１９）を参照。

(45) 具体的には、近年償還率の低減や償還対象から除外される医療行為や医薬品が増加しているなどの理由からである（柴田［２０１３］11ページ）。また、これは、共済組合や民間保険会社が提供する民間保険であるが、国民のほとんどが加入している。フランス国民の95％程度が補足的医療制度に加入し、医療費のうち補足的医療保険がカバーする割合は２０１９年で13・4％であり、公的医療保険がカバーする割合は78％、家計負担が6・9％となっている（フランス医療保障制度に関する研究会［２０２１］41ページ）。従来は任意の制度であったが、16年1月より、雇用主に対して被用者を加入させることが義務づけられている。ただし、非正規や短期雇用などは例外にできる。

(46) 補足的ＣＭＵも、基礎的ＣＭＵと同様に所得基準があり、基準を満たせば、保険料を負担せずに民間保険会社などの保険に加入できる。フランスでは、通常、受診時に医療費を全額負担し後日償還払いすることになっているが、補足的ＣＭＵでは現物給付となっている。

(47) 尾玉（２０１０、74ページ）を参照。

(48) ＡＰＡ及びＣＳＡの説明は、フランス医療保障制度に関する研究会（２０２１）を参照。

(49) 岡村（２０１６）を参照。

(50) 服部（２０１２、39ページ）を参照。

(51) 田中拓道（２０１９、１０６ページ）を参照。

(52) 従来の失業保険は逓減的な手当であり、失業の増大に対応することが難しくなっていた。ＡＲＥのポイントは再就職活動の支援強化であり、定期面談の基礎となる求職者一人ひとりに関する「個別行動計画」が作成され、積極的に求職活動を行わない失業者には失業手当の削減措置を採ることが規定された（松村［２００７］）。ＡＲＥの保険料は、被用者負担２・４％、雇用主負担４・０％であったが（10年）、現在では、被用者負担はゼロになっている（厚生労働省［２０２０］、労働政策研究・

研修機構［2010a］)。

(53) ＡＳＳのほか、連帯制度としては、待機一時手当（allocation temporaire d'attente：ＡＴＡ）、退職相当手当（allocation équivalent retraite：ＡＥＲ）、職業訓練終了手当（allocation de fin de formation：ＡＦＦ）がある。詳細は、労働政策研究・研修機構（２０１０ａ）を参照。

(54) 清水（２００７、50ページ）を参照。

(55) １９９８年、左派内閣は、社会保障財政法を改正し、富裕層への支給停止を導入した。これを違憲とみる国会議員の訴えにより憲法院での審議が行われたものの、合憲の判断がなされた。この支給停止は実施されたが、家族手当の普遍性を支持する広範な諸勢力からの反対運動にあい、98年末には撤回に追い込まれた。しかし、関係機関の審議を経て、２０１５年４月から、富裕層に対する家族手当を減額する支給調整の仕組みが実施された。ただし、¼支給、½支給の対象者はそれぞれ全体の５％程度であり、実際の影響は限定的とされている。その他の手当についても所得制限が付されるようになっており、従来の水平的再分配から垂直的再分配に重点が移りつつある。以上、清水（２０１９）を参照。

(56) 内閣府（２００７）を参照。

(57) 千田（２０１８、35ページ）を参照。

(58) 唐渡（２０１５、92ページ）を参照。

(59) 山田千秀（２０１０）を参照。この拠出金は、表３－４の家族給付にかかる保険料であり、雇用主のみが負担する。

(60) 加藤（２００７、10ページ）を参照。

(61) Palier（2010b, p. 96）を参照。

(62) ただし、医療については、理論上、国民すべてがカバーされているものの、手続きの煩雑さや情報不足などから、貧困層を中心に国民の５％程度は未加入であるという（健康保険組合連合会２０１９、35ページ）。

(63) 廣瀬（２０１２、44ページ）を参照。

(64) Nijhuis（2018, p. 207）を参照。

(65) Eurostat databaseに基づく。保険料の中では、雇用主負担が増える一方、被用者負担が減っている。社会保障財源総額の対ＧＤＰ比は、同じ期間で変化はなく33％である。

(66) オランダの年金制度全般については、佐々木（２０２０）を参照。

(67) 基礎年金法は、議会のほぼ満場一致で１９５６年３月に成立したが、20世紀初めより、普遍的な年金制度か社会保険かをめぐって議論と対立が続いていた（Nijhuis［2018］, p. 112）。保険原理から乖離した年金制度の導入には、使用者や組合などの抵抗が強かったからである。

(68)「大陸的な制度とベヴァレッジ・プランの両方の原則を結合したもの」(Jonker [1988], p. 24) である。
(69) SZW (2008) より引用。なお、支給開始年齢は遅くなっており、２０１９年で66歳４カ月であり、22年に67歳３カ月になる予定である。ただし、19年の法改正で段階的に引き下げられ、24年に67歳になる。
(70) 一般老齢年金及び遺族年金の財務データ (SVB [2020], Table8. 29) によると、２０１９年において、保険料収入は２３５億ユーロ、政府による補助は１４４億ユーロであり、収入総額４０７億ユーロに占める政府補助の割合は、35・４％である。
(71) 大森正博（２０１２、23ページ）を参照。
(72) 島村（２０１４）を参照。
(73) ２０２２年においては、この二つに加えて、高齢者控除、若年の障碍者控除、一人親控除、グリーン控除がある。
(74) 税額控除による、税と社会保険料負担の仕組みについては、田近・八潮（２００８）を参照。
(75) 以下基本的な仕組みは、VWS (2011) を参照。
(76) 定額保険料は、平均的には、年約１３００ユーロである。また、被保険者（18歳以上）は、費用負担意識を高めるための仕組みとして、義務的な超過負担３８５ユーロを払う。これに加えて、傷病者の交通、聴覚支援など、基礎的な医療パッケージの一部について窓口負担が適用される。多くの低所得者は、租税関税庁が提供する医療保険手当（税額控除）を受給できる。これは、超過負担を補うものである。以上はVWS (2018) に基づく。
(77) 健康保険組合連合会（２０１９）を参照。
(78) 真野（２０１３）を参照。
(79) Kroneman *et al.* (2016) を参照。オランダの医療における管理競争については、バン・クリーフ（２０１２）も参照。
(80) 小林（２０２１、21ページ）を参照。
(81) 大森正博（２０１９、４４５ページ）を参照。
(82) 新介護保険の財源（２０１７年）は、総収入額２０５・９億ユーロ対して、保険料１５２・２億ユーロ（全体の73・９％）、利用者自己負担18・1億ユーロ（８・８％）、一般財源35・２億ユーロ（17・１％）となっている（健康保険組合連合会［２０２０］）。なお、新介護保険や介護サービス提供の仕組みは、松岡洋子（２０２１）が詳しい。
(83) van Ginneken and Kroneman (2015, p. 49) を参照。
(84) 具体的には、１９９６年、新しい社会扶助法（ｎＡＢＷ）が制定され、労働条件を受け入れない場合は罰則が適用されるとともに、失業給付と社会扶助が統合された。98年の求職者支援法（ＷＩＷ）に基づき、自治体に社会扶助受給者の就労促進のため公共雇用サービスと連携することなどが義務づけられた。しかし、90年代の改革は、自治体が雇用促進政策を実施するインセンティブが乏しく（自治体が実施責任を有するが、費用の全額を国が負担）、創出された仕事は公的分野に限定されるなど、総じて成功しなかった（Spies and van de Vrie [2014], pp. 150-1）。そこで、２００２年1月に「雇用・所得執行組織構造法」が施行された。これにより従来の職業安定機構が民営化されるとともに、同機構の職業紹介機能と就労支援機能を兼ね備えた職業紹介部門と自治体の生活保護行政部門に一部を統合する「雇用・所得センター」が設立され、従来分断されていた福祉給付と職業紹介を統合して、再就労の促進を図った（水島［２００３］）。さらに、２００４年、従来の社会扶助制度に代わって「労働と社会扶助制度」が導入された。新たな仕組みには強いインセンティブが付与されており、国から市へ社会扶助予算と就労支援予算が交付されるが、前者については、実際の給付額が国からの交付額を下回る場合、市は差額を歳入とすることができる（みずほ総研［２０１０］48～9ページ）。社会扶助の根拠法は、15年には、「参加法」という法律名に変わっている。

(85) van Berkel (2011) を参照。

(86) WWは、65歳未満、失業する前の36週間に少なくとも26週働いていたことなどを条件として、最初の2カ月は最後の給与の75%（上限２２３・40ユーロ）、その後は70%受給できる。WIAは、２００６年、就労不能保険の廃止に伴い、新たに導入された制度であり、部分的な障碍の場合（少なくとも35%の不能）の給付（WGA）と完全・恒久的な障碍の場合（少なくとも80%の不能）の給付（IVA）の二種類がある。ZWは、被用者が病気になり働けなくなった場合、雇用主は給与の70%を最長2年間補償するものである。こうした被用者保険の仕組みについては、社会問題雇用省や被用者保険庁（UWV）のホームページを参考にしている。

(87) 水島（２０１５、78ページ）を参照。

(88) 権丈（２０１１）を参照。

(89) 育児関係の三つの仕組みについては、SVB（社会保険銀行）および租税関税庁のホームページより適宜引用している。児童手当は従来雇用主の拠出が求められていた経緯から、それが廃止された現在においてもSVBが管理運営を行っている。

(90) ２０２２年7月1日以降、子ども一人あたり・四半期あたりで、0～5歳は２３０・69ユーロ、6～11歳は２８０・13ユーロ、12～17歳は３２９・56ユーロとなっている。従来は、雇用主や被用者の拠出があったが、現在では、全額、一般財源により手当てされている。

(91) 水島（２０１５）を参照。

(92) Sauter (2010) を参照。

(93) オランダのフレキシキュリティについては、一時的な労働者に関する規制緩和と所得保障はバランスが取れているものの、国の法的なレベルから個別の労働協定のレベルになるとフレキシキュリティの程度は弱くなること、デンマークと比べると、解雇規制や期限の定めのない労働者の保護が強く労働組合加盟率が低いこと、その結果、非標準的労働者が非常に多い（Houwing [2010]）。

第４章　社会保障制度改革の国際比較

これまで日本、そしてドイツ・フランス・オランダにおける社会保障制度の発展や改革、その問題などを分析してきた。これらを踏まえて、四カ国を中心に比較を試みる。年金や医療などの各制度の細部の比較というより、各国が社会保険モデルをどのように軌道修正しているかに焦点を当てる。また、各国における改革の契機・政治的な調整過程や政策立案過程の特徴などについても比較する。

社会保障制度は国民生活に関わり、関係者の利害にからむため、改革はどこの国でも難しい。それをどう乗り越えるかが重要であり、それはその国が改革を検討し実施できる能力にかかっている。

1　社会保険制度の修正

最もユニバーサル化を進めたオランダ

第１章で整理したとおり、四カ国とも、伝統的なビスマルク型社会保障を修正している。特に、財源の変化は顕著であり、社会保険料の割合が最も低下しているのがフランス、続いてオランダ、ドイツとなっている。日本では、一般財源が増えているものの、年金・医療保険のウエートは変わっておらず、保険中心の仕組みが維持されている。

社会保障各分野のミクロレベルについては、インサイダーとアウトサイダーの分断を是正し、ユニバーサル化がどの程度進捗しているか、保険では対応することが難しいアクティベーション政策や社会的投資が拡充されているかがポイントとなる。

この点では、年金・医療・介護において、社会保険制度を建前としては維持しつつ、その負担を実質的に税方式化させているオランダが最もユニバーサル化している。これらの制度の財源は、実質的には、所得税に賦課される「保険税」であることから、所得がなければ負担する必要はないものの、給付は保障される。

また、専業主婦を含めて、負担は個人単位になっており、社会保険に内在する扶養の問題を解決している。さらに、税額控除により、低所得者の社会保険料負担を軽減しており、その逆進性も緩和している。本書が主に比較対象としているドイツ・フランスそして日本における保険料の体系を比較すると（第2章、第3章参照）、オランダが圧倒的に簡素でわかりやすいが、他の三カ国は非常に複雑であり、ユニバーサル化の難しさを示している。

オランダにおいても、失業保険や労災保険については被用者向けの制度になっており、ユニバーサル化しているわけではない。ただし、雇用システムにおいて、正規・非正規の相違が極めて少なく、家族政策も拡充されており、男性片働きという伝統的なビスマルク型社会保障は大きく変容している。なお、オランダは、ドイツやフランスほどには、家族政策や積極的労働政策に支出してはいない。

次に変容しているのはフランスである。逆進的な保険料を部分的に所得税（社会保障目的税であり、資産所得なども対象にして課税ベースを拡大）へと代替させつつ、各制度のユニバーサル化を進めている。医療については、個人の保険料負担をゼロにし、低所得者も同じ制度に取り込んでいるが、年金については、一般の保険制度とは異なる無拠出の最低保障年金で対応している。したがって、オランダのように国民すべてが平等に扱われているわけではない。家族・育児については、当初から拡充されているが、非正規雇用への対応やフレキシキュリティの点では不十分である。

結局のところ、社会保険料を財源として労働者の賃金代替を目的とする職域連帯型の制度（年金、失業保険、傷病手当金）と、税を財源とする国民連帯型の制度（家族給付、高齢者最低所得保障、医療サービスの現物給付、社会的排除対策）が分離され、社会保険がカバーしなければならない給付の範囲が限定されるとともに、労働市場から排除された人々や拠出能力の低い人々に対する保護は、国家が税財源の制度（ＦＳＶ、ＲＭＩ、ＣＭＵ）の新設によって対応してきた[1]。

フランスの問題は、制度が複雑になっていることである。保険者の統合なども進んでいるが、社会保険に普遍的な制度を後から継ぎ足すように導入してきたことから、給付や負担の両面において、制度が非常に複雑化・断片化し、さらに正規と非正規、被用者と自営業者の間で相違が生じている。

ドイツでは、社会保険への一般財源投入は、基本的には保険にはなじまない政策（育児休業などへの対応のためと位置づけられている。それは社会保険の原理を守るためであり、保険制度を堅持していくという哲学がある。他方、非正規雇用などについては、保険料の軽減・減免などにより、一部を保険制度に取り込むよう見直している。このため、一般被用者、非正規の被用者、自営業者といった雇用形態によって、また収入などによって、加入対象や適用される保険料率は異なり、フランスと同様に制度は複雑化している。

変質する日本の社会保険

日本は、早い段階から「国民皆保険」・「皆年金」を目指して、低所得者などを保険制度の中に取り込んできた。そのために、保険への一般財源の大規模な投入と財政調整、保険料の減免が行われてきた。「国民皆保険」という理念は美しいが、導入から半世紀あまりが経過した今日、日本の社会保険は大きく変質し、理念とは異なり、不公平と非効率を拡大させている。

保険に漏れた人たち、あるいは保険の給付やサービスが十分ではない者に対する施策（年金生活者支援給付金・補足的老齢年金生活者支援給付金、求職者支援制度、生活困窮者自立支援制度など）も導入されているが、制度による分断や矛盾は残っている。家族政策は拡充されているが、社会保障の中心は年金・医療であり、欧州諸国と比べると見劣りする。積極的労働市場政策は、近年、人への投資が叫ばれているものの、１９９０年代と比べて対ＧＤＰ比で減っている。

これらの四カ国において、ビスマルク型社会保障を修正するアプローチは対照的である。オランダは、年金・医療・介護については、保険原理を根本的に見直してユニバーサル化するが、フランス（医療を除く）・ドイツは、非正規などの一部を保険に取り込みつつも、保険制度の外で一般制度を拡充する。日本はフランスに近いともいえるものの、フランスで拡充されている社会保障目的税は所得や資産を賦課対象とするものであるが、日本は逆進性の高い消費税と保険料で再分配を行っている。

オランダ以外では、インサイダーとアウトサイダーの分断が大なり小なり残っているが、ドイツとフランスでは、年金・医療以外の社会支出の水準が高く、非正規などへの給付やサービスが手厚いため、貧困や格差は、日本よりかなり低い。日本は、オランダと同じくらいの社会支出の水準であるが、貧困や格差の水準が高く、高齢化率に相違があるとはいえ、オランダと比べて費用対効果が低いと考えられる。その理由は、負担や給付の逆進性と不公平が大きいからだ。

劣位にある日本のパフォーマンス

本書が比較対象とする四カ国とそれ以外のＯＥＣＤ主要国について、国際機関等の指標を活用して社会保障や教育などのパフォーマンスを比較する。指標に基づく順位は、その元のデータの選択によりバイアスがあり、また各国の資源の投入量が異なることもあり、あくまでも参考として紹介する。

ドイツのベルステルマン財団が作成しているのが先進諸国に関する「持続的なガバナンス指標」（Sustainable Governance Indicators：ＳＧＩ）である。[2] これは「長期的な視野を持って行動し、より持続的な政策のアウトカムを達成するための政府のキャパシティ」を評価するものであり、政策のパフォーマンス指数（Policy Performance Index）、民主主義の指数（Democracy Index）、ガバナンスの指数（Governance Index）の三つから構成されている。このうち政策のパフォーマンスの順位を整理したのが表４－１である。全体的には、トップ10に北欧諸国が多く入り、英語圏の国は若干である。経済政策のパフォーマンスでは、オランダとドイツは北欧諸国にそれほど劣らない。

本書が比較対象としている四カ国の社会政策については、家族（フランス第1位）、健康・医療（ドイツ第5位）、年金（オランダ第6位）、安全（日本第4位）などを除けば、日本は10～25位に位置し

表4－1　SGI2020（社会的持続可能性指標）に基づく経済政策と社会政策のパフォーマンス

順位	経済政策のパフォーマンス	社会政策のパフォーマンス					
		教育	平等・公平	健康・医療	家族	年金	社会連帯
1	スウェーデン	エストニア	ノルウェー	ニュージーランド	フランス	ノルウェー	カナダ
2	スイス	カナダ	スロベニア	カナダ	スウェーデン	デンマーク	ニュージーランド
3	デンマーク	フィンランド	ルクセンブルク	ルクセンブルク	アイスランド	スイス	リトアニア
4	オランダ	韓国	デンマーク	スペイン	デンマーク	アイスランド	オーストラリア
5	ノルウェー	ニュージーランド	スイス	ドイツ	エストニア	フィンランド	スペイン
6	ドイツ	スウェーデン	アイスランド	デンマーク	ノルウェー	オランダ	アイスランド
7	エストニア	デンマーク	スウェーデン	イタリア	スロベニア	スウェーデン	ノルウェー
8	フィンランド	スイス	フィンランド	ノルウェー	ルクセンブルク	チェコ	エストニア
9	ルクセンブルク	ノルウェー	ドイツ	スイス	ベルギー	カナダ	ポルトガル
10	イスラエル	ドイツ	オランダ	イスラエル	フィンランド	英国	英国
	14 韓国	11 日本	14フランス	13 フランス	13 ドイツ	14 フランス	12 ドイツ
	18 英国	14 英国	19 英国	14 韓国	14 オランダ	22 ドイツ	15 オランダ
	23 フランス	15 フランス	33 韓国	15 日本	16 英国	24 米国	21 フランス
	26 米国	19 オランダ	34 日本	21 英国	26 日本	31 韓国	22 韓国
	28 日本	20 米国	39 米国	22 オランダ	31 韓国	35 日本	23 米国
				32 米国			26 日本

（注）1. 先進41カ国が対象。
2. 経済政策のパフォーマンスは成長率・インフレ・失業率・税制の再分配効果・債務残高・研究開発費などの指標で評価。
3. 社会政策のパフォーマンスはそれぞれ分野でのアウトカム指標（貧困率や死亡率等）や支出規模などで評価。
（出所）ドイツ・ベルステルマン財団が作成しているSGI2020に基づき作成

ている。

ドイツとフランスの社会支出や教育支出は、北欧諸国とほぼ同じ水準となっているが、ユニバーサルの程度が劣るため、パフォーマンスは劣っていると考えられる。社会支出の水準（対GDP比）でほぼ同じオランダ・英国・日本を比べると、前二カ国のパフォーマンスは日本を上回る[3]。やはり、日本は制度の仕組みに問題があると考えられる。

2　社会保障制度改革の契機と政策形成

次に、四カ国における重要な改革の経緯や政策過程について比較する。各国がどのように政策や制度を見直したのか、改革の動機や経緯はどうだったのかに焦点を当てる。社会保障政策は、エスピン＝アンデルセンが提唱した「福祉レジーム」の相違に強く影響を受けている[4]。つまり、改革を進めるためには、福祉レジームに関する経路依存性（当初の選択が後の経路や発展を制約すること）を変える必要がある。それは簡単ではないため、各国の政治がそれをどう乗り越えるかが鍵となる。

ドイツ——経済の低迷を背景に中道左派政権が改革を主導

ドイツにおける近年の改革の背景には、東西ドイツの統合による失業率の増大、ドイツ企業の国際競争力の低下、そして経済の停滞がある。こうした問題に挑戦したのが社民党（SPD）のゲアハルト・シュレーダー（首相在位1998～2005年）であり、その政策構想が「アジェンダ2010」

だった。その最大のポイントは、労働コストの削減やワークフェア改革である。こうした改革は、従来のＳＰＤの政策とはまったく相容れないものであったが、シュレーダーは党内の抵抗にあっても政策のぶれを見せず、彼にとっては、ＳＰＤの伝統を重視するより、「欧州の病人」ドイツを立ち直らせることが重要だった[5]。

ドイツの政治システムは、連立政権が一般的であり、連邦参議院など拒否権プレーヤーが多く、ステークホルダーの合意形成なしには政策は立案できない。しかし、このときは、左派政党が改革を提案したことで従来とは異なっていた。もともと労働市場の改革を目指していた、当時野党だった保守のキリスト教民主同盟（ＣＤＵ）・キリスト教社会同盟（ＣＳＵ）・自由民主党（ＦＤＰ）、そして経済界が賛成するのは自然だった。１９９０年代後半において、ＣＤＵのコール首相が率いる自由主義連合は福祉削減の改革を試みたものの成功しなかったが、２０００年以降、自由主義連合が新たにＳＰＤ内モダナイザーを加え、圧倒的な権力資源上の優位に基づき、超党派的合意による避難回避戦略を成功させ、拒否権を抑え込み、労組は、02年の連邦雇用庁のスキャンダルを契機として、福祉国家の政治に参入する権利を半ば剥奪された[6]。また、首相直属の機関において、ごく少数の政治家と専門家によって意思決定を行う「トップダウン」の強化によって改革を進めた[7]。ただし、シュレーダーの改革については、非正規を増やしたことなど批判もあり、大成功だったといえるわけではない。

そして、同政権とその次のメルケル政権における家族政策の拡充である。これは、少子化を克服するため、男性片働き家族モデルを前提として、もっぱら経済的支援を行う家族政策から、これとともに、両立支援も指向する家族政策への「パラダイム転換」が起こった[8]。その立役者が、レナーテ・シユミットとウルズラ・フォン・デア・ライエンの２人の家族相であり、こうした改革も首相や家族相らによるトップダウン型で改革が進められたが、[9] 政治的な背景も重要である。中道右派であるＣＤＵ・ＣＳＵは伝統的な家族観を有していたからであり、これを変える必要があった。

家族政策は、ＳＰＤにとってはジェンダーの平等、貧困や格差是正のため、ＣＤＵのモダナイザーにとってはスキルを持った労働者の拡大や女性投票者の需要への対応のため、既存の制度を守りたい伝統的なＣＤＵの人たちにとっては出生率低下に対応するために、といったように目的は異なるものの、改革を支持する広範囲な同盟が形成された。[10] また、近藤は、家族政策の変化はＣＤＵの基本方針からの逸脱であり、大規模な路線転換であったと評価できるが、これは、現代的な諸問題に対して、それまでの路線に固執することなく開かれた態度をとったという意味で、党が『現代化』したと指摘する。[11]

フランス――右派左派の合意による増税

フランスでは、１９９０年代以降、社会保険システムが経済や社会の変化に対応できなくなったことから、その改革が始まった。フランスでは、社会保険に一般財源を投入することについては、国家の介入を強めるものとして異論があったが、一般社会保障拠出金（ＣＳＧ）の導入に際しては、労使双方及び政党各派の合意が形成された。

具体的には、右派および使用者はＣＳＧが個人所得にかかるものであり、新たな企業負担となるものではない点で（経済的理由）、左派は稼働所得以外の所得をも課税対象に含むことで社会保障負担を通じた所得の再分配が行われる点で（社会的公正）、そして、労働組合はそれまで労使が負担してきた稼働所得との関連を持たない社会保障財源をCSGが引き受けるものとされた点で（財源の整合性）、それぞれCSGを好意的に評価したことが導入につながった[12]。

また、専門職・技師などの、よりリバタリアン的な価値を持つ中産階級を支持基盤とする中道労組が、使用者団体や政府との間に入り、男性稼ぎ主の保護ではなく、女性の就労促進、多様な働き方の保障、社会保障財政の均衡、民間保険の活用へと舵を切り、反貧困を掲げる社会運動が興り関連組織が政策決定のプロセスに関与するようになった[13]。

パリエは、保険料を税で代替することについては、フランスは成功しているが、ドイツはそうではないとし、フランスの雇用主は保険料が高すぎると認識したが、ドイツでは拒否権プレーヤーが多く、特に連邦参議院が社会保障税源における税金のシェアの増大に反対したと指摘する[14]。

オランダ――不祥事を背景に右派左派連合による改革

オランダでは、社会保障や労働に関する政策や法律については、政府・使用者・労働組合の三者の協議と合意に基づくのが原則である。その具体的な場が三者協議機関である「社会経済協議会」[15]であり、政府提出法案は、ここでの審議・修正を経て議会に送られる。社会経済協議会の合意を経ないで政府が労働関係の重要な法案を議会に提出することはむしろ例外であり、労使の支持が基本的に前提になっている[16]。しかし、社会経済協議会の基本原則である合意形成重視は改革を阻んでいた。

こうした伝統に挑戦したのが、コック政権（1994～2002年）であり、社会保障の構造改革

（特にワークフェア）を実施した。同政権は、労働党（ＰＶＤＡ）、自由民主国民党（ＶＶＤ）、民主66党（Ｄ66）の三党による「紫連立内閣」といわれるが、左の労働党と右の自由民主国民党がともに参画した政権である。福祉政治の観点からは、同政権がこれまでの保守主義レジームを支えてきたキリスト教民主主義政党の弱体化を背景に誕生したことが重要である[17]。

コック政権は、ヨーロッパ統合と経済のグローバル化が進展する中で、単なる社会保障の縮小ではなく、労働力の活性化と雇用の創出を進めて経済を活性化することを目指し、具体的な改革は、大陸型福祉国家特有の職域に分かれた被用者保険制度の抜本的改革、福祉と雇用の連携、就労支援の大幅強化である[18]。

改革の契機となったのが、１９９２年９月に野党の要求により下院に設置された調査委員会であり、同委員会は、疾病保険・就労不能保険・失業保険などの被用者保険の現状と問題点を調査し、93年４月、報告書「社会保険関連法の執行機関の機能に関する議会調査報告」を提出し、社会保険協議会・産業保険組合など各レベルで、労使が自律的に運営する被用者保険制度が保険給付を野放しにしてきたことを厳しく批判、これを受けて、95・97年の社会保険組織法の改正で、19存在した産業保険組合はすべて廃止され、被用者保険の運営を担う単一の全国社会保険機構が新設された[19]。これらは、左派・右派が協力したトップダウン型の改革だったといえよう。

オランダの政治においては、連立政権とコーポラティズム（政労使の協調）が社会経済政策の立案の基盤をなしており、社会経済政策に関する二者あるいは三者の委員会が重要な役割を担っているものの、改革を可能にした要因として①ワッセナーの合意の経験・政策形成の学習、②国の役割や権限、

③さまざまな第三者の報告書の重要性、④ソーシャルパートナーの関与の低下、が挙げられる[20]。

日本——中道左派政権が主導した増税

日本については、年金や医療・介護保険制度への一般財源の投入や財政調整などは、通常、それぞれの制度が財政的に困難になるたびにアドホックに行われており、経路依存性を大きく変えるものではないが、例外としては2012年の「社会保障と税の一体改革」が挙げられる。一体改革の柱は、消費税率の段階的引上げ（5%→8%→10%）、増収の使途を年金・医療・介護・少子化「四経費」へ限定することなど、である。

一体改革は、民主党が提案し、衆議院・参議院がねじれていたことから、自公との関連法案の修正協議を経て成立したものである。ただし、消費増税の端緒は、民主党政権発足前の麻生政権にある。リーマン・ショック後の財政出動に関連し中期的な財政に対する責任を明確化するため、2008年12月、「持続可能な社会保障構築とその安定財源確保に向けた『中期プログラム』」が閣議決定され、これを踏まえ「所得税法等の一部を改正する法律（平成21年法律第13号）附則第104条」に消費税を含む税制の抜本改革が規定された。

一体改革が成就したのは、子ども・子育て支援など社会保障を拡充させたい中道左派政権が提案したことが大きい。ただし、党内の調整は難航した。2011年1月の内閣改造で一体改革担当大臣に就任した与謝野馨（自民党政権での閣僚）の尽力も貢献した。さらには、官邸主導で調整が進められたことも挙げられる。従来は、厚生労働省の社会保障審議会の各部会で審議することが必要であり、その場はステークホルダーの綱引きの場となり審議が立ち往生しがちであったが、「一体改革」では官邸主導という外圧で審議の停滞を押し切ることとなった[21]。

ただし、社会保障の政策面では、経路依存を変える改革には至らなかった。特に、民主党は、一体改革の中に、スウェーデン型の最低保障年金の創設と後期高齢者医療制度の廃止などを盛り込もうとしたが、自公の強い反対のために実現できなかった。民主党の提案が妥当とは限らないが、この対立は、従来の仕組みをつくってきた自公の面子の問題でもあった。

２０１０年11月、有識者５名で構成する「社会保障改革に関する有識者検討会」が設置され、12月には「社会保障改革に関する有識者検討会報告～安心と活力への社会保障ビジョン」が取りまとめられたが、それは現行制度を所与としており、日本の社会保障、なかんずく保険制度の問題を科学的に分析するものではなかった。この報告書は、「年金をはじめとする社会保障制度には、長期的に安定した、継続的な仕組みが必要である。時どきの政権ごとに、社会保障制度が大きく振れるならば、国民の不安はいや増す。幅広い国民の間で社会保障をめぐる理念の形成と共有を促し、社会経済の変化に対して国民各層・各世代の利害を柔軟に調整し、社会保障を政争の具とせずに、事実に基づいた客観的な議論をすすめることが大切である。」と提言しているが、「事実に基づいた客観的な議論」が行われたとは言い難い。社会保障の各制度の根本的な問題が十分に整理されていないからである。民間の専門家が主体的に作成したというより、役所が作文したと考えられる。

3　政策形成過程のガバナンス

改革を左右する政府のガバナンス

四カ国における社会保障制度改革の政策形成過程を振り返ったが、それは、その国の政府のガバナンスに関係する。ガバナンスは多様な意味を持っているが、しばしば引用されるのが世界銀行の定義であり、「一国の経済的・社会的資源を管理・運営するに当たり行使される権限の有り様」と定義する。(22)また、世界銀行は、「グッド・ガバナンス」として、予測可能な、開放的な、啓発する政策立案、専門的なエートスを持つ官僚制、その行為にアカウンタブルである執政府、公的な問題に積極的に関与する市民社会、法律のルールに従う行為などの要素が揃っていることを挙げる。(23)クィーマンらは、ガバナンスにおける中央政府の役割を強調し、政策にかかわる重要なステークホルダーを取り込む「調整」、望ましいアウトカムを達成するべく関係者が効果的に協力する「協力と舵取り」、制度的な仕組みとプロセスを機能させる「統合と規制」が重要だと指摘する。(24)

優れた政策過程とガバナンスを有する北欧

このガバナンスは政策形成過程に関係する。世界銀行は、ＯＥＣＤ諸国の政策形成に関するベストプラクティスを分析し、参考にすべき点として、①政府中枢における政治的な指導力と技術的な専門性の組合せ（技術的な事務局機能を含む）、②政策形成を調整する組織的なシステム、③専門的な政策助言を行い、政策立案と実施を調整する幹部公務員、④各省庁の政策立案・実施に関する能力、⑤議会の強固な能力、⑥政府外からの多様な政策助言を挙げる。(25)

政府のガバナンスについては、国際機関やシンクタンクが関係する指標に基づき各国を比較している。ドイツの財団が作成しているＳＧＩを紹介したが、その一つが「ガバナンスの指数（Governance Index）」であり、「政府が戦略的な政策過程をいかに効果的にマネージし、直面するさまざまな問題を明らかにし解決できるかを測る」ものである。(26) ＳＧＩを含めて、政府のガバナンスを分析している指標を整理したのが表４－２である。

社会保障政策の分野別のランキングで調べたように、ここでも北欧諸国が上位に位置づけられている。つまり、ガバナンスと経済・社会政策のパフォーマンスの間には、一定の相関があると考えられる。北欧諸国には及ばないとしても、オランダとドイツは、トップ10にも登場しており、健闘している。他方、フランスと日本の順位は、ＯＥＣＤ諸国の中では、下位に位置づけられる。

特に、日本の問題は、社会保障のみならず、政策や制度について、データに基づく分析や検証が乏しいことである。最近の言葉でいえばＥＢＰＭ（エビデンスに基づく政策形成）であるが、これが極めて乏しい。第２章の日本についての分析で、日本の社会保障の問題を議論したが、政府の審議会で一定の分析は示されてはいるものの、省庁の利害が強く反映され、エビデンスに基づく科学的な分析や検討が十分に行われているとは言い難い。

たとえば、保険制度間の調整や一般財源の各保険への投入などの実態は十分に説明されていない。そもそも、「国民皆保険」や「国民皆年金」は事実とは異なる。いわゆる公務員の無謬性に加えて、近年

表4－2　政府の能力やガバナンス

順位	政府の能力 SGI2020	政府の説明責任 SGI2020	政府の有効性 WGI2020	政府の機能 EIU/DI　2020	政府のガバナンス Legatum Index 2021
1	スウェーデン	ノルウェー	スイス	ノルウェー	フィンランド
2	フィンランド	スウェーデン	フィンランド	スウェーデン	デンマーク
3	デンマーク	フィンランド	ノルウェー	オランダ	ノルウェー
4	ニュージーランド	デンマーク	デンマーク	ニュージーランド	オランダ
5	ノルウェー	ドイツ	オランダ	カナダ	ニュージーランド
6	カナダ	ルクセンブルク	ルクセンブルク	フィンランド	スウェーデン
7	ラトビア	オーストラリア	スウェーデン	デンマーク	スイス
8	スイス	エストニア	オーストリア	アイスランド	ルクセンブルク
9	リトアニア	ベルギー	カナダ	オーストラリア	ドイツ
10	英国	アイスランド	オーストラリア	スイス	オーストラリア
	11 ドイツ	12 英国	11 日本	12 日本	14 英国
	12 フランス	17 米国	15 韓国	13 ドイツ	18 日本
	18 韓国	20 オランダ	16 英国	15 韓国	19 フランス
	19 日本	26 フランス	17 ドイツ	19 英国	21 米国
	24 オランダ	27 日本	18 米国	21 フランス	25 韓国
	30 米国	29 韓国	19 フランス	26 米国	

（注）　OECD諸国を対象としており、発展途上国等は除いている。
（出所）　SGI:Bertelsmann Stifung、政府の能力は戦略企画・省庁間調整・EBPM・実施能力等で、政府の説明責任は開放性・議会の能力・独立助言機関等で評価
WGI:Worldwide Governance Indicators(World Bank)、官僚の質・教育や交通システムの信頼性・電気ガス水道のカバレッジなどで評価
EIU/DI:The Economics Intelligence UnitのDemocracy Index、選挙・政府の機能・政治的参加・国民の自由などで評価
Legatum index:Legatum Institute、執政府の制約・政治的説明責任・法の支配・政府の有効性・規制の質などで評価

の政治主導の強化の流れで、そうした傾向が強まっている。[27] ドイツでは、社会保険における財源のあり方をめぐる理論的な検討や議論が研究者や保険者団体等に所属する専門家の間で活発に行われ、その中では、社会保険の給付等のうち税財源により賄うべきものと社会保険料財源により賄うべきものを区分する考え方が検討され、提示されているという。[28]

4　主要国のガバナンスの比較

コンテスタビリティを高める仕組み

本書では、より良いアウトカムをもたらす政策をつくる政府のガバナンスに関心がある。その「ガバナンス」を、「効率的な意思決定ができること、関係者の合意を形成し調整を行うこと、科学的な分析や検証を行う仕組みがあることの三つが担保されている状態・仕組み」と定義する。

この定義の中では、特に「分析・検証」を重視する。具体的には、世界銀行等が指摘するように、「コンテスタビリティ」に焦点を当てる。「コンテスタビリティ」とは、経済学の分野では、規制に関して、新規参入が促進されて競争的な市場となることをいう。世界銀行は、コンテスタビリティを「政策助言やアイデアについての代替案（政府の内外を問わず）が政策過程において、政府の耳に届くあるいは届くことができるときに、競争が提案の中で起こる」と述べており、[29] 政策過程において、政策やアイデアが競争的に提案されることが重要であることを示唆している。ここでは、政府内（省庁間、省庁と内閣府等の中心省庁の間、助言機関・審議会など）及び政府外（議会、シンクタンク・大学、メディアなど）で、「政策をめぐって科学的な分析・検証、現行制度や提案の評価、多様な助言、選択肢の検討などが行われて、競争が起こる状態」と定義する。

政策過程におけるガバナンスは、政治・行政システムと密接に関連しており、政権交代などはあっても、一般的には大きく変化することはないと考えられる。つまり、社会保障制度改革の立案にあっても重要な要因であり、国の改革の実施能力に関係する。そこで、本節では、特にコンテスタビリティに焦点を当てて四カ国を比較する。

一般的には、コンテスタビリティの観点から重要な組織や機能は以下である。

① 政府組織の内部に設置：首相や大臣の政治顧問、内閣府等首相を支える中心組織における政策立案に関する組織、独立的な調査・検証等を行う組織（独立財政機関・独立規制機関等）、審議会・助言機関（恒久設置・アドホックな設置）、研究機関

② 政府組織の外部に設置：議会（法案審議ではなく、政府活動を監視・チェックするもので、決算委員会・調査委員会や独立財政機関等）、会計監査組織、シンクタンク・大学・非営利組織等

政策形成過程の特徴やガバナンスは、その国の統治構造に密接に関係する。首相などのリーダーの権限や役割、合意形成の仕組みなどである。[30] そこで、本書が対象とする四カ国について、その統治構造や政策形成過程等の特徴を整理しつつ、①と②を整理する。[31]

ドイツ――拒否権プレーヤーが多く合意形成が必要

ドイツは、第二次世界大戦後、占領国に主権を制限されてきた「半主権国家」[32]として歩んできた。政党、協調的連邦制、準公的制度（後述）を通じて「分権化された国家」に媒介され、連邦首相ないし連邦政府は、よく組織されたさまざまな主体によって制約を受けた。[33]ドイツにおける政治システムの特徴は、共同統治のアクターと拒否権プレーヤーが多いことであり、その結果、政策形成と調整に多大な時間と労力がかかっている。[34]

具体的には、州政府の独立性、二院制（上院は州政府の代表で構成）、憲法裁判所などの存在である。これらは、第二次世界大戦の反省から政治的な暴走を防ぐ仕組みである。政府提出法案が下院である連邦議会を与党の多数で通過しても、州の代表で構成される上院（連邦参議院）の承認を得ることは簡単ではない。ドイツでは、州も議院内閣制であり、各州の与党が連邦政府の与党と同じとは限らないからである。財政など州に関連する法案は、連邦参議院の承認なしには成立させることはできない。[35]政党は、ＣＤＵ／ＣＳＵ（キリスト教民主同盟・社会同盟）とＳＰＤ（社会民主党）の二大政党が、ＦＤＰ（自由民主党）などの小さい政党と連立を組むのが一般的であり、いずれにあっても中道路線が基本になっている。

政府内にあっては、連邦首相の権限は、一般的にはそれほど強くはない。基本法（憲法）は、連邦首相の権限として、大臣の任命と基本方針の策定に限定している（基本法第64・65条）。各省大臣は、任命された後は、いわゆる分担管理原則の下で自立性が強く、特に内政問題について、首相が各省大臣を指揮する権能は限定的である。[36]特に、大臣が連立政権の他の政党に属している場合は、首相の影響力は弱い。

ドイツ、オランダ、スウェーデンなどの分権的・協調的・断片的な国では、内部助言システムの役割が大きい[37]。関連する仕組みとして、ドイツに特徴的なのが「準公的制度」であり、これは公法上の制度であるが省庁組織とは切り離され、そこにおいては国家と社会の主体が政策の執行をともに行う多様な制度である[38]。具体的には、中央銀行、経済助言委員会、連邦雇用庁、科学委員会、労働裁判所、社会保険基金など、さまざまな機関がある[39]。

ドイツの下院は、「働く議会」かつ「討論する議会」と言われている[40]。そのために、調査や分析するためのいろいろな資源があり、議員個人ではなく、下院全体あるいは委員会に関するものとしては、議会委員会、調査委員会、調査会、ヒアリング、会計検査院、技術審査室などがある[41]。特に、基本法第44条に基づき設置された調査委員会（調査委員会法が詳細を規定）と連邦議会議事規則第56条に基づき設置された調査会が重要である。調査委員会は、政府の不祥事等を解明することを主な役割とする委員会であり、証人喚問や文書の提出などを要求する権限を有する[42]。

こうしたチェック・アンド・バランスの仕組みは偏った政策を防ぐ観点からメリットがあったが、東西統一後は、グローバライゼーションの高まりとともに弱みとなり、政府が多様な変化に弾力的に対応するためには障害となってきた[43]。1990年代以降の変化の背景には、東西ドイツの統合により政党数が増えて、政党間の競争が激しくなっていることが挙げられる。その結果、政策形成過程についてはよりコンセンサスが必要になっている。次の選挙を意識して、政策立案者がどの政策の選択肢が実現可能で望ましいかを考えることに大きな影響を与えている、イデオロギー的に一致しない連立政権が増加していることなどから、政策形成のスピードは遅くなり、最大公約数的に妥協せざるを得なくなっている[44]。

ドイツの政策形成過程は極めて複雑だが、そうした中でも、これまで労働市場、年金、法人税、債務ブレーキ（財政ルール等の予算制度）などの改革が行われてきた。政府の能力が限られているなか、省庁の伝統低な助言委員会というより、科学的な助言委員会（経済専門家委員会）や専門家の委員会の役割がより重要になっている[45]。まさに、その例が労働市場改革を主導したハルツ委員会（２００２年）である。つまり、社会保障制度改革は、合意形成重視の基盤の中で、外部の専門家による助言を活用しながら進められたと言える。

フランス――議会による頻繁な法案修正

フランスは、これまで比較してきた議院内閣制の国と統治構造が異なり、大統領と首相が併存する「半大統領制」となっている。大統領は直接選挙で選ばれる国家元首であり、首相や閣僚の任免権、国民議会（下院）の解散権等の権限を有する一方で、首相は大統領と議会に対して責任を負っている。首相は、通常の議院内閣制のように議会から選出されないものの、政府という合議体の責任者として議会の信任を得る必要があるため、議会の多数派から選出されるのが一般的であり、この点では日本などと共通する。

フランス政府のガバナンスのポイントは、強い権限を有する大統領と省庁の幹部や大統領・大臣の側近に政治任用されるエリート官僚である。フランスの官僚は英国などと異なり、政治と明確に分離されておらず、マクロン大統領（2017年5月以降）のように、官僚出身の政治家も多い[46]。首相は議会から制約を受けるものの、大統領はそうではなく、また議会の解散権なども有することから、政府は議会に対して優越している。

しかし、こうした統治構造は2008年、サルコジ大統領のイニシアティブで提案された憲法改正案が成立したことにより修正された。この憲法改正は、大統領の権限を抑制する一方で議会の権限を強化するものであり、大統領の三選の禁止、政府の権限の制約、議会の権限の強化、議会における野党の地位と権限の強化、法律施行後の違憲の抗弁と憲法院による合憲性審査、法律制定に関する国民投票における国民発案の手続の導入などが盛り込まれた[47]。

さて、政府内におけるコンテスタビリティを高めるフランス特有の仕組みとしては、国務院（Conseil d'État）がある。これは、法案の審査を行うとともに行政裁判所の機能を担う機関であり、エリート官僚の集団である。国務院の主な機能や権限は以下のとおりである[48]。

① 政府提出法案に対してその法的安定性が確保されるよう適切な助言を与える（2008年の憲法改正で議員提出法案に対して意見を求められるようになった）。

② 法的適法性を審査する（たとえば、義務的な諮問はなされたか、デクレ（政令）に対する大臣の副署は揃っているか、影響調査は十分に明確かなどを審査する）。政府には、国務院の意見に従う義務はないが、法律については憲法院から制裁を受けるおそれがあるため、諮問した機関は意見に従うよう促される。

③　オルドナンス（法律に類似する機能を有する政令）、大統領や首相のデクレ、大臣の命令行為、これらに対する取消訴訟を直接に提起できる。

フランスの議会は、日本と異なり、法案を頻繁に修正する。[49] フランスでは、議員と閣僚の兼務が禁止されているため、与党会派及び与党議員は決して政府と一体の存在ではなく、政府とは一線を画した自由な立場から法案に修正を加え、政府は与党に譲歩して、法案の成立を図らなければならない。[50] 修正の内容はさまざまであるが、日本における与党による法案の事前審査と比べると、透明性は高い。

議会の政府監視機能も強化されている。２００８年の憲法改正で、政府活動の監視や公共政策の評価が議会の任務となり、また、政府や公営企業の活動に関して情報を収集するため、調査委員会を設置する条文が新設された。

社会保障に関連しては、経済社会評議会（Conseil économique et social）が重要である。これは、憲法に基づく組織であり、「経済的・社会的性格を持つすべての計画またはすべての法律案は、意見を聴取するために経済社会評議会に付託される」（第70条）ことになっている。経済社会評議会の議員数は２３０名で、大部分は労働組合、経営者団体、職業団体などの代表的な団体から選出される。一部が政府の任命による学識経験者である。評議会は公式の利害調整の場であり、経済的、社会的問題に関して政府の諮問を受けて答申を行う一方で、自発的に政府に対して意見を述べる。[51]

フランスにおいてもコンテスタビリティを高める取組みは行われているものの、大統領によるトップダウンの政策形成は、しばしば反発を生んで改革は頓挫しており、合意形成は十分とは言えない。

オランダ――合意形成のための助言と科学的分析

オランダの選挙制度（下院）は比例代表制であり、典型的な多党制の政治システムとなっている（上院は州議会の代表）。過去において単独過半数を制した政党はなく、連立政権が基本となっている。多党制ではあるが、中道のキリスト教民主主義政党、左派の労働党、右派の自由民主自民党という三大ブロックから構成され、中央ブロックがかなめとなっていることから、中道左派か中道右派の二つが基本的な選択となっている[52]。

オランダの政治システムは、「ポルダーモデル」といわれるように、合意形成のための強い相談的なカルチャーとコーポラティズムによって特徴づけられる。その具体的な仕組みが政労使の協調体制であり、労働組合や経営者団体は、労働協会や社会経済協議会をはじめとする各種の審議会や協議機関に代表を送ることで、社会経済政策全般に強い影響力を及ぼすとともに、政労使の協調を背景とした安定的な労使関係を実現させてきた[53]。

多党制と合意形成重視のため、基本的には政府、なかんずく首相の権限は制限されている。大臣は基本的に平等であり、英独仏の首相と比べて法的な権限は乏しい。首相は大臣を直接任免することはできず、連立の党首に推薦することしかできない。また、首相を支えるスタッフも小さい[54]。政府・与党内の調整は、首相・重要閣僚と政党指導者との会議で行われる。首相の舵とり機能は限定されているものの、近年、欧州セメスター（各国の財政政策と経済政策の協調を図るための仕組み）を通じて、アジェンダ設定機能が強化され、財務大臣の役割・権限も財政問題を契機に強くなっている[55]。

ニプセンらは、合意形成にあたっては科学的な分析が重視されており、オランダは学界においても政府の政策形成の両方において、政策分析が強固な基盤となっている国であり、政治的な合意形成の基盤となる専門性は、合意形成を妨げる政治的な対立を回避することに役立っているとし、政府内における政策分析の形態としては、主に次の三つの種類があるという(56)。

① 政府は、省庁横断的な「政策分析のための委員会」（COBA）を設置し、省庁における政策分析の基盤を構築し、政策のアカウンタビリティを担保している。

② 政府組織であるものの、一定の独立性を有し、政策分析に特化した組織（助言機関）が数多く設置されており、その代表例が、社会文化計画局（SCP）、中央計画分析局（CPB）、環境影響分析庁（PBL）である。

③ オランダに特有で、特別の地位と強力な権限を有する組織があり、その代表例が、国家法制度委員会、社会経済委員会、科学委員会である。

COBAは1970年代初めに設置され、各省庁の幹部職員で構成され、主計局長が議長を務める。当初は費用便益分析の導入・普及を目指していたが、その後政策分析全般に発展し、業績予算やプログラム予算、支出見直しなどに発展している(57)。

政府の中には、独立性の高い多くの機関が配置されているが、特にCPBは独立財政機関として有名である。CPBは単なる助言機関ではない。CPBは1947年に設立され、初代の局長には経済学者のヤン・ティンバーゲンが就任し、戦後の経済復興に向けた経済政策を立案することが設立の主な目的とされた。その後、70年にわたりオランダの経済財政政策について独立的な分析を行ってきた[58]。オランダの助言機関は比較的独立性を有することについては理由がある。オランダ政治は合意形成重視と連立政権の特質を有しており、それは助言機関が政府や特定の省庁に近すぎることを許容しないからであり、助言機関の独立性と科学的な分析重視は、政府と議会の不安定な関係を悪化させることなく、政治的なバイアスを取り除いて政策形成を促進するための重要な仕組みとなっている[59]。

こうした特色を持つ意思決定システムは、グローバル化が進展する中で政府が迅速に意思決定する観点からは非効率であり、1990年代半ば以降、政治主導を強化する流れの中で法的な見直しが行われる[60]。具体的な改革は、1993年議会特別委員会による報告書「ふさわしい審議会のあり方について」に端を発する。基本的な方向は、合意形成というより、透明性の向上や専門的な見地からの助言の重視であり、95年「諮問義務廃止法」、97年「審議会枠組法」によって具体化された[61]。こうした改革の結果、恒久的な助言委員会（審議会）の制度化されたシステムの活用が低下し、外部のコンサルやアドホックな委員会がより重視されるようになり[62]、従来の枠にとらわれないさまざまな団体・運動が出現し、「開かれたガバナンス」に向かっている[63]。

従来、議会は、政府と比べて情報の非対称性があるため、それほど強い力はなかった。しかし、2009年、下院は、議会改革の検討を行い、政府に対して情報が不足しており、独立的な分析能力を強化するべきとの結論に至り、政府支出・調査局を設置した[64]。また、議会は、会計検査院をはじめ、政府の多くの助言機関に研究や評価を依頼することも通じて、政府の監視機能を強化している。

現在においては、オランダ政治の協議を重視する性質は弱まっているものの、証拠に基づく政策形成は、政府内のみならず、議会の調査委員会を含め政治においても重要視されている[65]。また、オランダにおいて特徴的なことは、政策分析と評価が高度に制度化されていることであり、そのように研究と政策が結びつき、それを担う多くの機関を有する国はほかにはほとんどない[66]。こうした特徴は、第3章で紹介したオランダの社会保障制度改革にも見られるものであり、その結果、パフォーマンスも他国と比べて優れている。

日本――検証なきトップダウンへ

日本における伝統的な政策形成過程の特徴は、審議会を通じた検討と意見の集約、政府と与党の二元的な意思決定を通じた合意形成、そしてボトムアップ重視である。

審議会は、専門家や利害関係者などで構成される助言機関であるが、一般的には、その報告書は、各省庁が利害関係者の意見を踏まえながら作成するものであり、審議会の委員がその専門性に基づき独立的に作成するものではない。また、国会で成立する法律のほとんどは政府提案であるが、政府が法案を国会に提出する前に、与党である自民党の政策審議会・総務会の事前承認を得る必要があり、与党は「拒否権プレーヤー」である（55年体制）。こうした仕組みは、利害関係者による非公式かつ閉鎖的な、あるいはインサイダー的な政策形成である[67]。

こうした日本型立法過程を生んだ原因は、内閣、議員、官僚、利益団体にとって好都合だったからであり、閣議決定前であれば柔軟に修正できるし、官僚も国会提出後に予期せぬ修正より事前協議で処理するほうが好ましい[68]。

このような合意形成重視の意思決定過程は、裏返すと、議院内閣制の本来の意思決定の主体である内閣、特に総理大臣の権限が弱いことを意味しており、迅速性・効率性に欠けていた。内閣機能の強化は明治以来の課題であったが、抜本的な改革が、1997年に橋本龍太郎総理が始めた中央省庁等改革である。同改革のうち本章に関連するものとしては、内閣総理大臣の基本方針・政策の発議権、内閣官房の特別職・総理大臣補佐官、内閣府の設置、経済財政諮問会議等の重要政策に関する会議、審議会の整理・統廃合、政策評価などがある。

中央省庁等改革は2001年1月より実施されるが、政策形成過程は、小泉政権（01〜06年）、民主党政権（09〜12年）、第二次安倍政権（12〜20年）を経て大きく変化している。

小泉政権の最大の特徴は、伝統的な55年体制における族議員と官僚が共同して政策をつくる仕組みに風穴を開けたことである。その舞台となったのが、中央省庁等改革で導入された経済財政諮問会議である。諮問会議は、法令上は、あくまでも調査審議機関であり、意思決定機関ではない。政府として意思決定を行うのは閣議であるが、経済財政に関する重要な政策は諮問会議で議論して決めた上で、それを閣議決定するようになった。

民主党政権は、自民党政権時代に制度化された政府と与党の二元体制から内閣の下の政策決定を一元化して政治主導・脱官僚を図ることを目指した。具体的には、大臣・副大臣・政務官の政務三役を中心に政治主導で政策を立案・調整・決定すること、事務次官会議の廃止と閣僚委員会の活用などであった。民主党政権は、審議会を官僚主導の象徴とみなして廃止あるいは休眠にし、政府三役によるトップダウンで政策を決めようとしたが、「こども手当」の導入が典型的であるように、政策立案に必要な分析や検討が不十分であった[69]。

第二次安倍政権では、政策形成過程の基本は、従来の政府・与党二元体制に戻ったが、官邸の重要関心事項は、総理及び官邸にいる秘書官・補佐官や内閣官房・内閣府にいる「官邸官僚」（各省からの出向者）など総理を支える人たちが中心となってトップダウンで決めるという特徴がある。

また、同政権の政策面での特徴は、三本の矢、新三本の矢、成長戦略、地方創生、一億総活躍社会、働き方改革、人生１００年時代構想などの看板政策が次々に登場していることであり、これらの看板政策を検討する主体として、日本経済再生本部など多くの会議体や審議会が設置されている。

第二次安倍政権では、こうした会議体は、それ以前と比べて四倍に膨れ上がり、さまざまな政策を「やっている感」を打ち出す仕組みとなっている[70]。保育・教育の無償化などの重要政策については、こうした会議で議論する前に官邸主導で基本的な内容が決まっており、現在の教育や保育において何が問題で、そうした問題を解決するにあたり、無償化政策の費用対効果についての分析はほとんどなかった[71]。

政府外のコンテスタビリティとしては、国会の役割に大きな問題がある。与党による法案の事前審査制があるため、政府提案の法律は与党内で実質的に修正されて、国会は野党が法案に反対を述べる場になっているからである。憲法第62条及び国会法第１０４条による国会の国政調査権がある。国会審議での質問、証人喚問、資料要求などがあるが、国会法に基づく資料要求は、一部例外を除き、委員会において全会一致で議決するルールとなっているので、限定的である。

トップダウンを補完するコンテスタビリティ

1990年代以降、各国とも、問題解決のために、首相などの国家のリーダーの指導力が必要になっており、また実際に強くなっている。そういう意味では、ポグントケとウェブがいう「民主政治の大統領化[72]」が進んでいるともいえるが、政策形成のガバナンスの観点から言えば、効率性、合意形成、分析・検証のバランスの若干の変化ではないかと考えられる。

フランスは、もともと大統領を中心とする政府の権限が強いが、近年、政府監視機能など議会の権限が強化されており、コンテスタビリティは強くなっている。ドイツやオランダといった合意形成を重視してきた諸国では、首相や内閣による迅速な意思決定、すなわち効率性が重視される傾向が強くなっている。これらの国では、専門性に基づく助言と相談が一体的な傾向があるが、相談のウエートが低下している一方で、より専門的な助言は重視されている。

日本についても、1990年代以降の政治・行政改革により、首相の指導力が強化され、合意形成のウエートは低下している。首相や官邸の指導力が発揮されること自体を否定するものではないが、コンテスタビリティについては、第二次安倍政権では、著しく低下している。

さらに、2014年の国家公務員制度改革（幹部公務員制度の導入、内閣人事局の設置など）により、公務員には政治への応答性がより求められるようになっている。逆にいえば、専門性がよりおろそかになっている[73]。嶋田は、省庁幹部へのインタビューを行い、彼らは、公務員の「中立性」を多様に解釈しており、英国の公務員の規範である「政権・大臣に誠実に全力で仕えつつ、党派的計算ではなく専門家として意見を述べる」という中立性とは同じではないこと、政治に対して専門家として直言することは実際には難しいと認識していることを指摘する[74]。

日本では、公務員の自律性や専門性が低下し、政府内における独立的な機関が乏しく、さらに国会による政府を監視する機能も弱く、政策形成過程のガバナンスは全体として悪化していると言わざるを得ない。

【第4章　注】

(1) 尾玉（2010、77ページ）を参照。
(2) Bertelsmann Stiftung (2017) を参照。
(3) SGI以外の指標としては、Global Pension Index 2021 (Mercer CFA Institute)、CEO World Magazine Health&Education System 2021、Legatum Prosperity Index 2021 Health&Education (Legatum Institute)、UNICEF Family-friendly Policy Indicators 2016などがある。これらによると、医療についても総じて北欧諸国が優れているが、オランダとドイツもトップ10にしばしば入っている。日本は、医療・健康については優れているものの、年金や家族・ジェンダーではかなり劣っている。日本の教育は、第10位前後に入っており、それほど劣ってはいない。
(4) Bonoli and Natali ([2012], p. 10) を参照。
(5) 熊谷（2014、31ページ）
(6) 近藤（2009、136ページ）を参照。
(7) 田中拓道（2017、196ページ）を参照。
(8) 倉田（2014）を参照。
(9) フランスや日本とちがい、ドイツは、政策過程において、エリート官僚より政治的な指導者の力が強い。また、専門家、学者、利益団体などのさまざまなステークホルダーが政策過程に関与していた。家族省は政策検討において役割を担うが、この問題については強力な力はなかった。以上は、Boling ([2015], p. 95) を参照。
(10) Himmelweit and Lee ([2021]: 36-6) を参照。

(11) 近藤（２０１７、２７１～２７２ページ）を参照。
(12) 柴田（２０１２、26ページ）を参照。
(13) 田中拓道（２０１７、１９７ページ）を参照。
(14) Palier（[2010b], pp. 292-3 & p. 298）を参照。
(15) コーポラティズムを実践する組織が社会経済協議会であり、政府の社会経済政策に関する最高諮問機関として１９５０年に設立され、当初は、労使代表15名ずつ及び政府任命の専門委員15名の計45名で構成された。水島（２０１２）は、「重要な社会経済政策関連の法案については、政府が議会提出以前に社会経済協議会に諮問することが義務付けられたことで、労使がその意向を政策に反映させるきわめて重要な場」（26ページ）となり、「ポルダーモデルの中核に位置する制度」（27ページ）と述べる。
(16) 労働政策研究・研修機構（２０１０ｂ、39ページ）を参照。
(17) 水島（２０１９）を参照。水島によれば、コック政権後のキリスト教民主アピールのバルケネンデ首相（２００２～10年）や右派自由主義系の自由民主人民党のルッテ首相（10年以降）の政権になっても、コック政権の就労促進の方向は引き継がれているという。
(18) 水島（２００３）を参照。
(19) 水島（２００３、60ページ）を参照。
(20) Hemerijck and Marx（[2010], p. 148）を参照。
(21) 中村（２０２１、４４６ページ）を参照。
(22) World Bank（[1992], p. 1）を参照。
(23) World Bank（[1994], p. vii）を参照。
(24) Kooiman and Van Vliet（1993）を参照。
(25) World Bank（2010）を参照。
(26) 具体的には、ガバナンス指数は、持続的な政策を提供する政府の能力だけではなく、政府組織を超えて関係者や組織の参加や監視の能力も対象としている。具体的には、①政府の能力として、戦略的能力（戦略計画、専門家の助言）、省庁間の調整、証拠に基づく仕組み、政府外との協議、政策についての意思疎通を、②政府のアカウンタビリティとして、市民参加、能力（政策についての知識など）、議会関係者の資源（文書の入手、大臣の召喚、専門家の召喚、監査委員会、オンブズマンなど）、メディア（質の高い新聞など）、党と利益団体を挙げている。
(27) 田中秀明（２０１９ｂ）を参照。

(28) 松本（２０１２）を参照。
(29) World Bank（[2010], p. 9）を参照。
(30) Blondel and Müller-Rommel（1993）は、ドイツでは首相が各省大臣の所管事項に対して指示を出せる権限を持つ、英国も場合によりそうした権限を持つ、フランスの首相も大臣に指示できる一方、オーストリア・オランダ・フィンランド・ノルウェーでは、首相はそうした権限は一般にないとしている。首相の権限の一方で、閣内の合意形成も重要である。オランダの大臣は月に20～30時間も閣議に時間を使っていること、非公式な会議も加えるとスウェーデンなど北欧諸国も閣議に相当の時間を使っているとする。この点で重要な制度が閣僚委員会であり、スウェーデンやアイルランドではほとんど存在しないが、ノルウェー、オランダでは存在すること、英国・オーストリア・フランスでは、大臣は閣議より閣僚委員会で費やす時間のほうが多い。
(31) 各国政府のホームページや先行研究などに基づき上記①と②を調べ、各国の政策形成過程のガバナンスの特徴を抽出する。各国の政策形成過程は、政策の種類や政権によっても異なると考えられるが、それぞれの国には、伝統的な様式があると仮定している。
(32) Katzenstein（1987）を参照。
(33) 平島（２０１７、10ページ）を参照。
(34) Schmidt（[2003], p. 46）を参照。
(35) 連邦参議院の拒否によって、法案が未成立となるとは限らない。まずは連邦政府が、提出法案を異議法案と同意法案とに分割し、前者の成立を先行させるという戦術をとることも可能である。たとえ連邦議会が議決した法案に連邦参議院が与しなかったとしても、調整委員会が召集され、その協議を通じて妥協案が成立することの方がはるかに多い。以上、平島（２０１７、68ページ）を参照。
(36) Green and Paterson（[2005], p. 3）を参照。
(37) Schulz（2015）を参照。
(38) 平島（２０１７、10ページ）を参照。
(39) その特徴として、Busch（2005）は、①官と民のギャップを埋め、重要な政策機能を担う、②分権化された国家の諸問題について、高度に集権化された経済・社会の利害関係者が参加する仕組み、③政策形成において高度の自律性を有する（政府による全体的なガイダンスはあっても、細部への介入はできない）、④高い水準の専門性（所管官庁のそれをしばしば上回るもの）を挙げ、準公的制度は、政治面においては、すべての政党における妥協を促し、敵対的な政治を抑止し、政策面においては、政権が変わっても継続性を維持し、円滑な調整を促すことにより、よりよいアウトカムをもたらすと述べる（96ページ）。

(40) Schmidt（[2003], p. 89）を参照。

(41) Siefken and Schüttemeyer（[2013], p. 165）を参照。

(42) この２つの調査機関の重要な点は、どちらも４分の１の議員の動議で設置できることから、野党が政府をチェックする重要な手段になっていることである。調査委員会は議員だけで構成されるが、調査会は議員のみならず専門家も加えることができる。こうした仕組みは、野党に対して、政府と協力したり、支持する多様な機会を与える（Schmidt [2003], p. 93）。

(43) Roberts（[2016], p. 142）を参照。

(44) Zohlnhöfer and Tosun（[2019], p. 47, p. 51）を参照。

(45) Schmid and Buhr（[2013], p. 91）を参照。

(46) フランスの官僚機構や政治任用については、「２００４年度人事院年次報告書」を参照。

(47) 横尾（２００９、７ページ）を参照。

(48) レジ・フレス（２０１６）を参照。

(49) フランスの議会制度については、高澤（２０１９）を参照。

(50) 大山（２０１３、１０３ページ）を参照。

(51) 労働政策研究・研修機構（２０１０ｂ）を参照。

(52) 水島（２０１２、１０８ページ）を参照。

(53) 水島（２００３）を参照。

(54) Andeweg and Irwin（[2014], pp. 154-5）を参照。

(55) Bertelsmann Stiftung（2017）を参照。

(56) Nipsen and Scholten (2015) を参照。

(57) Nipsen (2015) を参照。

(58) ＣＰＢの主な業務は①マクロ経済財政予測、②新規施策の財政的な影響の分析（連立政権合意における予算提案等も分析）などであるが、中でも有名なのが、選挙における各党の選挙公約の財政的な影響分析（１９８６年以降）である。ＣＰＢの重要性は、政党の選挙公約や連立政権合意に関して、ＥＵの財政規律ルールを守るためのガイドラインとなっていることである（Scholten and Nispen [2015a], p. 148）。

(59) Scholten and Nispen（[2015a], p. 140）を参照。

(60) 水島（２０１２）は、オランダの特有のコーポラティズム的政策決定システムの問題として、政策過程が一部のエリートにのみ独占されていること、官僚・政治家と利益団体が政策形成に関わる閉鎖的空間を構成し、労組・雇用者団体をはじめとする特定の団体が審議会などの場を通じて政策形成に排他的に参加を認められることで、部分利益を全体利益に優先させていることなどを指摘する（30ページ）。社会経済協議会の委員の構成そのものが批判の対象になった。

(61)　審議会枠組法は、助言システムを合理化・迅速化するものであり、三つのタイプの助言委員会（恒久的な助言委員会、一時的な助言委員会、アドホックな助言委員会）を規定する。重要な点は、助言機能を相談手続きから分離し、新しい助言委員会のメンバーは科学的な資格と社会的な洞察・経験によって任命することになったことである（Glynn *et al.* [2003], p. 45）。

(62)　van den Berg（2017）を参照。

(63)　水島（２０１２、37ページ）を参照。

(64)　Zaal（[2015], p. 174-5）を参照。

(65)　Scholten and Nipsen（[2015a], p. 4）を参照。

(66)　Scholten and Nispen（[2015b], p. 247）を参照。

(67)　Pascha *et al.*（2017）を参照。

(68)　大山（２００３、２３２ページ）を参照。

(69)　田中秀明（２０１２）を参照。

(70)　田中秀明（２０１９ａ）を参照。

(71)　田中秀明（２０１９ｂ）を参照。

(72)　ポグントケ＆ウェブ（２０１４）を参照。

(73)　そもそも霞が関の公務員は、政策形成過程の裏方として、与党政治家やステークホルダーなどと調整を担っており、各分野の専門家というより、ジェネラリストとしての調整能力が重要である。応答性と専門性については、田中秀明（２００９）を参照。

(74)　嶋田（２０１７）を参照。

第5章　社会保険制度の改革
――「新しい国民皆保険」構想の基盤

これまで日本の社会保障制度の問題を検討するとともに、ドイツ・フランス・オランダなどとの比較を試みた。日本が直面する最大の課題は、急速に進む少子高齢化を乗り切ることであり、そのためには、第一に多様な働き方を阻害している社会保険を改革し、セーフティネットを張り直す必要がある。本章では、年金と医療・介護に焦点を当てて、改革の選択肢を論じる。

1　改革の基本構想

2050年に向けた対応が必要

第二次世界大戦後の1947～49年の第一次ベビーブームで生まれた「団塊の世代」が、2022年以降順次75歳（後期高齢者）になりつつあるが、それはまだ序の口である。問題は、71～74年生まれの第二次ベビーブームで生まれた「団塊ジュニア世代」が75歳に到達する2040～50年代頃にどうなっているかである（図5－1）。2018年には、75歳以上人口（18百万人）が65～74歳人口（17・

図5−1　日本の人口の将来推計

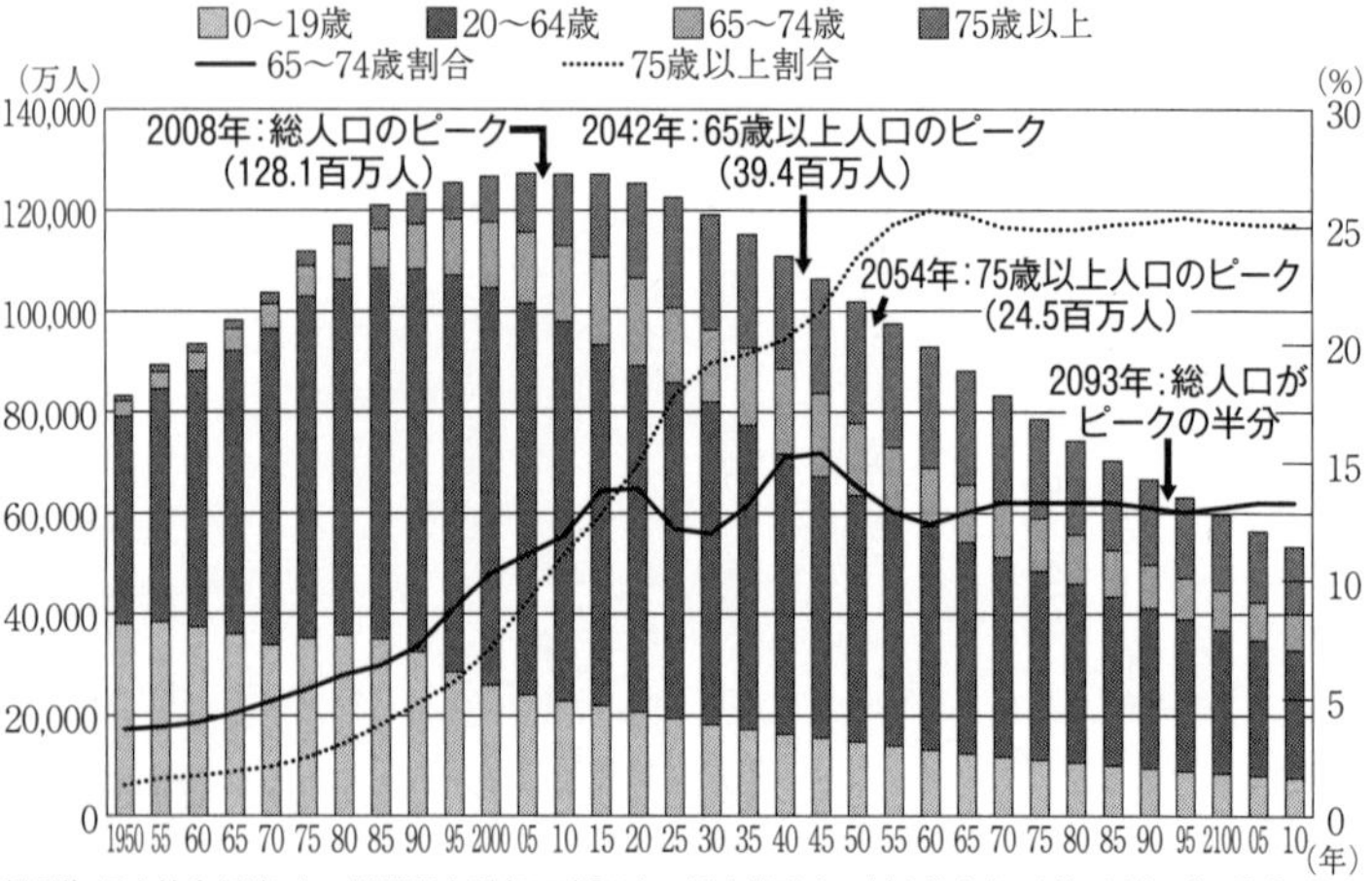

（出所）国立社会保障・人口問題研究所（2017）「日本の将来推計人口」（中位出生・中位死亡）に基づき作成

6百万人）を上回った。さらに2054年には、75歳以上人口は25百万人となり、65〜74歳人口の約2倍になると推計されている。他方、働く現役世代は急速に減っている。こうした人口動態は、出生率の多少の改善や移民の受け入れなどがあったとしても、大きく変えることはできない。そして、これに対応できなくなっているのが高度成長を前提に制度設計された保険制度である。

　厚生労働省は、日本の社会保障の基盤は社会保険であり、保険料拠出の見返りとして受給権が明確であることなど、その意義を強調する[1]。しかし、これは理論的な保険制度の特徴を述べているにすぎず、日本の実態とは大きく異なる。池上は、「権利が確定するかどうかは給付制度の内容次第である。逆に、厚生年金保険においては、所得が一定額を超える高齢者に対する支給停止措置がある。現実の政策過程のなかでみれば、社会保険の『権利』性を強調することは、『保険料は租税よりも国民の反発を受けにくい』と宣伝し、また予算編成において社会保険をとくに重要な制度とみなして、その財源不足に租税財源を優先的に投入すべきだと要求していることになる」と指摘する。[2]

社会保障制度は、過去の経路依存性が強く、政治的な利害もからむため、改革は容易ではないが、現行制度の微修正で、さらに進む少子高齢化、貧困の増大などを乗り越えることができるだろうか。筆者は、右肩上がりの成長、男性の常勤片働きなどを前提とする「社会保険」が問題の根源にあると考えている。ただし、社会保険をすべて廃止すべきと主張しているわけではない。

社会保険と一般財源による施策の役割分担

現在の社会保険制度の基本的な問題は、保険料と税が無秩序に混合し、非効率になっていることである。つまり、お金を投じている割には、格差是正などの面でパフォーマンスが悪いのだ。日本に必要な改革の基本戦略は、公私の役割分担を明確にし、政府は最低保障や再分配に責任を持つ一方、中高所得者には自助努力を求めることである。前者は一般財源で対応することになり、後者は社会保険や私的保険で対応する。社会保険の中で過度な再分配を行うから保険の規律が働かないのであり、そうした役割を一般財源が担うことになれば、本来の保険が機能する。

役割分担を目指す方向では、年金や医療などは2階建てあるいは3階建てとなる。現在の日本の年金制度は、本来の2・3階建てではない。高度化する医療について、すべてを社会保険で対応することは難しいし、そのような国はないだろう。各国ともに一定の自助努力や私的保険が導入されている。

日本が目指すべきモデルは、オランダやオーストラリアに近いと筆者は考える。オランダは社会保険を基盤としているが、雇用分野を除いて、財源は事実上税方式化されている。オーストラリアには社会保険はなく、年金をはじめ各種給付は所得や資産が基準となっている。[3] 両国はアプローチが異なるものの、国民を平等にカバーするという意味でユニバーサルを達成している。これらを参考に提案するのが「新しい国民皆保険制度」だ。それは、より多くの国民が働けるようにするためである。

社会保障については、所得・資産による選別ではなく、北欧諸国のようなユニバーサルを目指すべきという考えもある。たとえば、スウェーデンの児童手当には、親の所得制限がない。他方、所得税率は、年間所得（２０２２年約７１５万円まで）の第１段階に対して地方税約30％、それを超える第2段階に対して国税20％であり、後者が適用される高所得者の合計税率は約50％と非常に高い。さらに、保険料が被用者分7％（年金）と雇用主分31・42％（年金・雇用その他合計）が課せられる（21年）。そのような高い税率（加えて付加価値税率は25％）に国民が合意するならば、スウェーデンモデルの導入に反対しないが、日本はスウェーデンとはまったく前提が異なる。同国では、積極的労働市場政策などにより、国民すべてが働き、高い税金を払う。「ただ乗り」を許さない国であり、日本よりはるかに厳しい。

選別主義といっても、マイナンバーを活用し、いわゆる「プッシュ型社会保障」を導入すれば、低所得であることを申請する必要はなくなるだろう。阿部は、財政負担や選別のコストなど、普遍主義と選別主義それぞれの問題を整理しつつ、貧困削減に有効であるかは、選別主義か普遍主義かではなく、再分配のパイの大きさに依存すると指摘する。[4]

以下では、主要な保険制度について基本的な問題を改めて整理し、それを解決するための具体的な改革を考える。

2　年金――真の基礎年金制度に向けて

バーチャルな基礎年金制度

改革を検討するためには、年金の機能や種類を整理しておく必要がある。

年金制度は、一般に、財政方式（積立方式か賦課方式）と受給権（給付建てか拠出建て）の相違により四つの種類がある。積立方式とは、銀行貯金のように積み立てて老後に取り崩す仕組みであり、賦課方式とは、現役世代が払った保険料で高齢者の年金を賄う仕組みである。給付建てとは、給付する金額を先に決めて、必要な保険料を引き上げる仕組みであり、拠出建てとは、払う保険料を先に決めて、それで給付を賄う仕組みである。日本を含め、世界の多くの公的年金は賦課・給付建方式であるため、少子高齢化に対応するのが難しくなっている[5]。

こうしたなかで、世界銀行や国際労働機関（ＩＬＯ）は、「複数の柱」によって、老後生活を保障するべきことを提唱している[6]。具体的には、1階は強制適用で妥当な生活を保障する（所得再分配）、2階は強制適用で社会保険か個人の保険・貯蓄で対応する、3階は任意で個人の保険・貯蓄で対応する、という仕組みである。さらに、1階部分には、基礎年金、最低保障年金（2階部分の給付として）、社会扶助、2階部分には、公的・私的、あるいは拠出建てや給付建てといった種類がある。

さて、厚生労働省の資料では、日本の公的年金は、国民誰にでも保障する1階の基礎年金（定額給付)、被用者向けの2階の厚生年金(報酬比例)で構成される(さらに3階の企業年金)と説明されているが、実態は異なり、被用者向けの厚生年金と非被用者向けの国民年金の二つに分立している(図5-2の左の図が実態を表している)。「基礎年金」という独立した年金制度は存在しない。(7) これは、財政的に苦しくなった国民年金を厚生年金(と旧共済年金)の保険料で救済するために、1985年に導入された財政調整のための仕組みである。つまり、世銀が提案するような2階建てではない。

国民年金と厚生年金は、保険料を負担しないと、年金給付は削減される。ただし、保険料をまったく納めなくても、基礎年金部分の2分の1(一般財源で賄う部分)は受給できる。国民年金には保険料の減免制度が導入されているが、保険料を満額納める者からすれば、不公平な制度である。仮に保険料を半額しか負担しなくても、満額納めた場合の4分の3の給付を受給できる。これは、基礎年金の半分が拠出制であり、残りの半分は非拠出(一般財源で賄う)だからである。法令上は保険料納付の義務があるものの、保険料を半分納めて、私的年金に加入するインセンティブを与えないであろうか。いずれにせよ、保険料負担が受給の条件なので、諸外国の基礎年金(税方式)のように国民誰でも保障するものではない。

そして、厚年と国年は、負担や給付のルールがまったく異なる仕組みにもかかわらず、財政調整によりあたかも「国民共通」の仕組みにしようとすることから、さまざまな矛盾が生じている。

厚労省は、国年の未納などを減らそうとしているが、その結果、国民年金に入る保険料が増えると、厚年からの支援金が減り、逆に国民年金の財政は苦しくなるのだ。また、専業主婦が自営業や非正規で働く場合も同様である。現在、専業主婦は第3号被保険者として扱われ保険料を負担しないが、第

図5－2　わが国の公的年金制度の現状と年金一元化の具体案

類型	制度分立／保険・税折衷 日本の現行制度	A案：国民皆年金（2階建） カナダ型	B案：国民皆年金（1階建） スウェーデン型	C案：統合社会保険 米国型
仕組み	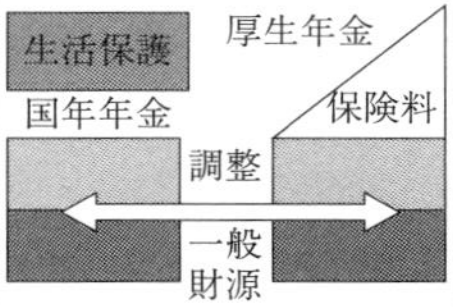 ●国民年金：保険料（定額一律）給付費の1/2税 ○［社会扶助：税、資力調査付］ ●厚生年金：保険料（定率、賦課対象上限有）、定額部分の給付費の1/2税、自営業者対象外	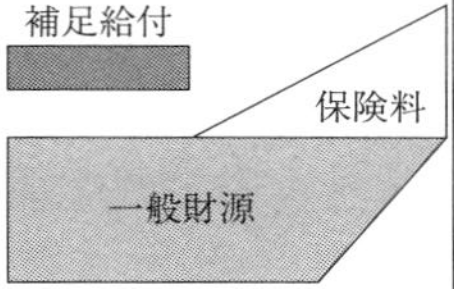 ●基礎年金：税、40年居住満額 高所得者は課税により給付削減 ○［補足給付：税、所得調査付］ ●報酬比例年金：保険料（定率、賦課対象上限有）、自営業者は任意	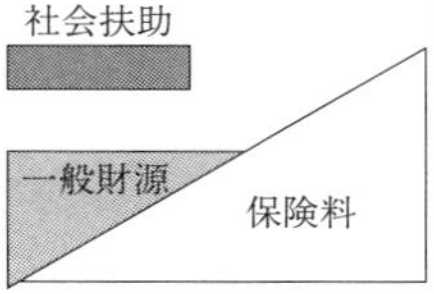 ●最低保障年金：税、40年居住満額 緩やかな所得調査付 ○［社会扶助：税、資力調査付］ ●報酬比例年金：保険料（定率、賦課対象上限有）、自営業者も強制	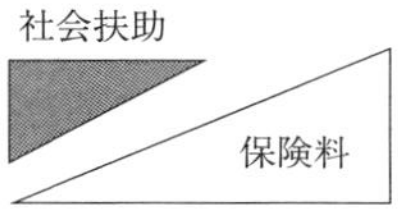 ○［社会扶助：税、資力調査付］ ●報酬比例年金：保険料（定率、賦課対象上限有）、自営業者も強制
問題点	○皆年金でない（国年空洞化） ○制度間の不公平、第3号問題 ○国年の徴収コスト大、逆進性大 ○保険原理の不徹底 ○高所得者へも税で補助	○自立・自助に反しないか ○増税可能か	○自立・自助に反しないか ○国年と厚年の統合可能か（自営業者等は雇用者分の保険料も負担できるか） ○増税可能か ○資産があっても税で補助するか	○皆年金をあきらめるか ○国年と厚年の統合可能か（B案に同じ）

（現行制度 → A案～C案：年金一元化）

（出所）　各国資料に基づき作成（イメージであり、正確に制度を表しているわけではない）

1号になれば、保険料を負担するので、国年の保険料が増えるからである。

国民年金は、20～60歳の間に定額の保険料を納めることが定額給付の条件であるが、厚生年金は、年齢に関係なく、加入年数と保険料の負担額によって給付額が決まる。このため、たとえば22歳で大学を卒業しては40年間働いても、基礎年金部分は40年に満たないので、満額受給できない。ただし、40年に不足する2年分は厚生年金から経過的給付が行われるので満額受給できるが、仮に70歳まで働いて保険料を負担しても、40年を超える8年分の保険料は、厚生年金の定額部分（基礎年金）には反映されない。つまり払い損になる。

給付額を増やすために国民年金の加入期間を65歳までの45年間にする案も検討されているが、これも単純に喜べない。たしかに、保険料負担が増えれば給付額も増えるが、それは主に第1号と第3号被保険者である。これは、働き手が減るなかでより多くの人が働くことが求められているにもかかわらず、主婦を有利にすることになりかねない。たとえば、20歳から国年に加入し、25歳から厚年に加入し、65歳まで働いても、現行の場合と比べて給付は増えない。現在でも、先ほど説明した厚年の経過措置により5年分の給付が得られているからである。細かい話になったが、これらは国年と厚年がまったくルールの異なる制度であることに由来する矛盾である。

より働くことを阻害する在職老齢年金

働き続けながら年金を受給する60歳以上を対象とする制度である「在職老齢年金」も問題が多い。60歳以上で働いて厚生年金保険料を払いながら老齢厚生年金を受給する場合、月収（賞与も算入）と年金月額の合計が28万円を超えると、その超えた部分の半分の年金が停止される（年齢や月収等により計算式は異なる）。これが在老であり、たとえば、月収30万円・年金18万円では、年金が10万円支給停止となる。

この基準は、２０２０年の法改正で、22年４月から47万円になり、支給停止の基準が緩和されたが、より長く働くことを阻害することには変わりがない。厚労省は年金の繰下げ受給で得をするような説明をするが、たとえ70歳まで繰り下げても、その年齢まで在老が適用される月収を得ていると、過去の記録として受給要件に反映されて年金は停止された分増えない。筆者の多くの知人はこうした仕組を知らず、それを説明すると、だまされたという。

２０１９年の年金財政検証では、オプション試算として、在老を廃止した場合の厚年の所得代替率が推計されている。人口推計などその他の条件が同じ場合、所得代替率は、在老の廃止により51・９％から51・６％へ低下する（「ケースⅠ」の場合）。その差はわずかであるが、マクロ経済スライドは負担と給付を均衡させるように調整するので、マクロ的には在老で年金給付は増えないのだ。

また、厚年に加入する高所得者は、年金が削減されるが、自営業あるいは株式投資などで１億円稼いでも、年金給付は削減されない。不公平ではないか。

問題の本質は、高所得の年金受給者について年金で調整することにある。なぜ所得税で対応しないのか。可能な者にはできるだけ働いてもらい、納税を通じて社会に貢献してもらえばよい。

高齢期の貧困防止になっていない

年金制度は導入以来成熟しているのにもかかわらず、高齢者の生活保護受給者は増大を続けており、今や受給世帯総数の55％が高齢者世帯である。[8]

しばしば指摘されるのが、生活保護と比べた基礎年金の低さである。[9] 厚労省は、生活保護は「資産、能力等すべてを活用しても、なお生活に困窮する者に対する最低生活の保障及び自立の助長」であり、公的年金は「高齢による稼得能力の減退を補てんし、老後生活の安定を図るもの」と説明する。[10] そのとおりであるが、問題は、「基礎年金」の趣旨目的である。これについては、「老後生活の基礎的な費用に対応し、現役時代に構築した生活基盤や老後の備えと合わせて、一定の水準の自立した生活を可能とする考え方で水準が設定されている」と説明するが、「基礎的な費用」とは具体的に何か説明がない。

日本の基礎年金の水準は、先進諸国の中で低い部類に入る。[11] その水準をさらに削減するのが２００４年の年金改正で導入されたマクロ経済スライドである。[12] 年金財政を安定化させるための仕組みとして一般に評価されているが、問題もある。19年の年金財政検証（5年ごとに実施される）によると、今後のマクロ経済スライドの発動により、現役世代の平均賃金に対する基礎年金部分の割合を示す所得代替率は、出生・死亡率を中位とすると、36・4％（２０１９年度）から21・9％（２１００年度）まで低下する。他方、報酬比例部分の所得代替率は25・3％（２０１９年度）から22・6％（２１００年度）とわずかしか減少しない。厚年と比べてより年金給付が少ない国民年金受給者により大きな打撃を与える。

基礎年金の水準が低く、さらに削減されることもあり、別の制度が必要となる。消費税率引上げによる増収分を活用して、2019年から年金生活者支援給付金と補足的老齢年金生活者支援給付金が導入された。

前者は、65歳以上ですでに基礎年金を受給するが、その額とその他の所得の合計が基礎年金満額より低く、同一世帯の全員が市町村民税非課税である場合に、これまでの保険料納付済期間に基づき交付するもので、最長の40年間納付していれば、月額5000円受給できる。つまり、最大、基礎年金満額（2022年度約78万円）プラス6万円の84万円を受給できる。後者は、前者の所得要件を満たさないものの、年金額とその他の所得の合計額が約88万円までの者に対して、一定の補足的な給付を行うものである。これらは、基礎年金が満額受給できるとしても、不十分なことを示している。また、これらは所得基準で増額給付するものであり、保険原理からますます乖離する。

基礎年金はすでに高齢期の貧困予防に対応できなくなっているが、今後さらに貧困は増える。稲垣は、2019年の財政検証結果（基礎年金部分の所得代替率が大きく削減される）を踏まえて、将来の貧困率（生活扶助基準未満）を推計している[13]。これによると、20年の65歳以上の貧困率約8％が60年には約19％に倍増する。問題は未婚や離別した女性の貧困率であり、20年の約25％から70年にはほぼ50％に達することである。マクロ経済スライドで年金財政は安泰となっても（デフレによりこれまで十分機能していないが）、生活保護受給者が増える。

今後も国民皆年金を目指すのか

日本の公的年金は、これまで整理したように多くの矛盾と問題を抱えている。では、どのようにすべきであろうか。

先ほど年金の種類について説明したが、ポイントは、長生きなどのリスクに対して、異なる種類の年金をどのように組み合わせるかであり、それは何を公平・公正と考えるかによる。また、社会扶助や税制も視野に入れて整合的な制度をつくる必要がある。(14)

そこで問題になるのが基礎年金のあり方である。

現在の基礎年金は、諸外国にあるような独立した「基礎年金」ではなく、会計上の財政調整の仕組みにすぎない。そのためセーフティネットなのか、保険なのかが曖昧である。また、国民年金と厚生年金が分立しており、ユニバーサルになっていない。これを一元化するとともに、本来の「基礎年金」にすることが目指すべき方向と考える。

「国民皆年金」を達成するため、その財源は全額一般財源となる。いわゆる「税方式」である。税方式にすると、努力しないでも自動的に年金給付を受けられるとしばしば指摘されるが、大きな誤解である。諸外国でも基礎年金は、それだけで老後を保障するものではなく、一定の自助努力を求めている。障碍など例外的な場合を除けば、現役時代に働き税を納めるのが通常であり、タダで年金を受給できる仕組みではない。基礎年金の受給は居住要件になっており、負担と給付が明確にリンクしていないだけである。現在の日本の公的年金でも、マクロ経済スライドにより給付が削減されるので、負担とそれほどリンクしていない。

改革の選択肢

具体的な改革案を考える。前出図５－２をもう一度見てほしい。日本と類似した制度を有し、国民皆年金を達成しているのがカナダである。カナダでは、１階は一般財源による基礎年金（Old Age Security：ＯＡＳ）、２階は保険料に基づく報酬比例の公的年金（Canada Pension Plan：ＣＰＰ）であり、企業年金・個人年金を含めると、文字通りの３階建て制度である[15]。

基礎年金は、18歳以上においてカナダに最低限40年居住していることなどが条件であり、一人月額６６６・83カナダドル（65～74歳）、７３３・51カナダドル（75歳以上）となっている。日本円に換算すると（１カナダドル＝１００円で計算）、約６・７万円と約７・３万円である。ただし、基礎年金以外の年金や収入を持たない者は基礎年金だけでは生活できないので、日本の生活保護に相当する高齢者向けの補足給付（Guaranteed Income Support）が提供されている。これは所得審査のみが適用されるものであり、単身の場合、年間収入が２万２０８カナダドル（約２０２万円）未満のときに月額９９５・99カナダドル（約10万円）が給付される。他方、基礎年金受給者でも、年収が８万１７６１カナダドル（約８１８万円）を超えると、年金特別課税（OAS recovery tax）が課せられて、実質的に基礎年金が一部もしくは全額削減される[16]。

カナダの公的年金のポイントは、低所得の高齢者には１階の基礎年金と捕捉給付で対応し、高所得の高齢者には、２階の報酬比例年金と企業・個人年金で対応していることである。つまり、役割分担が明確になっていることである。カナダの65歳以上の相対的貧困率は11・９％であり、スウェーデン

10・9%、ドイツ9・1%並みの低い水準となっている（日本は20・0%[17]）。

しかし、基礎年金の財源をすべて一般財源化するとしても、これまでまじめに保険料を納めてきた人たちとの公平を維持するため経過措置が必要である。オランダは50年かけて税方式の基礎年金に移行しており（2007年に移行完了）、実例がある。もし居住年数が不足し基礎年金を満額受給できず他の収入がない低所得者には、不足分を社会扶助で手当てすることになる。オランダでも同様の措置が導入された。時間はかかるが、毎年、徐々に問題が改善し、より良い方向に向かうことができる。

なお、オランダの年金も3階建てになっており、参考になる。カナダとの相違は、1階の基礎年金の財源が所得に賦課される年金目的税になっていること、2階は職域の私的年金になっていることである（厚生年金のような公的年金ではない）。

現在の基礎年金は、財政事情が厳しい中で高所得者にも一般財源で支援しており、公平性の問題がある。資力調査も一つの方法であるが、カナダのように課税を強化する方法が効率的である。

他方、社会保険こそ自助努力の考えにふさわしいというのであれば、一元化に対する答えの第一は、基礎年金を廃止し、国民すべてが同一の制度に加入し所得に応じた負担をする社会保険である（C案）。米国では、自営業者を含め国民すべてが同じ報酬比例の年金に加入するので、日本より公平であるが、皆年金は諦めている。

もう一つは、スウェーデン方式である（B案）。スウェーデンは従来基礎年金プラス報酬比例の2階建ての年金制度だったが、1階を一般財源で賄う方法は非効率であり、また給付建て（確定給付型）では世代間の不公平が拡大するとの認識に立ち、1・2階を廃止し、負担と給付がより直接リンクする「拠出建て賦課方式」というイノベーションを編み出した。ただし、皆年金を維持するため、低所得者に居住を要件とする最低保障年金（一般財源で賄う）が導入された。

両案は魅力的であるが、日本の現状を考えるとハードルが高い[18]。すべての国民が厚生年金に加入することになるが、問題は、被用者、自営業者どちらからも同じ基準で保険料を効率的に徴収できるかにある。スウェーデンなどでは、自営業者は本人分と雇用者分の保険料を負担するが、それが日本で可能だろうか。自営業者には軽減保険料率を適用し、報酬比例も保障するのだろうか。

真の２階建て制度構築へ

１階部分を政府が責任を持つセーフティネットとして位置づけることができれば、２階以上は政府の関与をできるだけ小さくし、保険原理が貫かれる仕組みとすることができる。企業年金や私的年金の拡充も必要である。カナダの老後の所得保障システムのデザインはそのようになっている。労働を阻害する在職老齢年金は廃止し、豊かな者には課税で対応する。

第３号被保険者問題、遺族年金、片働き世帯と共働き世帯、被用者と自営業者の保険料負担と給付に関する不公平など、女性の年金の問題については、これまで幾度となく議論されてきたが、現行制度を前提に考えており、行き詰まっている。これらは労働に対して中立的ではなく、一刻も早い見直しが求められている。

日本の現状を踏まえると、年金一元化のハードルが最も低いのは前出図５－２のＡ案である。基本的な構造が同じであり、すでに基礎年金の２分の１は一般財源が投入されているからである。もちろん A 案にも、増税の実現可能性や企業負担の取り扱いなどの問題があり、さらなる検討を要する。[19] ただし、保険料負担は減るし、新制度へは経過措置により時間（たとえば40年）をかけて移行するため、予算が急増するわけではない。[20] 社会保険料控除による課税ベースの浸食も減り増収にもなる。2階以上は主婦を含めて個人単位で各種年金制度に加入する。

今後、高齢女性を中心に貧困が増大することが予想されている。国民年金（基礎年金部分）は、マクロ経済スライドで代替率が削減されるため、現在の基礎年金では老後の生活を保障できず、より費用がかかる生活保護が増えるだろう。国民が人間として尊厳ある老後を送るためには、保険料にせよ税にせよ、国民が何らかの方法で負担せざるを得ない。

現状では多くの問題を抱えているものの、基礎年金はわが国の年金制度の土台である。今こそ基礎年金発足時の理念である「国民皆年金」を実現するための改革を行うときである。２０２１年秋の自民党総裁選挙において、河野太郎行政改革相（当時）は、年金水準が将来下がることを踏まえ、税財源による最低保障年金を提案したが、岸田文雄らは反対した。それでは、今後貧困が増えると予想される高齢者の生活は、基礎年金よりお金がかかる生活保護で対応するのか。

3　医療・介護——断片化した制度を再編する

主要先進国における医療制度にはさまざまな形態があるが、財政システムの点では、大きく二つのモデルに分けられる。一つは、国または地方自治体が実施主体となる公的医療保障（国民医療サービス）であり、基本的には一般財源で賄われる（英国、スウェーデンなど）。もう一つは社会保険であり、政府とは異なる保険者が運営責任を負い、基本的には保険料で賄われる（ドイツ、フランス、オランダなど）。

また、医療については、民間の役割も重要であり、公的医療と重複・代替するもの、公的医療の自己負担を保障するもの、公的医療ではカバーされないサービスを対象とするものなど、いろいろな形態がある。米国には、高齢者と低所得者向けの公的医療保障があるが、一般的な現役世代は民間保険に加入するので、米国は民間主体の第三のモデルとも整理できる。

日本は、一般的には、社会保険モデルと分類されるが、国民健康保険においては、保険料の財源全体に占める割合は24％、後期高齢者医療制度では８％しかなく（２０１９年度）、これらは地方自治体が運営主体（保険者）であり、実質的には公的医療保障に分類できる。被用者者向けの健康保険などもあるので、二つのモデルを合わせたものになっている。

供給拡大モデルの弊害

医療や介護は、年金などと異なり「サービス」なので、財源の議論だけでは不十分であり、特に費用対効果の視点が重要である。以下では最初に供給面の問題に焦点を当てる（表５－１）。

ＯＥＣＤは、日本の医療制度の特徴と問題として、私的供給が中心であり、量的拡大を促すインセンティブがあること、強い価格統制、利用者の自由選択だが価格や質に関する情報は乏しいこと、プライマリー・ケアが発達していないこと、ゲートキーピングがないこと、病院が高齢者の長期療養施

表5−1　主な医療関係の指標の比較（2019年）

		国民医療サービス		社　会　保　険				私的保険中心
		スウェーデン	英国	ドイツ	フランス	日本	オランダ	米国
医療費	対GDP比、%	10.9	10.2	11.7	11.1	11.0	10.2	16.8
	一人あたり、USD/PPP	5,552	4,500	6,518	5,274	4,691	5,739	10,948
医師	人口1000人比	4.3	3.0	4.4	3.2	2.5	3.8	2.6
看護師	人口1000人比	10.9	8.2	14.0	11.1	11.8	10.7	12.0
薬剤師	人口10万人比	79.0	87.0	67.0	103.0	190.0	21.0	95.0
医者一人あたり診療回数	年間回数	625	−	2,230	1,880	5,011	2,369	−
国民一人あたり診療回数	年間回数	2.6	−	9.8	5.9	12.5	8.8	−
CT/MRI/PET	人口100万人比	45.1	16.5	71.3	36.0	171.3	33.2	90.8
病床数	人口1000人比	2.1	2.5	7.9	5.8	12.8	3.1	2.8
平均入院日数	日数	5.6	6.9	8.9	8.8	16.0	5.0	6.1

（出所）　OECD Health Statisticsに基づき作成

設になっていること、診療回数が多いこと、医療データの収集、関連づけ及び解析が遅れていることなどを挙げる。[21]

これらは医療システムの歴史的発展に根ざした構造に起因する。日本の医療制度は、医療サービスが絶対量として不足していたときに発展した供給拡大モデルであり、病院や診療所の開業・診療科目選択の自由、病床や医療機器のコントロールがない、あるいは規制が弱いこと、フリーアクセス（ただし保険に加入している場合）、出来高払いなどがまさにそれを表している。

医療では、一般に、費用・質・アクセスの三つにおいてトレードオフがある。多くの国では、アクセスを抑えて、費用と質をバランスさせているが、日本はこの三つのうち、アクセスを最も重視し、費用対効果は二の次だった。供給拡大が目的だったからである。こうした社会保険に基づく供給拡大モデルが見直されることがなかったため、人口高齢化等を背景として、さまざまな矛盾と問題をもたらしている。

医療費が増えることがただちに問題ではないが、国内総生産（GDP）以上に伸びていることについては看過できない。[22] 高齢者ほど医療費を使っていることはやむを得ないとしても、65歳以上が医療費全体の61%を使っている（図5－3）。一人あたり医療費で見れば、65歳未満は19・1万円であるのに対して、65歳以上は75・4万円であり（75歳以上では93・1万円）、65歳未満の約4倍も使っている。

医療費は伸びているが、それを何とか抑制しようとしているのが診療報酬制度である。日本では、原則として、2年ごとに、あらゆる診療行為や薬剤などの公定価格を改定している。改定にあたっては、厚生労働省、財務省、日本医師会などの間で厳しい調整が行われ、最後は政治的な判断となる。

図5−3　年齢階級別の国民医療費(2019年度)

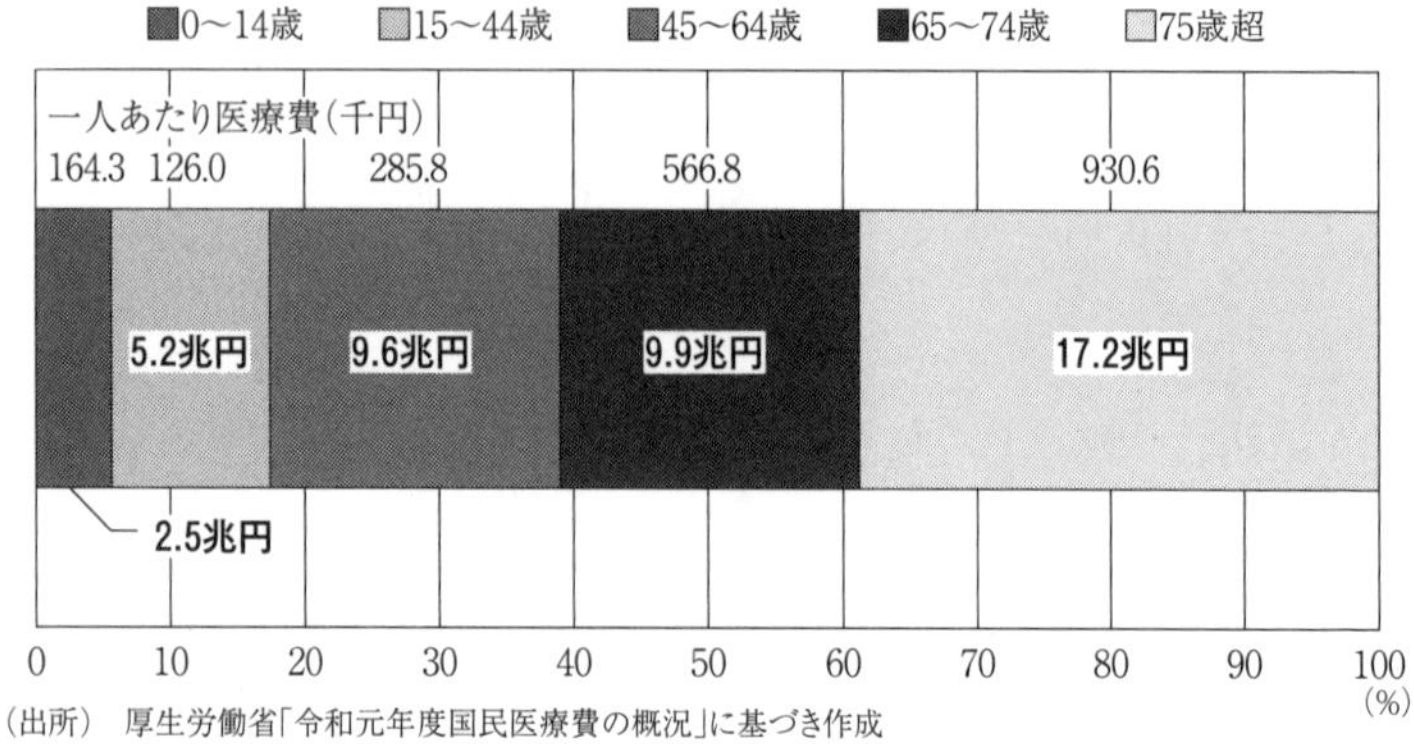

(出所)　厚生労働省「令和元年度国民医療費の概況」に基づき作成

そのポイントは、医療本体と薬剤それぞれの総額を何%増減させるかである。個別の診療行為などの価格を改定する前に、総額をコントロールしようとする。最近は、薬価を1~2%程度削減する一方、本体部分については1%弱の増加を認め、全体として、微減か微増にとどめている。[23] 改定すると、たしかに当該年度は医療費を一定程度抑えられるものの、翌年度以降は増える傾向が見られる。価格を抑えても、診療回数や薬剤量はコントロールできないからである。

診療報酬改定の問題は、価格が政治的な調整で決まるため、個別の診療行為や薬剤の費用対効果の検証が十分でないことである。英国や北欧など多くの国では、医療サービスや薬剤を公的医療保障の対象とする場合に、その費用対効果や重要度の分析を事前に行い、その可否を政府が判断しているが、日本は、安全性が認められた医薬品については基本的にすべてを保険適用し、世界でも例を見ない寛大な制度になっている。[24]

国際比較からみた日本の医療の特殊性

ＯＥＣＤ諸国における医療支出（２０１９年）は、米国（16・８％）が最も高く、ドイツ（11・７％）、スイス（11・３％）、フランス（11・１％）と続き、日本（11・０％）は５番目である[25]。高齢化が進んでいるとはいえ、高いグループに属している。ただし、一人あたりでは、日本は15番目であり（４６９１ドル）、ドイツ（６５１８ドル）より約３割少ない。

国民医療サービスの国と社会保険の国等において、医療の主要指標を比較する。表５－１をもう一度見てほしい。しばしば指摘されるのが、日本の医師の数（対人口比）の低さであるが、米国などと同じである。日本の看護師はＯＥＣＤ平均を上回り、薬剤師はＯＥＣＤ平均の２倍以上である。歯科医も多い。日本の医師一人あたりの診療回数は、ＯＥＣＤ平均の２倍を超える。ＣＴ（コンピュータ断層診断装置）等の医療機器は、人口比でＯＥＣＤ平均の４倍近く、ベッド数は３倍近い。平均入院日数は、１９９５年から２０１３年の間に、ほぼ半分になっているものの、現在でもＯＥＣＤ平均の２倍を超える。

日本の平均寿命は先進諸国中最も長い水準であるが、それは必ずしも医療制度が優れているからとはいえない。医療のアウトカムには、医療制度のほか、肥満や喫煙、食事なども影響するからである。日本では、病床数や医療機器などの供給は全体としては多いにもかかわらず、地域の医療現場では、「不足」や「ミスマッチ」が生じている。緊急患者のたらい回しや救急病院の不足、小児科医や産婦人科医の不足、地域の自治体病院の赤字拡大や閉鎖などがある。

２０２０年春から新型コロナウイルス感染症が拡大したが、ＩＣＵ（集中治療室）病床が逼迫するなど、日本の医療の問題が顕在化した。渡辺らは、今般のコロナにおける医療現場や病院の経営などを分析し、「急性期病床数や病院数の多さが、医療の質や医療費への懸念に繋がり、病院経営にも負の影響を与え、日本医療の問題の根幹である」と述べる[26]。

また、病院やクリニックなどはたくさんあっても連携が不十分であり、患者本位のケアが難しい。英国やオランダなどで発達しているプライマリー・ヘルスケアあるいは家庭医が不十分であり、過剰医療と過少医療をもたらしている[27]。こうした問題は、需要面にも影響を与えている。患者は風邪でも病院を利用し、同じ病気でも複数の病院を掛け持ちするからである。

これらの問題の背景には、日本の医療の供給体制が私的病院や診療所が中心であるため[28]、医療機関の適正配置や連携、情報の共有・活用等が難しいことにある。また、日本では、保険者は主に医療費を負担するための主体であり、被保険者に代わって、病院や医者と調整することは限定的である。

医療教育にも問題がある。従来は、若者を対象に病気を治癒《キュア》させることを目的とした仕組みだったが、現在では、病気は完治せず介護《ケア》が求められる高齢者が大きなウエートを占めている。しかし、医療教育については、相変わらずキュアが中心で、プライマリー・ヘルスケアや地域における多職種の連携は不十分である。

ガバナンスが弱い地域医療

近年、医療においても、地方分権、特に都道府県の役割と権限を強化する取組みが進められている。医療費の増大を抑制するためには、地域の現場での取組みが重要になっており、「国際標準から見て過剰な病床の思い切った適正化と疾病構造や医療・介護ニーズの変化に対応した病院・病床の機能分化の徹底と集約化」（「社会保障国民会議中間報告」（２００８年９月）が求められているからである。

その柱は、地域医療構想（２０１５年）と国民健康保険事業の広域化（18年）である。これらに関連しては、従来からの仕組みとして、医療法に基づく「医療計画」（18年度から第七次）と高齢者の医療確保法に基づく「医療費適正化計画」（18〜23年度が第３期）がある。

地域医療構想とは、医療介護総合確保促進法（２０１４年）に基づき、15年４月より、都道府県が策定するものであり、その主な内容は、①25年の医療需要と病床の必要量の推計（高度急性期・急性期・回復期・慢性期の四機能ごとに、二次医療圏単位に推計）と②目指すべき医療提供体制を実現するための施策（医療機能分化・連携を進めるための施設整備、地域包括ケアシステムの構築、医療従事者の確保・養成等）である。「効率的かつ質の高い医療提供体制と地域包括ケアシステムを構築する」（同法第１条）ことを目指している。

国保改革（２０１５年の国民健康保険法改正に基づく）とは、都道府県を新たに財政運営の責任主体として位置づけ（市町村は引き続き保険料の賦課・徴収を行う）、保険事業の広域化や保険者機能の強化により、事業の安定化や効率化を図るものである。従来の仕組みでは、小規模保険者（市町村）や赤字の保険者が多かった。また、保険料水準が市町村でばらばらであり、多くの市町村が赤字を埋めるために税金を投入していた。それは一般会計からの「法定外繰入」といわれるものであり[29]、埼玉・東京・神奈川・愛知などは、保険料負担率（保険料／所得）を低く抑えつつ、一般財源で補塡しており、保険の財政規律を低下させている。今般の改革の柱は、都道府県が標準保険料率の算定を通じて市町村間の保険料の差異を調整するとともに、税金の投入を減らすことにある。

医療費には大きな地域差がある。一人あたり年齢調整後の都道府県別医療費を見ると、西日本が高く、東京を除く関東や東北が低い[30]。その差異は、人口の高齢化だけでは説明がつかず、病床数や医師数など供給サイドが影響を与えている[31]。たとえば、長野県の医療費は福岡県より2割低い。その理由の一つとして、長野県では、核となる病院を中心とした診療所などの医療機関が連携したシステムを構築していることが指摘されている[32]。

地域における取組みの強化は評価できるが、課題が多い。第一に関係者の合意と協力である。地域医療については、従来から、都道府県医療審議会や地域医療対策協議会などが設置されており、地域医療構想に関しても、「地域医療構想調整会議」が設置されている。合意形成は当然であるが、地域の医師会や病院などは、病床数や医療費の削減には反対するのが通常である。また、彼らは、知事や県議会議員の選挙において、重要なプレイヤーでもあり、医療費の削減や適正化ではなく、医療の充実に力が働く。三原は、地域医療構想には、「過剰な病床の削減による医療費抑制」と「切れ目のない提供体制の構築」という二つの異なる目的が混じっているため、これらを現実にどうバランスさせるかが難しいことを指摘する[33]。

第二に、医療に膨大な一般財源が投入されているにもかかわらず、行政が民間病院などをコントロールする仕組みが乏しいことである。地域医療構想は国が主導するイニシアティブであるが、それは都道府県の自治事務である（法令上、都道府県に計画策定を行うことが「できる」規定）[34]。同構想には知事の権限（不足する医療機能への転換の促進など）が定められているが、その弱さが指摘されている。たとえば、将来の病床数の必要量が既存病床数を下回る場合に申請病床数の削減などを勧告できない。また、複雑化する医療や介護を担う専門的な人材が地方自治体には不足している問題もある。

第三に、効率化へのインセンティブが乏しいことも問題である。保険制度の基本原理の一つは、給付と負担がバランスすることであるが、日本の保険制度では、それがバランスしない。すでに述べたように、保険にもかかわらず、大量の一般財源の投入と保険者間の財政調整が行われているからだ。

こうしたなかでも、地域医療構想や国保改革において、地方独自の取組みが行われている。知事がリーダーシップを発揮し、意欲的な取組みをしているのが奈良県であり、しばしば、「奈良方式」と呼ばれている。[35]そのポイントは、医療費適正化計画で抑制的な目標を設定し、県内の国保保険料を統一させるとともに、医療供給体制の構築を図ろうとしていることにある。

医療の2階建てとは

医療・介護については、年金と異なり、財源（ファイナンス）だけではなく、サービスの効率的・効果的な供給（費用対効果）の問題があるが、最初に、財源あるいは保険制度面について考える。

最大の問題は、年金と同様に、一般財源の投入と財政調整により、不公平と非効率をもたらしていることである。その背景に、３０００を超える保険者の存在と保険料負担や給付などにおける相違がある。リスクをプールするのが保険のメリットであるにもかかわらず、そのような数の保険者の存在は保険の原理と矛盾する。

本書は、年金と医療については、２階あるいは3階建ての仕組みを提案している。逆に言うと、英国やスウェーデンのように、1階（公的医療保障）が中心となる仕組みではなく、オーストラリアなどのように1階と2階以上が補完する仕組みである。それは、基本的な構造が、現在の日本のそれと類似するからである。日本の問題は、1階が中途半端であり、国民全員をカバーしていないことである。年金と同様に、医療についても、1階は、命にかかわる必要な治療をすべての国民に提供するユニバーサルな仕組みを提案する。当該1階とは、国民健康保険と後期高齢者医療制度である。

国民健康保険は地域医療制度なので、スウェーデンと類似する。同国は税方式を採用し、県が医療制度を運営しており（県の事業の約9割が医療）、その財源は地方税（県税部分）である。[36] 国民健康保険は地方自治体が運営しているが、その保険料の割合は全体の2割程度しかなく、残りは一般財源と他制度からの移転である。この保険料を「国民健康保険税」という名称で徴収している自治体もある。国保では、保険料（税）負担がサービス受給の要件であることが、スウェーデンと異なる点である。国保税という名称はすでに使われており、1階をスウェーデンのように税方式化する下地はできている。改革案を検討するにあたり、これは重要な論点である。[37]

改革の選択肢

医療保険システム全体のあり方については、これまで特に高齢者医療の制度改革をめぐって、幾度となく議論が行われてきた。その一つは、２００６年の「高齢者の医療の確保に関する法律」に基づき、老人保健制度が後期高齢者医療制度に変更されたときの論議である。[38] 続いて、年齢による差別だとして、選挙公約に後期高齢者医療制度の廃止を掲げて09年8月の選挙で勝利した民主党政権による検討である。

同政権は、発足後間もなく、高齢者医療制度改革会議を設置し具体的な検討を行った。同会議の最終とりまとめである「高齢者のための新たな医療制度等について」（２０１０年10月20日）では、第一段階の改革として、後期高齢者医療制度を廃止して、国保を都道府県単位で運営する仕組みとすること、第二段階の改革として、被用者保険を含めて全年齢について都道府県単位で運営する仕組みとすることなどが提言された。

これらの具体的な改革の検討は、「社会保障の税・一体改革」に移るが、後期高齢者医療制度の廃止については、これを導入した自公と調整がつかず、当時の野田佳彦政権は関連法案の国会提出を断念し、自公民の三党が合意して内閣に設置した社会保障制度改革国民会議で検討することになった。同会議での検討の結果は「社会保障制度改革国民会議報告書」（２０１３年８月６日）にまとめられ、「後期高齢者医療制度については、創設から既に5年が経過し、現在では十分定着していると考えられる。今後は、現行制度を基本としながら、実施状況等を踏まえ、後期高齢者支援金に対する全面総報酬割の導入を始め、必要な改善を行っていくことが適当である。」（35ページ）となった。

結局のところ、後期高齢者医療制度が維持されることになったが、その検討過程において、複数の選択肢が示されており、ここで改革案を検討するにあたり参考になるので紹介する。

第４回高齢者医療制度改革会議（２０１０年３月８日）において、「これまでの高齢者医療制度のあり方に関する案」として四案、そして同会議委員による四案が示されている。これらの案について重複するものを省くと、①独立保険方式、②突き抜け方式、③リスク構造調整方式（国保・被用者保険を前提）、④リスク構造調整方式（各保険を都道府県単位で統合）、⑤高齢者医療・国保一体方式、⑥完全一元化方式、の六つに分類できる。

六案を整理したのが図５－４である。島崎は、各案の問題点を整理しているので、手短に引用する。①については、生活・就労実態や世帯構成等は変わらないにもかかわらず、一定年齢に達すると被保険者資格が変更され負担関係等が変わる、②については、現役時代の出自を基に被用者ＯＢと非被用者ＯＢを区分するため社会連帯に反する、③・④については、前期高齢者医療制度や老人保健制度と同じように被用者保険の負担が重く増加に歯止めがきかない、⑤については、65歳という年齢だけで被用者保険から離脱し国保に移る、⑥については、社会保険の意義が失われ被用者と自営業者等の所得捕捉率が異なる、とそれぞれの問題を指摘する。[39]

これらは基本的な改革案としては網羅されているが、筆者の案は⑤と④を合わせたものである。[40] 地域医療については、国保の都道府県化が進められており、これを前提に都道府県を保険者として明確に位置づける。現在の市町村との共同事業は役割分担が曖昧である。後期高齢者医療制度も都道府県化されており、統合を検討する。

医療を都道府県単位で運営する仕組みとする場合、問題となるのが、市町村が保険者となっている介護保険である。人口減少が進むなかで各市町村が介護保険を運用するのは保険原理に照らして難しい。そもそも介護保険も「保険」とは名ばかりである。財源の半分が一般財源であり、第１号被保険者の約３割が保険料３・５・７割の軽減を受けている（世帯全員が市町村民税非課税）。さらに、本人が非課税で世帯に課税者がいると保険料軽減となり、全体では約７割が軽減されている。近年では、負

図5－4　高齢者医療制度のあり方に関する案

①独立保険方式	②突き抜け方式	③リスク構造調整方式（分離型）
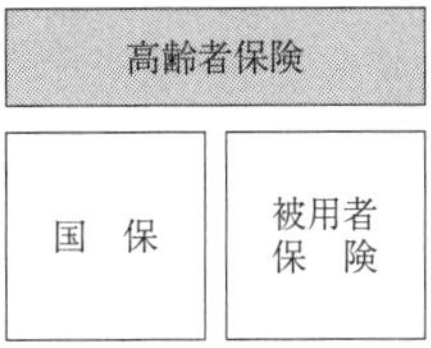	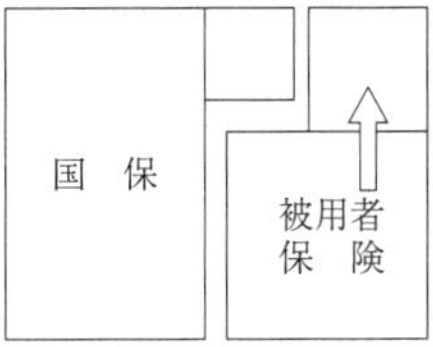	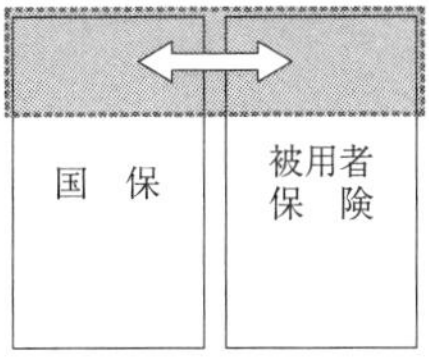
すべての高齢者が独立した制度に加入し、公費・支援金・保険料で賄う	被用者OBの高齢者は被用者保険に残り支援を受ける、国保には一般財源が必要	高齢者はそれぞれの保険に加入しリスク構造調整
医療費がかかる高齢者に特化した運営ができるが、年齢による差別となる。被用者保険等からの支援により財政規律が低下	被用者は助け合うことができるが、高齢期においても制度による相違が残る。国保への支援が必要であり財政規律を低下させる	年齢による差別はないが、制度による相違が残る。被用者の負担を抑えるためには国保に一般財源を投入する必要

④リスク構造調整方式（統合型）	⑤高齢者医療・国保一体方式	⑥完全一元化方式
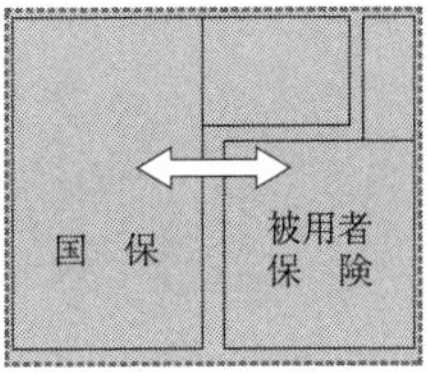	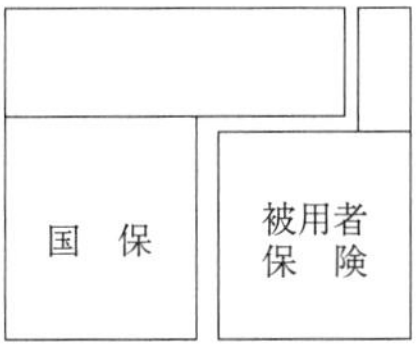	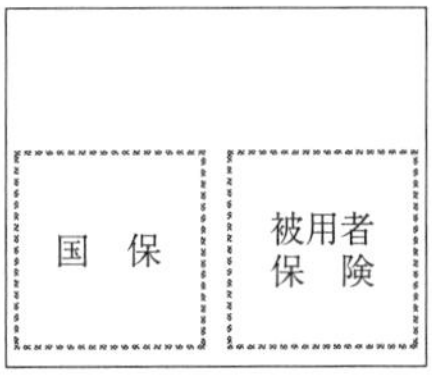
国保・被用者保険それぞれ都道府県単位で統合しリスク構造調整（最終的にはすべての保険を都道府県単位で統合）	国保を都道府県単位で統合し、高齢者を含めて一体的に運営	すべての保険を一元化し、制度間の負担と給付の格差を解消
年齢による差別はないが、被用者保険の統合、さらには全ての保険の統合は難易度が高い	年齢による差別はないが、高齢者が多い国保への財源的な支援が問題となる。被用者保険からの支援は財政規律を低下させる	年齢や制度による差別はないが、都道府県単位で統合する場合は④と同じ問題

（出所）　第4回高齢者医療制度改革会議（2020年3月6日）資料に基づき作成

担増と給付削減が行われ、「保険料あって介護なし」とも指摘される。[41] 高齢者にとっては、医療と介護の連携は重要である。介護保険も都道府県化するのは一案であるが、事業が巨大になり非効率となりかねない。他方、小規模市町村がそれぞれ独立して介護事業を行うことには無理があり、市町村の共同事業化や広域化することは必要である。

財源と保険者機能の強化

現在、一部の自治体が国保の財源として「国保税」を徴収しており、これを、介護保険料を振り替えた介護保険税とともに、原則としてすべての国民に負担してもらう。次に述べる被用者保険に加入している場合も、一定の保険税を負担する。[42] 現在の国保や後期高齢者医療などの各種保険料は設定ルールに統一性が乏しく、不公平になっている。保険料といっても、実質的には多段階制になっており、税に類似する。

都道府県単位で負担と給付がリンクするよう財政ガバナンスを構築する。そこで、都道府県化された国保においてはリスク構造調整が行われるものの、[43] 被用者保険からの財政調整はなくなる。この点については、三原は、リスク構造調整を行い、都道府県ごとに「標準的な医療費」を積算し、それに要する費用は社会連帯として一般財源で対応し、それを超える部分は都道府県別に設定した保険税で賄うことを提案しており、参考になる。[44] 一般財源に関して問題となるのは、国保・後期高齢者医療制度・介護保険に係る現在の国庫負担の取扱いである。国からの補助金として続けるのか、それとも地方に財源移譲するかである（この場合、地方間の財政力の相違は地方交付税で調整する）。筆者は、地方分権を提唱しており、国の政策誘導的な補助金が一部残るとしても、財政責任を明確にする観点から、財源移譲するべきと考えている（国保税・介護税で対応）。

医療・介護の財源について整理したが、残された課題は、都道府県が地域医療の責任を負う観点から、「保険者」としての機能を発揮できるかにある。そもそも、現状では、健保組合を含めて、保険者機能は発揮どころか、意識もされていないことが多い。法的には、保険者は存在しても、それは、単に費用を負担する者としてしか位置づけられていないからだ。

最近、厚労省も保険者機能の強化を提唱しているが、それは、もっぱら医療費適正化のために予防・健康づくりを行うものとなっている（たとえば、２０１５年の国民健康保険法等の改正で導入された「保険者努力支援制度」）。それも重要であるが、本来は、医者と患者の間にある情報の非対称性を踏まえ、被保険者に代わって医療機関との交渉や調整（医療費の審査）、被保険者の受診行動の適正化、そして何よりも費用対効果の高い医療サービスを被保険者が享受できるにすることが求められている。保険者機能を発揮するためには、財政上のガバナンスを強化するとともに（ここで提案している財政調整の廃止、国保税、リスク構造調整など）、専門人材の育成と配置が必要である。端的にいえば、都道府県が保険を自ら責任をもって「経営」することだ。

都道府県が地域医療の責任を負う本提案の最大の課題は、「保険者」として機能を発揮できるかにある。そもそも現状では、健保組合を含めて、保険者機能は発揮どころか意識もされていないことが多い。法的には、保険者は存在しても、それは、単に費用を負担する者としてしか位置づけられていないからだ。最近、厚労省も保険者機能の強化を提唱しているが、それは、もっぱら医療費適正化のために予防・健康づくりを行うものとなっている（たとえば、2015年の国民健康保険法等の改正で導入された「保険者努力支援制度」）。それも重要であるが、本来は、医者と患者の間にある情報の非対称性を踏まえ、被保険者に代わって医療機関との交渉や調整（医療費の審査）、被保険者の受診行動の適正化、そして何よりも費用対効果の高い医療サービスを被保険者が享受できるにすることが求められている。保険者機能を発揮するためには、財政的なガバナンスを強化するとともに（本書が提案している財政調整の廃止、国保税、リスク構造調整など）、専門人材の育成と配置が必要である。端的にいえば、都道府県が保険を自ら責任をもって「経営」することだ。

職域保険の改革と民間保険の活用

現在の職域保険である健康保険組合などは、国民健康保険をオプトアウトする仕組みとして位置づける。国民すべてが国民健康保険に加入することを原則とするが、例外として加入しないことを認める[45]。すなわち、被用者などが職域保険をつくる場合は、使用者と被用者が保険料を負担する。ただし、「扶養」という仕組みを維持することは不適当であり、本人やその配偶者などはそれぞれ定額保険料を負担する。現在の健保組合や共済組合などが負担する保険料の約4割強は後期高齢者医療などに使われているが、これは廃止する。

現在の健保組合や共済組合は数が多すぎて保険原理に反することから統廃合を進める。オランダやドイツのように、被保険者が保険者を選べるようにして競争させる。この場合、健保組合の位置づけが変わるだろう。現在は、各会社による従業員への福利厚生でもあるが、それが薄れるからである。健康増進など付加的な給付は、これまでどおりに各社に残るとしても医療給付は切り離す。新しい国保がセーフティネットとして機能すれば、協会けんぽを国が公法人として管理・運営する必要はなくなるが、たとえば都道府県単位の非営利法人として残り、他の保険者と競争することは考えられる。

2階建ての仕組みを提案しているが、セーフティネットである国保とオプトアウトする職域保険だけではなく、民間保険も活用する。日本の医療保険は、非常に幅広い治療や投薬を対象としており、新薬なども安全性が確認されれば、費用対効果を十分に検討せずに、ほぼ保険対象となる。今後、遺伝子治療など高度医療がさらに進むが、すべてを社会保険でカバーし、さらに一般財源で補塡する仕組みでは持続性がない。生命にかかわる医療とそうではない医療（たとえばマッサージや風邪薬など）を区別し、後者は保険対象から外すべきである。印南は、さまざまな疾患・疾病群を、救命医療（A緊急かつ致命的、B緊急性はないが致命的）と自立医療（C感染・危害、D機能障害、E苦痛緩和、Fその他）に分類し、社会保険の給付対象の優先順位を示している。[46] たとえば、FやEの一部は社会保険の対象から外し、民間保険で対応するようにすることが考えられる。[47] あるいは、職域保険の上乗せ給付とすることも考えられる（追加保険料を負担）。オランダのように、基礎的医療についても民間保険者を活用することは、日本ではすぐには難しいと考えるが、2階部分については、民間保険会社や非営利法人の参入を認めてもよい。[48]

4　新しい国民皆保険の設計に向けて

日本は、社会保険導入後早い段階で、国民年金や国民健康保険など、「皆保険」を目指す取組みが行われてきたが、拠出と給付がリンクする仕組みではユニバーサルとはならないことは自明である。「できないこと」を実施しようとすれば、矛盾が生じるのは必然である。経済社会、特に雇用構造の変化に対応するため、保険への一般財源投入と制度間の財政調整が拡大し、日本の社会保険は大きく変質してしまった。低所得者などを保険制度に取り込むためとはいえ、保険を通じて豊かな者を一般財源で支えており、むしろ不公平が拡大し、財政規律も低下している。

こうした問題を解決するためには、再分配原理で対応するべき部分と保険原理で対応するべき部分を分けることが必要である。これは本来の「2階建て」の仕組みである。前者は国民全員を普遍的に対象とする、すなわちユニバーサルな仕組みとなる。現在の国民年金や国民健康保険はそれを目指していたが、保険原理が部分的に残っており、中途半端なのだ。

そこで、年金については、国民年金を本来の「基礎年金」に衣替えすることを提案している。保険料の納付ではなく、居住を給付の要件とし、その財源はすべて一般財源で賄う。ただし、高所得者の基礎年金は年金課税で返してもらう。

医療については、国民健康保険を後期高齢者医療と統合し、セーフティネットとして位置づけ、保険税を中心に賄う。この場合、生活保護受給者に対する医療扶助は廃止となり、文字どおりユニバーサルとなる。他方で、被用者を対象とする健康保険組合については、国保をオプトアウトする保険として位置づけるとともに、個人が組合を選択できるようにする。

さらに、サービスの需給面での取組みも必要である。ＯＥＣＤは、費用対効果の高い検診の実施、医療情報システムの強化、医療関係者の教育訓練の充実など改善策を提案している。[49] これらの課題に対応するためには、都道府県が保険者機能を発揮しなければならない。また、診療所や病院などの役割分担と連携、そして国民の身近な地域で健康や疾病に対応する地域医療、すなわちプライマリー・ケアが発達していないことに問題がある。[50] 葛西・井伊（２０２２）は、医療の現場における過剰医療や過少医療を是正するためには、エビデンスに基づいて費用対効果を考慮に入れたＥＢＭ診療が実践できる教育の提供、患者中心の医療の方法を理解し実践できる家庭医・総合診療専門医の育成などが急務であると指摘する。[51]

これらの改革により、「新しい国民皆保険制度」を目指す。

【第5章　注】

（1）「平成11年版厚生労働白書」は次のように述べる。社会保険の長所としては、保険料拠出の見返りとしての受給権が明確であり、スティグマ（汚名）が伴わないこと、個々の歳出に対する相関関係が薄い租税よりも負担の合意が得られやすいこと、短所としては、一律の定型的な給付になりがちなこと、過剰利用等の問題などがあげられる。一方、社会扶助の長所としては、一定の要件に該当すれば負担に無関係に給付対象となることができることや特定の需要にきめ細かく対応できること、短所としては、制度に安住する人が生じがちであることや、財政負担の増大につながりやすいこと、資力調査を行って所得制限をかけるなど制限的な運用になりがちなことがあげられる。わが国では、1950年の社会保障制度審議会の勧告において、社会保険中心が提唱されているが、現在、社会保障給付費の約9割を社会保険で対応しているように、社会保険制度が社会保障制度の中核となっている。また、欧米諸国の制度をみても、医療費保障や老後の所得保障については、社会保険方式を採用することが一般的である。

(2) 池上(2015、70ページ)を参照。

(3) オーストラリアでは選別主義が徹底しているが、ターゲティングは「最貧層を選別すること」を目的とするものではなく、「富裕層を除外すること」を目的とするものであり、公的年金も児童手当も比較的緩い所得制限、中間層も給付対象となっている(阿部2014、114ページ)。

(4) 阿部前掲書、112ページを参照。

(5) 日本の公的年金は積立金を有するので「修正積立方式」とも言われる。多くの公的年金は、当初は積立方式で導入されるが、物価の上昇などで約束した年金を給付できなくなるので、賦課方式に移行する。給付建方式は、年金給付が約束されるので受給者にとってはメリットがあるが、少子高齢化により現役世代が減ると、保険料を引き上げる必要がある。他方、拠出建方式は、先に払う保険料が決まるので現役世代にとってはメリットがあるが、寿命が延びると、受給額を減らす必要がある。

(6) Holzmann and Stiglitz (2001) を参照。

(7) 国立社会保障・人口問題研究所が作成している社会保障費用統計は、各制度の支出や収入などの詳細なデータを提供するが、その中に「基礎年金」という制度は表示されていない。

(8) 受給世帯総数164万世帯に対して高齢者世帯は90万世帯である。そのうち単身世帯は83万世帯である。以上、「生活保護被保護者調査(2022年2月分概数)」に基づく。

(9) 生活保護の給付額(単身65歳、東京区部、2021年度)は7万4220円であるが、国民年金の満額は6万5075円(2020年度の平均受給額は5万2896円)である(厚生労働省2021「令和2年度厚生年金・国民年金事業の概況」などに基づく)。なお、夫婦の場合は、2人分の国民年金合計額が生活保護を上回る。

(10) 「生活保護制度との関係について」(第8回社会保障審議会年金部会、2009年5月20日)。

(11) 基礎年金の給付額(単身の場合)を平均賃金に対する割合で比較すると、日本15・1%、オランダ29・2%、オーストラリア27・0%、英国16・7%となっている。また、社会扶助については、日本18・0%、フランス28・4%、スウェーデン22・2%、ドイツ19・3%、となっている(以上OECD [2021a])。

(12) マクロ経済スライドとは、最終的な保険料の水準を決めて、その範囲内で年金給付を行う仕組みである。従来の仕組みでは、年金給付は、物価や賃金の上昇に合わせて引き上げられていたが、新たな仕組みでは、物価・賃金の上昇率から現役の被保険者の減少と平均余命の伸びに応じて算出した「スライド調整率」を差し引くことになり、年金給付は削減される。ただし、賃金や物価の伸びがマイナスの場合は調整を行わないなどのルールがあり、２０２３年度までにおいてこのスライドが実際に適用されたのは、２０１５・19・20・23年度しかない。

(13)　稲垣（２０２１）を参照。

(14)　田中秀明（２０１１）を参照。

(15)　ここで紹介しているカナダの公的年金の仕組みについては、カナダ政府ホームページの"Benefits"を参照している。年金給付の金額は２０２２年7～9月の水準である。

(16)　一般には、「クローバック」（給付金を税で回収する）と呼ばれる仕組みである。２０２２年において、たとえば9万６００0カナダドルの年収があると、（９６０００－８１７６１）×15％＝２１３６カナダドルを負担する（その分基礎年金が減額される）。年収が13万４２５３カナダドル（単身の場合）を超えると、基礎年金全額に等しい税負担となる。

(17)　データは、OECD Income Distribution Database に基づく。坂本（２０２１）は、カナダの年金について、国民皆年金を実現してから報酬比例部分を導入したこと、日本とは逆の順序により定額部分が手厚い年金となり所得再分配効果の高い、非常に公平な年金となったこと、報酬比例部分の報酬の上限は被保険者の収入の平均であるので、その2倍としているわが国に比べて、報酬比例年金の水準は低いこと、しかし手厚い定額部分があるので、全体としての給付は国際的にも遜色がないことなどを指摘している（29ページ）。

(18)　民主党政権は、社会保障・税一体改革において、スウェーデン方式の最低保障年金を提案したが、当時野党だった自民党などから反対され実現に至らなかった。現行制度と構造が異なること及び財源の確保などが問題とされた。

(19)　稲垣（２０２１）は、高齢者の貧困化を防ぐためには、基礎年金を改革し、最低保障年金を導入することが望ましいとしつつ、それは65歳ではなく75歳からとし、75歳までは現行の基礎年金を残すことを提案している。財源確保に時間がかかるのであれば、基礎年金を現行の半分に縮小し、それ以上は報酬比例年金に含めることも一案である。一般財源による年金と保険料に基づく年金が混合していることが問題の根源だからである。高山（２０１０）は、最低保障年金への移行期間を40年から20年に短縮することも提案している。

(20)　基礎年金の全額を税方式にする場合の追加コストについては、経過措置の有無などにより、厚生労働省が試算している。そのうち、過去の年金給付は従来の仕組みに基づき行い、将来のみを全額税方式化する場合の費用は（最も追加費用が少ない案）、２０２５年度において15兆円となっている（「参考資料第2分冊」第13回社会保障審議会年金部会08年11月19日）。なお、現在の基礎年金給付に見合う保険料を廃止すれば社会保険料控除が減少し、所得税が増収となる。また、生活保護への依存が低下するだろう。こうした効果は、税方式化の費用推計には考慮されていない。

(21) OECD（2014a）を参照。
(22) 1990年から2019年度までの国民医療費の年平均伸率は1・9%であり、GDPの年平均成長率の0・7%を上回る。
(23) 2022年度改定では、薬価マイナス1・35%、本体プラス0・43%、合計マイナス0・94%となっている。
(24) 井伊ほか（2019、56～59ページ）を参照。
(25) OECD Health Statisticsに基づく。
(26) 渡辺・よしかわ（2021、101ページ）を参照。
(27) 葛西・井伊（2022）を参照。
(28) 国・地方等の公的病院以外の病床数は全体の71・2%である（2015年10月1日現在、「2015年医療施設調査」）。
(29) 都道府県別の一人あたり一般会計法定外繰入金（2019年度）が大きいのは、東京都1万9507円、香川県1万431円、沖縄県1万3219円であり、小さいのは岩手県640円、秋田県490円、奈良県163円である（厚生労働省保険局（2021）「令和元年度国民健康保険事業年報」に基づく）。
(30) 一人あたり年齢調整後の医療費（2019年度）が高いのは、福岡県・佐賀県・高知県であり、低いのは千葉県・岩手県・新潟県である（厚生労働省「医療費の地域差分析（2019年度）」に基づく）。
(31) 医療費増大の原因の分析については、印南（2016）を参照。
(32) 松山（2010）を参照。
(33) 三原（2020b）を参照。
(34) 伊関（2015、190ページ）を参照。
(35) 具体的な仕組みについては、「奈良県の取り組みについて」（第8回地域医療構想に関するワーキング・グループ提出資料、2017年10月26日）を参照。
(36) スウェーデンの個人所得税は、二段階になっており、54万700クローナを超える収入については、20%の税率が適用され、すべて国税となる。他方、当該基準以下の収入に対する税収は地方税となるが、その税率は地方により異なっており、28・98%から35・15%の範囲であり、平均は32・34%である（2022年5月現在）。以上Swedish Tax Agency資料より。
(37) ただし、病院や医療従事者など医療の供給面については、英国やスウェーデンなどの公営医療サービスは、それらが民間中心となっている日本とは異なっている。尾形（2007）は、医療制度の国際比較の座標軸として、財政方式、供給方式、政府の関与の強さを使い、主要先進国の医療制度を分類している。このうち、カナダは、州政府が実施主体である税方式による普遍主義的な制度をとっているが、医療供給については、公私ミックスで、開業医を中心に民間のウェートが高く、米国に近いと述べる（4ページ）。

(38)　２００６年の医療制度改革は、12本の関連法に基づく、かつてない規模の改革だった。後期高齢者医療制度の導入だけではなく、市町村国保の財政を強化するために都道府県単位で財政調整を行う保険財政安定化事業、国が保険者である政府管掌健康保険の公法人化などが含まれる。後者については、新たに公法人の全国健康保険協会を設立し、都道府県単位で運営する全国健康保険協会管掌健康保険（通称「協会けんぽ」）に移行するものである（２００８年10月実施）。
(39)　島崎（２０１１、２９６～９ページ）を参照。
(40)　島添（２０１０）は、「今の国保と被用者保険の体系を基本的に残したまま、保険者間ですべての年齢層を対象として年齢リスク構造を調整する方式が、目指すべき医療保険制度一元化の方向」（２４９ページ）と述べており、筆者の考え方に近い。また、健康保険税を都道府県民税の一つに加えて、住民及び法人に対して賦課・徴収すること、あるいは、税率10％（労使で20％）の上限付きの所得税方式を提案しつつ、前年の収入・所得を基準に計算する住民税より所得税のほうが適切と指摘する。
(41)　伊藤（２０２２、73ページ）を参照。
(42)　国民医療サービスとなっている英国やオーストラリアでも、一般財源のほかに一定の保険料・税が徴収されている。英国では、年金・疾病・出産・失業・労災等をカバーする国民保険（National Insurance）がある。保険料は、被用者や自営業者、賦課対象となる所得などにより異なるが、被用者の場合、週２４２～９６７ポンドの収入に対して13・25％、それを超える収入に対して３・25％である（２０２２～23課税年度、英国政府ウェブサイトGOV.UKより）。この保険料の一部が国民医療サービスの財源に充当されている（全体の約２割）。オーストラリアでは、課税所得の２％がメディケア税（Medicare levy）として、所得税とともに課せられている。
(43)　現在の仕組みは、65歳以上の高齢者を前期と後期に分けて、前期は国保や被用者保険の間でリスク構造調整を行い、後期は独立方式となっている。これまでの経緯とはいえ、現役世代と高齢者、さらに同じ高齢者であるにもかかわらず、前期と後期には二重の相違と差別がある。また、それぞれの財政の仕組みも複雑であり、一般国民には理解できない。
(44)　三原（２０２０ｂ）を参照。
(45)　そもそも、国民健康保険法において、健康保険組合や船員保険の被保険者、共済組合の組合員などは（被扶養者を含む）、国保の「適用除外」として位置づけられている（第６条）。
(46)　印南（２０１１）を参照。
(47)　これをさらに具体的に検討しているのが医療経済研究機構（２０１９）であり、現在の保険外併用療養費（差額ベッドや特別な歯科材料など）に加えて、新たに「新選定療養」を設定し、エビデンスが十分でないもの、費用対効果評価に関わるものなどを含めること（現在の現物給付の範囲から除外する）、併せて民間保険の活用と低所得者への配慮を提案している。
(48)　この点では、オーストラリアが参考になる。オーストラリアでは、国民医療サービスにより国民誰でも必要なサービスを受けられる一方で、民間医療保険に加入する。同保険は、公立病院の待機時間の短縮や入院時の医師の選択指名、個室料、歯科・眼科などを対象とする。民間保険会社には、営利・非営利があり、その数は37である（２０２１年6月現在）。２０１７～18年度において、１１３０万人が加入している。以上、医療経済研究機構（２０２１）を参照。

(49) OECD (2019a) 参照。

(50) 葛西（２０２１）は、プライマリー・ヘルスケアとは、「日常よく遭遇する病気と健康問題の大部分を患者中心に解決するだけでなく医療・介護の適正利用と予防、健康維持・増進においても利用者との継続的なパートナーシップを築きながら、地域内外の各種サービスと連携する調整のハブ機能を持ち、家族と地域の実情と効率性（費用対効果）を考慮して提供されるサービスに加えて、地域住民全体の包括的な健康の改善にも多職種保健チームが分担して責任を持つシステムである」（15ページ）と定義する。なお、本書で国際比較の対象としているオランダでは、プライマリー・ケアが発達しており、詳細は葛西（２０１６）、介護を含めた地域での取組みについては松岡洋子（２０２１）を参照。

(51) 葛西・井伊（２０２２）を参照。

第6章　人的投資の拡充

少子高齢化を乗り切るために必要な第一の改革である社会保険制度改革に続く第二の改革は、人的投資の拡充と多様な働き方の実現である。特に家族政策、教育、雇用の三本柱が重要である。

この改革は、現在の日本において最も手薄な分野といえる。なぜなら、これらは保険では対応することは難しいからである。本章ではこれら三つの分野の問題を明らかにするとともに、その解決策を議論する。

1　大幅に不足する人的投資

ビスマルク型社会保障の国で手薄になっているのは、社会保険では対応できない人的投資や人材育成であるが、特に日本は、ドイツやフランスなどと比べても劣っている。

日本の社会支出（2017年、対GDP比）は22・7％であり、ドイツ（27・8％）やフランス（32・2％）と比べてかなり低いが、オランダ（23・2％）や英国（21・3％）とほぼ同じ水準となっているので、これら3カ国について改めて比較する。社会支出に教育支出を加えて比較すると、日本は、全体の4分の3を年金と医療に使っているが、オランダと英国は6割未満である。[1]「社会的投資」(家族・積極的労働市場政策・教育の対GDP比)は、日本4・6%、オランダ6・4%、英国7・6%である(定義などについては第1章3節を参照)。

仮に日本がオランダ並みの社会的投資を行うためには、GDP比で約1・8%、英国並みであれば約3・0%追加的な支出が必要である。日本の名目GDPは約542兆円なので、[2]オランダ並みの社会的投資を行うためには約10兆円、英国並みであれば約16兆円、追加的な投資が必要となる。効果的な社会的投資を行う観点から施策の中身や重点化が重要であるとしても、日本は絶対量として社会的投資が少なすぎる。総論として必要なことは、こうした分野への大幅な資源の投入である。

1990年代以降、子ども・子育て支援、少子化対策、男女共同参画のための施策、全世代型社会保障、働き方改革などの対策が講じられてきた。メニューとしてはほぼ揃っており、課題は、財源の確保と優先順位である。社会的投資の拡充の観点から、特に重要な改革を考える。

2　家族政策は選択と集中で

さまざまな施策が導入されたものの、出生率は低下

1990年代の少子化対策から始まり、これまでわが国ではさまざまな育児や家族政策が講じられてきた。制定された関連法や対策としては、育児・介護休業法(91年)、エンゼルプラン(94年)、次世代育成支援対策推進法(2003年)、少子化対策基本法とそれに基づく少子化社会対策大綱(04

図6−1　OECD主要国における家族関係の公的支出（2017年）

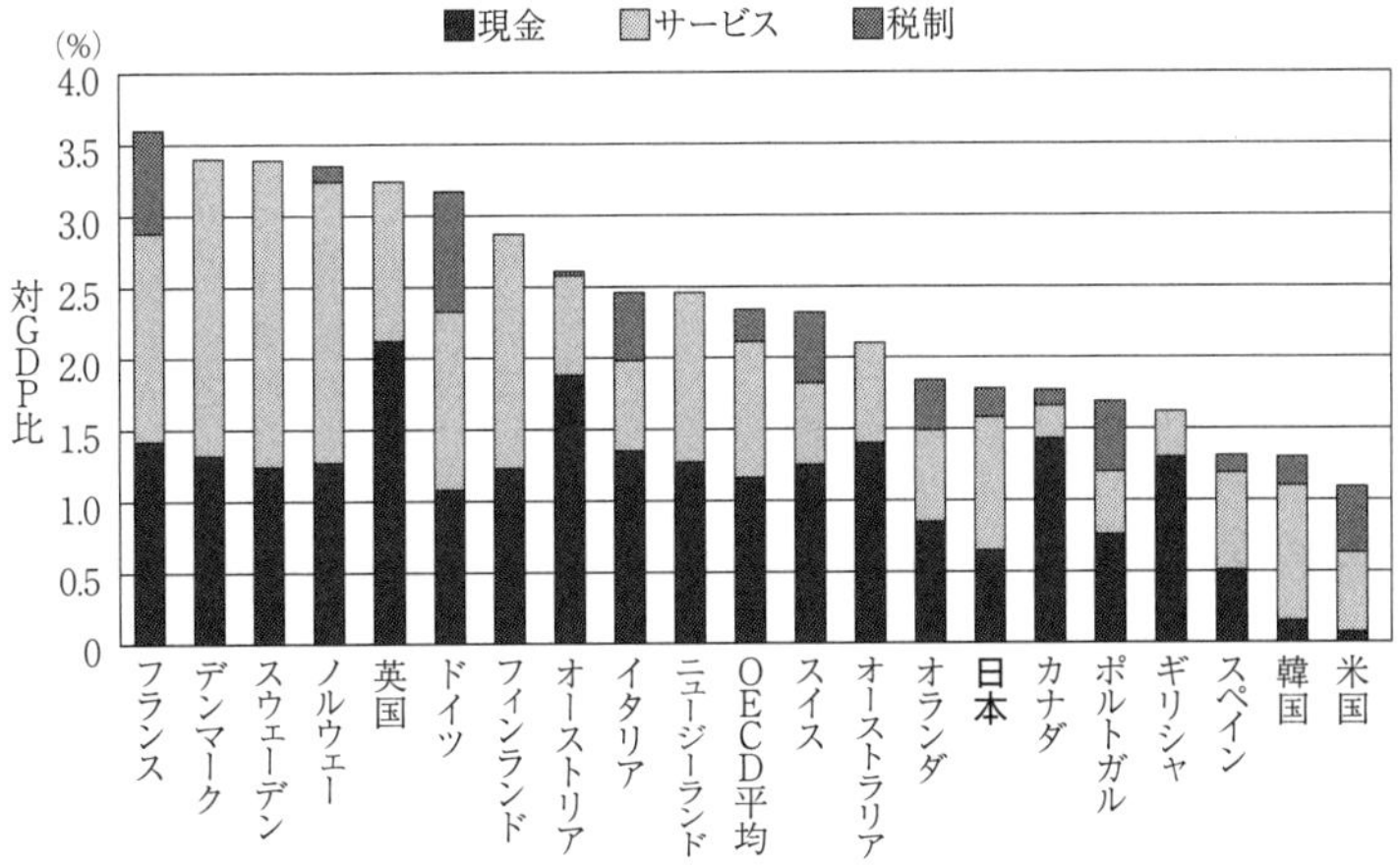

（出所）　OECD Social Expenditure Databaseに基づき作成

年）、子ども・若者育成支援推進法と子ども・子育てビジョン（09年）、子ども・子育て支援法（12年）、待機児童解消加速化プラン（13年）、第三次大綱（15年）、子ども・子育て支援法改正（16年）、子育て安心プラン（17年）、第四次大綱（20年）などが挙げられる。第二次安倍政権では、保育・教育の無償化も実施された。

　こうしたさまざまな政策の導入を背景として、家族政策費は、社会支出の中では、これまでに最も大幅に増加した分野である。1990〜2019年の間で、名目額で6・2倍に増えた[3]。対GDP比では、2001年の1・0%から17年の1・8%に増えているが、国際比較では、日本はオランダとはほぼ同じであるものの、ドイツの約半分程度にすぎない（図6−1）。また、幼児教育・保育に対する公的支出（対GDP比）でも、日本は時系列的には増えているものの17年の水準は0・4%と低い（フランス1・3%、OECD平均0・

7%、ドイツ0・6%)。

諸外国と比べて少ないとしても、家族政策は拡充されている。しかし、合計特殊出生率は2015年以降低下しており、22年には1・26（過去最低の05年と同じ水準）になった。

日本の少子化対策が失敗した理由として、山田昌弘は、①1990年の「出生率1・57ショック以降の10年の致命的な遅れ、②非大卒、地方在住、中小企業勤務や非正規雇用などの置かれた状況や意識を中心に考えた少子化対策ではなかった、③未婚化が主因であることを見逃した、④結婚や子育ての経済的な側面をタブーにしてきた、お金がかかる政策には政府の動きが鈍かった、⑤将来を見据えた中流生活の保障がなければ男女交際さえも始めない若者がいて、将来の不安を払拭できないから子どもを持てない、などを挙げている[4]。

仕事と育児の両立支援策を

筒井は、少子化の原因である未婚化の理由として、従来の説明である「高学歴女性の増加により、結婚・出産後も独身時代のように技能を活かして仕事を続けたいという女性が増えたが、それが困難というより、「結婚に際しての希望と現実のギャップ、満足した結婚生活が送れない」にあるとして、女性が高い賃金で長く働くことができるようにすること、具体的には、仕事の育児の両立支援策（保育サービスの拡充や育児休業制度に加えて、長時間労働の抑制や再就職しやすい環境なども）と男女均等待遇の推進が重要であるが、日本はそれに成功していないと指摘する[5]。最近、子を持つと所得が減少することは「チャイルド・ペナルティ」と呼ばれており、特に日本はそれが強い[6]。

また、諸外国と異なり、日本は、低い出生率に関心が集まる一方で、母親の働き方、職場や育児についての男女平等といった社会的投資という概念への関心は相対的に低く、家族政策は狭く表層的であると指摘されている[7]。２０１２年に誕生した第二次安倍政権は、女性活躍を訴えたが、女性を限界的な労働に追いやる伝統的な慣行やより多くの女性が働くことができるため仕事と家族を両立させることについてはほとんど触れておらず、よって日本は強固な仕事と家族の両立政策をつくることには懐疑的である[8]。

夫婦が理想の数の子どもを持たないのは「子育てや教育にお金がかかりすぎるから」がしばしば指摘されている[9]。シングルマザーなどに対しては経済的支援が重要であるとしても、筆者は、仕事と家庭・育児の両立策の拡充を改革の柱と位置づけるべきと考えている。少子高齢化を乗り切るためには、労働参加率が相対的に低い女性がより働けるような環境をつくることや男性並みに稼げるようにすることが必要だからである。２０２１年の出生動向基本調査によると、妻45～49歳夫婦の最終的な平均出生子ども数は、晩婚化を背景に1・81人に減少したが（前回の15年では1・86人）、妻が大卒以上の夫婦では、前回調査の1・66人から1・74人に上昇した[10]。仕事と育児の両立支援策が拡充され、働いても子どもを産む女性が増えたと考えられる。

引き続き待機児童が存在

第一に、保育所の拡充である。保育の「受け皿」はかなり整備されてきたが、地域により十分とはいえず、また種類が増えて断片化している[11]。全国の待機児童数は、厚生労働省の調査では、２０１７年

4月の2万6081人から21年4月の5694人に減少している[12]。しかし、この数字のほかに、申込みしても特定園の希望や育児休業の延長などで待機児童とは算定されない「隠れ待機児童」が6万3581人いる（「日本経済新聞」2021年8月28日）。全国レベル（21年4月時点）では、保育の受け皿数（320万人）は、申込者（283万人）を上回っているが、首都圏や関西圏、福岡県など都市部では待機児童数は多く、地域による偏在がある。また、保育の質として、保育士の配置基準も改善する必要がある。

保育所で働く保育士などの処遇改善も課題になっている。保育士の年収は、2013年の310万円から19年の364万円まで引き上げられており[13]、岸田文雄政権では、22年2月から月額平均9千円の賃金が引き上げられた。しかし、他の職種と比べることができる統計（19年）でみると、保育士は244・5千円であり、幼稚園教諭の244・1千円やホームヘルパーの240・8千円などとほぼ同じであるものの、看護師334・4千円、全職種307・7千円と比べて低い[14]。

この問題の背景の一つには、男女間の賃金格差があり、女性が多い職場や職種で賃金が低くなる傾向がある。また、福祉分野で働く人たちの中で保育士の賃金だけを上げることはバランスを欠くという問題もあり、福祉や公的部門で働く者全体を対象とする対策が必要となる。

いまだに低い男性の育児休業取得

次に重要な施策は、育児休業と休業保障（給付金）である。前者については、育児・介護休業法に基づく育児休業制度であり、取得可能期間は、子が1歳になるまでの1年間である[15]。また、父親の育児を促進するために、２００９年の法改正により「パパ・ママ育休プラス」という制度が導入された。これは、両親が育児休業を取得する場合、育児休業を子が1歳2カ月まで延長できるものだが、もともとの1年の育児休業期間に加えて、父親の割当て分として2カ月追加できる。

後者については、雇用保険法に基づく育児休業給付金であり、雇用保険の被保険者を対象とし、支給期間は、両親それぞれについて子が1歳になるまでの1年間であり、支給額は、当初6カ月間は休業前賃金（税・保険料控除前）の67％、その後は50％である。その財源は、労使折半の保険料と一般財源である。

これらの仕組みは、少子化対策や子育て支援などの観点から拡充されてきた。日本の母親が最大限の給付金を受給できる育児休業期間は35・8週、父親のそれは31・4週となっている[16]。母親のほうは、ドイツ（42・8週）より少ないが、スウェーデン（34・5週）、フランス（19・0週）、オランダ（15・9週）を上回る。父親のほうは、スウェーデン（10・8週）、ドイツ（5・7週）、フランス（5・7週）、オランダ（1・0週）などを上回り、ＯＥＣＤ諸国中最長である。

また、育児休業給付金の給付率については、日本（男女ともに約60％）は、オランダ（１００％）などと比べると見劣りするものの、ドイツ（母親73・4％、父親65・0％）、スウェーデン（母親61・9％、父親75・5％）に近い水準であり、フランス（母親45・2％、父親19・9％）、英国（母親29・8％、父親18・8％）を上回る。

日本の育児休業・休業保障制度は、全体としては、諸外国と比べてそれほど劣っているわけではない。問題は、父親の育児休業の取得率が低いことである。２０１１年度の２・６％から増えているも

の の、２０２１年度で14・０％にとどまっている。[17] 女性については、11年度87・８％、20年度81・６％であり、やや減少傾向にある。

男性・正社員が育児を目的とする休暇・休業を取得しなかった理由としては、「会社で育児休業制度が整備されていなかったから」（23％）、「職場が育児休業制度を取得しづらい雰囲気だったから」（22％）、「男性の社員の育児休業取得について、会社の上司、職場の理解がなかったから」（15％）、「残業が多い等業務が繁忙であったから」（13％）が挙げられる。[18] 職場の環境や雰囲気が重要であり、これは政策というより、われわれ社会の意識の問題である。

また、育児休業給付金が雇用保険の被保険者（常雇用）を対象としているため、雇用保険に加入していない者は対象外であることも問題である。有期雇用者については、同一の事業主に引き続き1年以上雇用されており、子が1歳6カ月になる日の前日までに労働契約が満了することが明らかでない場合に限り取得できるが（育児・介護休業法第5条第1項）、取得できる対象者が限定されている。仕事と子育ての両立がより難しい非正規こそ支援が必要である。

そもそも、雇用保険は被用者（主として常勤）の失業保障のための制度であり、出産による離職を防ぐことに一定の意義があるとしても、働き方にかかわらず普遍的に育児休業給付を雇用保険で行うのは無理がある。主要国の育児休業給付金の財源を見ると、フランス（事業社会保険拠出金と一般社会拠出金）、スウェーデン（雇用主及び自営業者の社会保険料）、ドイツ（一般財源）となっている。[19] 日本では雇用保険の育児休業給付・介護給付にかかる一般財源は、法律の本則上、給付費の12・５％であるが、２００７～16年度までは本則の55％の水準、17～24年度までは本則の10％の水準になっており、一般財源の投入が極めて少ない。出生あたりの育児休業にかかる公的支出についてみると、日本は７２６８ドルであり、英国（５７６１ドル）、オランダ（６５０７ドル）を上回るものの、フランス（８３１９ドル）、ドイツ（1万２３７７ドル）、スウェーデン３万６９７ドルと比べて低い[20]。

２０２１年の育児・介護休業法改正により、出産時育児休業（産後パパ育休）（22年10月実施）、育児休業取得率の公表（23年4月実施）などが導入されているが、なお十分とはいえない。育児休業の取得促進は、わが国の働き方（特に男性）にかかわる問題である。企業が女性雇用をどう考えるか（出産による雇用の中断などについて）に関係し、それは男女平等のカルチャーに依存している[21]。

男女平等の問題は、家庭における男女の役割分担に関係する。昭和の時代における、夫は外で働き、妻は家庭で家事や子育てを担うという慣習が、共働き世帯が過半を超える状況になっても大きく変わらず、働く妻が家事・育児を主に担っている[22]。１日において、家事や育児などの無償労働に配分している時間を国際的に比較すると、日本の女性はドイツなどと比べて相違はないが、男性はドイツなどの３割弱である[23]。こうした状況を変えるためには、制度と意識改革の両面の取組みが必要である、特に男性の育休取得促進に向けては金銭的なインセンティブの強化が必要ではないか[24]。

現金給付は効果的か

次に子育てに関する現金給付である。児童手当は、家庭等の生活の安定と次世代の社会を担う児童の健やかな成長への寄与を目的としている[25]。２０２２年度の月額は、３歳未満の児童で一律１万５０００円、３歳以上小学校入学前の児童で１万円（第３子以降は１万５０００円）、中学生で一律１万円となっている。

その財源負担は、国3分の2、都道府県6分の1、市町村6分の1となっている。ただし、被用者の児童（0～3歳未満）の児童手当（所得制限未満）については、事業主15分の7、国45分の16、都道府県45分の4、市町村45分の4となっている（公務員については全額所属庁が負担）。このうち、事業主拠出金の拠出率は、厚生年金の標準報酬月額及び標準賞与額の0・36％となっている。

児童手当の給付総額は、2000年度の2935億円から、19年度の2兆678億円になり、20年間で約7倍に増えた[26]。しかし、家族関係支出の現金給付総額を見ると（2017年、対GDP比）、日本は0・65％であり、フランス（1・4％）などと比べてかなり低い（前出図6－1）。

児童手当に関して、最近の制度改正で議論になっているのが所得制限である。従来は、年収ベースで960万円（子ども2人、年収103万円以下の配偶者の場合[27]）を超えると、児童手当は子どもの年齢にかかわらず一律5000円であったが（「特例給付」と呼ばれる制度）、2022年10月から、年収1200万円程度を超えると特例給付が廃止された[28]。こうした児童手当の所得制限については、一部の専門家や野党などから強い反対意見が示された。

民主党政権は、2010年4月から所得制限なしの「子ども手当」（1万3000円）を導入したが、当時野党であった自民党・公明党との調整により、09年の選挙公約で約束した2万6000円へ増額できず、最終的には、12年4月から従来の児童手当が復活した。

自民党は、民主党政権下で野党であった際には、児童手当の所得制限廃止に反対していたが、逆に、第二次安倍政権は、保育の所得制限を撤廃した[29]（2019年10月実施）。これは、2017年9月に、安倍首相が衆議院の解散を決めたことに際して19年10月に消費増税を実施するとともに、増税分の使い道に子育て支援や教育無償化を加えることを表明したことに由来する。[30] さらに、23年6月、岸田政権は、「異次元の少子化対策」（後述）の一環として児童手当の所得制限の撤廃を決定した。

幼少期における教育が将来の人間形成や成功に影響を与えることについては、多くの研究者がエビデンスに基づきその重要性を提起している。[31] 幼児教育・保育の重要性は何ら否定しないが、結局のところ、幼児教育・保育の無償化は、財源の確保と優先順位の問題である。

保育料については、低所得者世帯の負担はすでにほぼゼロになっており、そうした状況での無償化は高所得者により恩恵を与える。[32] 彼らは浮いたお金で子どものお稽古ごとなどへの支出を増やすかもしれない。[33] 児童手当の所得制限を撤廃したからといって、高所得の家庭が追加的に子どもを産むとは考えにくい。ユニバーサルな仕組みとすることに反対しないが、その場合、高所得者への給付は、所得税の累進性を高めることにより税制を通じて返還してもらうようにするべきだ。

遅れる子どもの貧困対策

そうした政策の前に急がれるのは、子どもの貧困やひとり親対策である。しばしば引用されるが、日本のひとり親世帯の貧困率（48・3％）はＯＥＣＤ諸国において最も高く、インドや新興国と比べても高い[34]（図６－２）。日本では、ひとり親世帯の８割以上は働いているにもかかわらず、特に母子家庭の場合は、非正規労働が多いことから年間平均所得（２０２０年）は２００万円であり、父子世帯の３９８万円の半分である。まさにワーキング・プアである。

図6−2　OECD諸国等における家族形態別の子どものいる世帯の相対的貧困率（2018年）

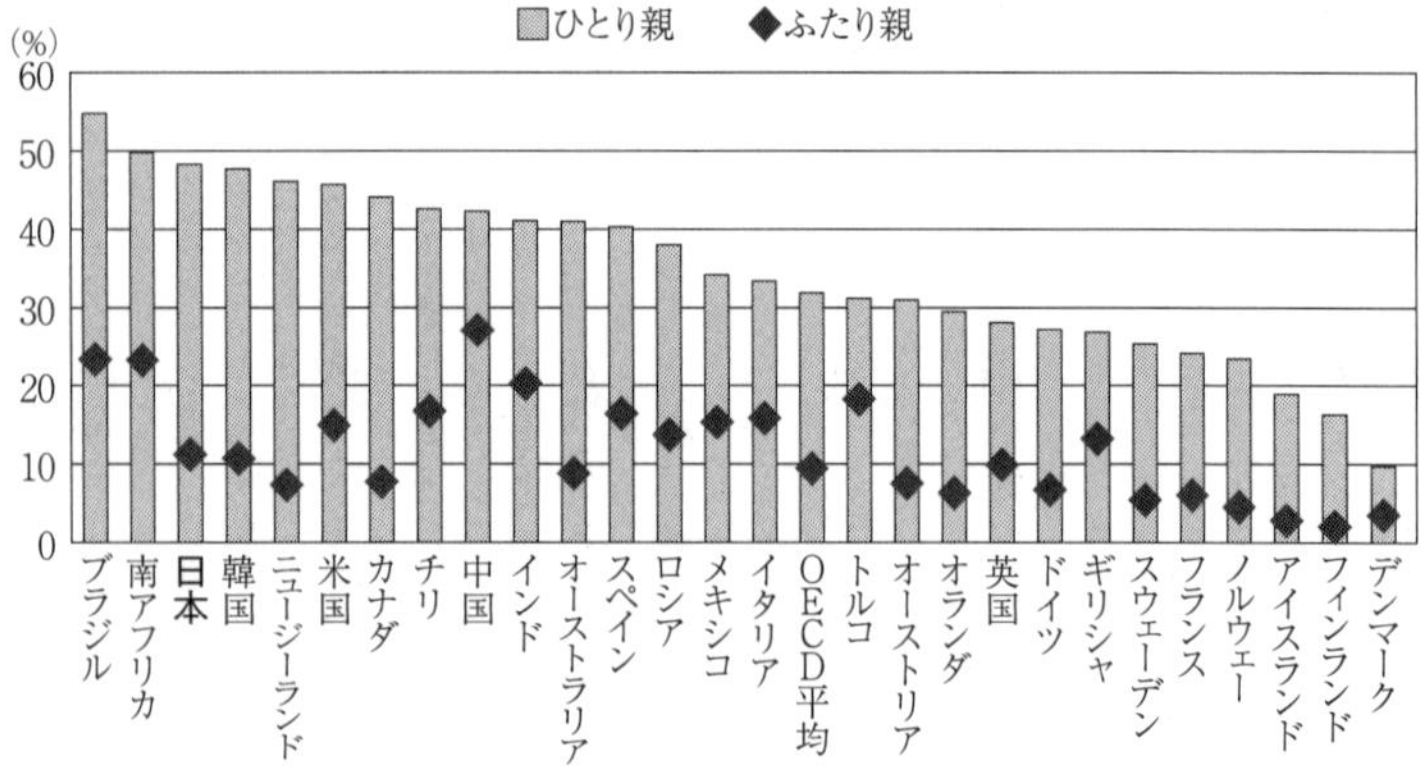

（注）1. 中位可処分所得の50%が相対的貧困率の基準
2. いずれも少なくとも1人のこどもがいる世帯
3. オランダ2016年等調査年が異なる場合がある
（出所）OECD Family Databaseに基づき作成

母子世帯の貧困の理由の一つは、養育費が十分に得られないことである。ひとり親家庭の養育費確保については、民事執行法改正（2003年、給料等の債権の差押え）、離婚届出時等における養育費取決めの促進策相談事業（2005年）などさまざまな対策が講じられているものの、母子世帯の母が養育費を受けている割合は24%にすぎない[35]（「平成28度全国ひとり親世帯等調査結果報告」）。

若年層にとって結婚はリスクなのか

日本の少子化の理由の一つとして、婚外子が極めて少ないことが挙げられる[36]。これは社会的規範であり、制度のように変えることは難しい。当たり前だが、子どもを増やすためには、男女が結婚する必要がある。日本の婚姻数は、1972年の110万組から趨勢的に減少し、2020年には56万組になっている[37]。

内閣府の調査によると、20~39歳の独身男女は積極的に結婚したいと思わない理由として、「今のままの生活を続けたほうが安心だから」を挙げた女性が35％、男性が32％、「結婚生活を送る経済力がない・仕事が不安定だから」を挙げた女性が35％、男性が36％、「仕事・家事・育児・介護を背負うことになるから」を挙げた女性が39％、男性が23％であった。(38) 若い男女にとって結婚は「リスク」なのである。離婚率（人口千人あたり）は、1960年の0・74から2005年の2・08になり、20年は1・57に減少しているが、昭和の中頃と比べれば倍増している。(39) 若い人たちが結婚を躊躇する背景には、離婚してワーキング・プアになるリスクを感じているからではないか。

家族政策については、メニューは揃っている。課題は、第一に、財源を確保した上で費用対効果を踏まえた資源の重点的な投入である。雇用形態による相違をなくすためには、一般財源による拡充が必要である。第二に、男女の役割分担、企業における働き方改革などであるが、これについては、政策によるインセンティブ付与や規制が必要であるとしても、時間がかかる。

3　国家レベルでの「教育」に対する投資

高等教育の有効性

第二の柱は、教育である。言うまでもなく、教育は人的投資の中心となる。ここでは主に高等教育に焦点を当てる。

個人の社会的・経済的なアウトカムは、個人の性別や技能、家庭の環境などに加え、その国の経済システム、労働市場、社会的・文化的な規範、そして教育制度などが影響を与える。一般に、家庭の経済環境が子どもの教育水準に影響を与え、さらにそれが賃金水準に影響を与えるとされている[40]。たとえば、学歴別の生涯賃金には明らかに相違がある[41]。

ただし、大卒者の賃金が高いとしても、それは、そもそも個人の能力の相違が影響を与えており、大学が優れた教育を行った結果とは単純にはいえない[42]。特に、日本では、大学で何を勉強したかではなく、どこの大学を卒業したかが就職の要件になっていることの所以《ゆえん》である。大学教育がどの程度賃金に影響を与えているかについては議論があるとしても、多くの研究は、教育の年数や学ぶ習慣などの経済的効果を検証している[43]。やはり大学教育の「質」を高め、いかなる専門分野であっても仕事において有効性を発揮できるような学修経験を学生に保証することが重要である[44]。

教育は個人の問題だとしても、それが子どもの育った家庭の経済力などに関係していると、教育システムに問題があることになる。たとえば、親と比べた子の学歴は、教育システムを評価する1つの尺度である。親と比べた25~34歳の教育水準を見ると、日本は上昇する割合は25%であり、ドイツ(19%)より高いが、フランス(40%)、オランダ(38%)、韓国(61%)より低い[45]。

大学に進学することが教育の目的ではないとしても、高等教育へのアクセスや機会を改善するためには、子どもの幼少期における支援が重要となる。前節でひとり親の問題を指摘したが、家庭環境や教育面での支援が重要となる[46]。この点はすでに「ひとり親家庭等生活向上事業」が実施されており、ひとり親家庭の子供の生活習慣の習得・学習支援や食事の提供等を行うことが可能な居場所づくり、地域の民間団体の活用等による出張・訪問相談、同行支援や継続的な見守り支援等が行われている。また、生活困窮者自立支援法などに基づく学習支援や地方自治体におけるさまざまな学習支援・補習などが行われているが、これらを拡充するためには財源が必要となる。

４年制大学への進学率について、日本は男女差が大きいことも指摘しておく必要がある。25〜64歳人口における学部レベル教育水準を有する者の割合は、男性40％、女性23％となっている(47)（２０１９年）。この割合は、ほとんどのＯＥＣＤ諸国で女性のほうが高く、低い国は、日本のほか、チリ、ドイツ、メキシコ、ポーランド、スイス、トルコしかなく、しかも日本の男女差（17％ポイント）は突出して高い（次に男女差が高いドイツは５％ポイント）。

高等教育への支援は無償か有償か

日本の教育支出（小中高などの高等教育以外、２０１８年）の対ＧＤＰ比は２・６％であり、フランス３・７％、オランダ３・５％、ＯＥＣＤ平均３・５％、ドイツ３・０％と比べてかなり低いが、高等教育支出については、ＯＥＣＤ平均に近い(48)（図６‐３）。日本の特徴は、高等教育において私的支出の割合が高いことである。重要なことは、学生を支援する方法である。

授業料と学生への補助金を基準とすると、ＯＥＣＤ諸国は四つのグループに分類できる(49)。①高い授業料・高い補助金のレジーム（英語圏の国やオランダ）、②高い授業料・低い補助金のレジーム（チリ・日本・韓国）、③低い授業料・高い補助金のレジーム（北欧諸国）、④低い授業料・低い補助金のレジーム（多くの欧州大陸諸国）である。

学生への支援のあり方については議論があり、いずれのレジームが優れているとは単純にはいえな

図6－3　OECD主要国における公私別の高等教育支出の対GDP比(2018年)

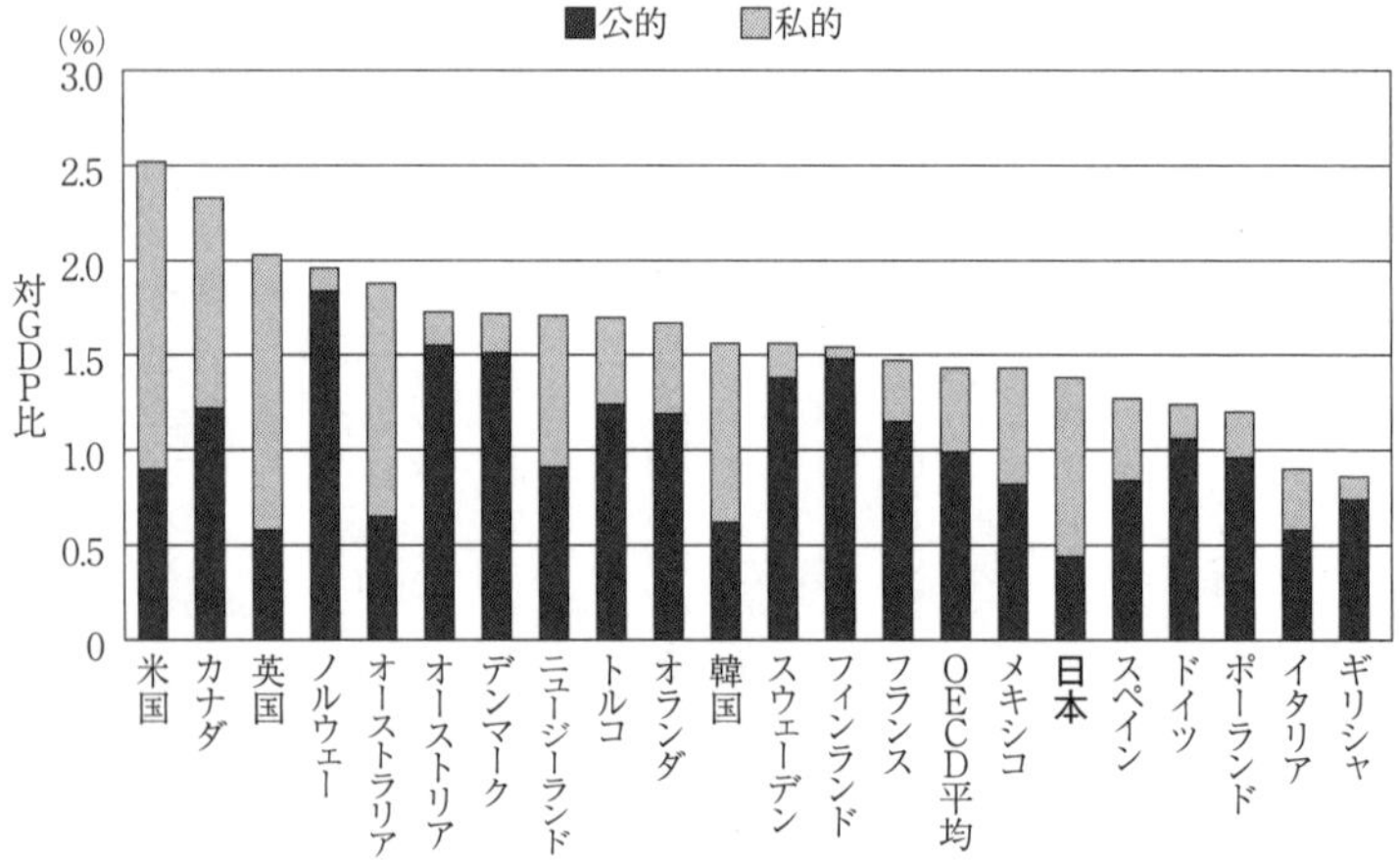

(出所)　OECD Educaiton at a Glance 2021のデータに基づき作成

い。英語圏の国は、主に奨学金で学生を支援するが、欧州諸国は、大学への機関補助が中心となる。高等教育への公的支援の根拠として外部効果が挙げられるが[50]、他方で、それは逆進性を伴う。豊かな家庭の子弟ほど大学に進学し、卒業後は平均的に高い収入を得るからである。国民が北欧諸国のような高い税負担に合意するならば、高等教育の無償化に反対しないが、財源の確保に制約が大きい日本では、奨学金の拡充を優先するべきと筆者は考えている[51]。

第二次安倍政権は、２０１７年10月の第48回衆議院選挙に関して、消費増税(8%から10%へ)の一部2兆円を保育・教育の無償化に充てることを約束し、その具体的な方針は、「新しい経済政策パッケージ」(17年12月8日閣議決定)に盛り込まれた。これに基づき、高等教育に関する給付型奨学金が17年度より実施されている。

独立行政法人学生支援機構が提供する奨学金に

は、家庭の所得水準などに応じて主に三つの制度がある。子どもの数などの条件により実際の年収基準は異なるが、おおむね年収400万円未満を対象とする給付型奨学金、800万円未満を対象とする無利子奨学金、1100万円未満を対象とする有利子奨学金である。給付型の対象となるのは、住民税非課税世帯及びそれに準ずる世帯の学生である。[52]

2022年度予算積算上の対象者数は、給付型約59万人、無利子型約46万人、有利子型約72万人である。[53]支援の金額（年額最大）については、給付型91万円（加えて授業等免除70万円）、無利子型77万円、有利子型144万円である。

日本学生支援機構の奨学金など何らかの奨学金を受給している者は、2020年度において、大学（昼間部）50％、短期大学（昼間部）57％、修士課程50％、博士課程52％となっており、今や学生の半数が利用している。[54]また、奨学金受給者の家庭の年間収入の分布を見ると、受給割合が一番高い年間収入は、国立大800万～900万円（全体の10・5％）、公立大500万～600万円（11・3％）、私立大600万～700万円（11・2％）となっており、今や奨学金は低所得者対策ではない。

諸外国とは似て非なる日本の出世払い奨学金

こうした状況において重要となるのが所得連動返還型奨学金制度である。これまでの日本の奨学金は貸与型が基本であり、仮に卒業後失業し収入がなくなっても、連帯保証などもあり、原則として返還することとされていたが、2017年度以降に第一種奨学金（無利子）を利用した者に所得連動返還型奨学金制度が導入された。[55]

これは一歩前進であるが、諸外国の所得連動返還型奨学金と比べるとなお相違があり、見直しと財源の投入が必要である。1989年に世界で初めてこの奨学金を導入したオーストラリアの仕組みでは、教育に要する費用を、学生と政府の両方が負担する[56]。高等教育には「正の外部効果」があるからであり、個人が恩恵を受けることに加えて、社会も恩恵を受ける。英国の仕組みは、オーストラリアと異なり、40年が経過すると債務は帳消しとなるが、それに加えて低所得者への返済猶予、利子補給などがあり、いずれにせよ政府による財政負担がある[57]。日本では、こうした仕組みは導入されていない。

奨学金制度共通の問題の一つは、回収不能や貸倒れである[58]。日本の奨学金では2019年度末で、未回収額は841億円であり、それは要回収額の11%になる[59]。

日本の今の奨学金制度は、連帯保証か機関保証が求められているが、そうした仕組みがないと、所得連動返還型奨学金は、「働かない」というモラルハザードを生む懸念がある。日本の場合、共働きが増えたとはいえ、専業主婦になる可能性があり、また、子育てが終わった後に仕事に復帰しても、非正規雇用になる可能性が高く、その場合、返済金額が少なくなる[60]。

貸与型の奨学金の問題としては、特に低所得者の場合、大学を卒業すれば所得が高くなるにもかかわらず、借金をためらう流動性制約の問題もある。小塩は、現在の日本の仕組みでは、貸与された奨学金のかなりの部分が最終的に返還を求められる仕組みになっていることから、再分配効果は総じて限定的であり、低所得層の教育支援のためには、給付型奨学金の拡充も必要ではないかと示唆している[61]。これは制度設計の問題であり、日本の仕組みがオーストラリアや英国とは似て非なることに起因している。

大森は、日英の授業料・奨学金制度を比較し、日本では、授業料の抑制と給付型奨学金の必要性が強調される一方、英国では、授業料の引上げが認められ、所得連動返還型奨学金の拡充で大学進学率、所得階層間の進学格差、教育の質を支える学生一人あたり大学予算が改善していると指摘する。(62) 低所得者にとって給付型奨学金はありがたいが、日本の仕組みでは、当該奨学金は授業料に振り替わるだけであり、大学の資金は増えない。それでは、教育・研究を拡充することは難しい。

研究費は増えても研究者は増えない

最後に、高等教育や研究にかかわる資金や人材についても若干触れる。国立大学法人の運営費交付金は、導入当初の２００５年度の１兆２３１７億円から22年度の１兆６７５億円まで13・３％減少している。そうしたなかで、国立大学を競争させる観点から、第２期中期目標期間以降（２０１０年度以降）、教育や研究などの評価や成果に基づく資金配分（「業績連動型交付金」）が増えているが、指標の信頼性が乏しく、成功しているとはいえない。(63)

国の科学技術関係予算（科学技術基本計画に基づく）については、２００５年度の３兆５７７９億円から、21年度の４兆１４１４億円まで15・７％増えている。(64) 政府の科学技術予算（２０１９年、GDP比）については、英国０・54％、フランス０・66％、米国０・70％、ドイツ０・98％、韓国１・08％に対し、日本は０・76％となっており、(65) 遜色ないが、論文数でみた日本の研究力は低下している。(66)

その背景には研究を担う人材の問題があり、特に博士課程入学者は近年減少している。(67) 人口１００万人あたり博士号取得者数は、２０００年の１２７人から06年の１４０人に増えたものの、その後減少し、19年には120人になっている。主要先進国で減少しているのは日本ぐらいである。[68]

研究者育成に関連しては、「第1期科学技術基本計画」（1996年7月2日閣議決定）において、若手研究者層の養成・拡充等を図る「ポストドクター等1万人支援計画」を2000年度までに達成することが規定された。ポスドク数は、96年の6224人から08年度の1万7945人まで増えた後、減少に転じ、18年度は1万5590人になっている。[69] 彼らの多くは1・2年程度の短期雇用である。

大学の教員数は増えているものの、非常勤講師や任期付き教員の割合が高い。[70] 彼らの多くは、時限的な競争的資金で採用されているため、大学や研究機関の雇い止め（有期雇用の研究者が10年を迎えると無期雇用に転換するよう要求できるため、その前に雇用を終了させること）が問題になっている。国立大学については、教育・研究に係る一般経費（運営費交付金の中心的な部分）を削って、業績連動型交付金や競争的資金を増やしているため、旧帝大などに資金は集中しても、大学全体の研究基盤は損なわれ、研究力も低下している。

4　雇用の促進と所得保障の拡充

人的投資の第三の柱は雇用である。これについては、多様な働き方を促進するとともにセーフティネットを張り直すための対策が必要であり、特に、雇用保険制度、職業訓練、生活保護と関連する制度の三点に焦点を当てる。また、雇用については、非正規問題に対処する必要があるが、これは日本型雇用システムを見直すことにつながる大きな問題であり次節で考える。

失業保障の方法と相違

職を失った場合の失業保障として重要なのが、失業あるいは雇用保険である[71]。失業保障においても、社会保険方式と税方式がある。雇用主や労働者の拠出に基づく失業保険制度と非拠出の失業給付があり、前者を採用しているのは日本をはじめドイツ、フランス、オランダなどであり、後者を採用しているのはオーストラリアやニュージーランドである[72]。

社会保険方式を導入している国の一部には、失業保険が切れた際に提供される「失業扶助」が導入されている。これは、通常ミーンズテスト付きであるが、制度としては、社会扶助とは異なっている。ドイツやフランスには、失業保険と失業扶助の両方があるが、オランダやスウェーデンには失業扶助はない[73]。日本の求職者支援制度（後述）は、給付金の金額が低く、公的扶助と同額の給付金を提供するドイツの失業扶助とは大きく異なるが、失業扶助の一種として位置づけられる。

以上を整理すると、失業保障に関連する制度としては、失業保険、失業扶助、社会扶助がある。もちろん、社会扶助は、高齢などの理由により求職活動ができない場合も対象となる。

保障が低い日本の雇用保険

日本の雇用保険の被保険者には、一般・高年齢・短期雇用特例・日雇労働の四種類がある。雇用される労働者でも被保険者とならない者があり（雇用保険法第６条）、具体的には、１週間の所定労働時間が20時間未満である者（日雇労働被保険者に該当する場合を除く）、31日以上雇用されることが見込まれない者、各種学校の学生、法人の代表者などである。

雇用保険制度の給付・サービスは、大きく二つに分かれる。失業や教育訓練・子育てのための休業等に対応するための失業等給付・育児休業給付（労使負担）、そして雇用安定事業・能力開発事業（使用者負担）である。

失業等給付には、求職者給付（基本手当・傷病手当・高齢者求職者給付金等）、就職促進給付、教育訓練給付、雇用継続給付、育児休業給付がある。

雇用安定事業は失業の予防や雇用機会の拡大などを目的とするものであり、雇用調整助成金、特定求職者雇用開発助成金（障碍者等を対象）などがある。能力開発事業は能力の開発向上を目指すものであり、事業主が行う職業訓練への助成、公共職業訓練などがある。

被保険者総数は1975年の2356万人から2021年の4463万へと趨勢的に増えている。ただし、就業者数の33％、雇用者の26％は保険に未加入である[74]（21年度）。また雇用形態別の加入率は、正社員93％、派遣労働者86％である一方、パートタイム労働者64％、臨時労働者48％となっている。[75]

他方、失業給付（基本手当）の受給者は、完全失業者数を反映して変動しているが、完全失業者に対する割合は、1975年度の84％から趨勢的に減少し、2015年度の20％まで低下し、21年度では23％になっている（図6－4）。こうした結果、失業対策への支出は、1990年度の1・0兆円から2000年度の2・5兆円まで増えたものの、19年度は1・1兆円となっている。[76] 雇用情勢が影響しているとはいえ、名目の金額が30年間で減少しているのは驚きである。

こうした失業給付の低下の背景には雇用保険財政の悪化がある。具体的には、自己都合退職者の受給期間を削減したことにあり、自己都合退職者の給付制限期間が長く（3カ月）、給付期間が短い、そ

図6−4　完全失業者と雇用保険基本手当受給者

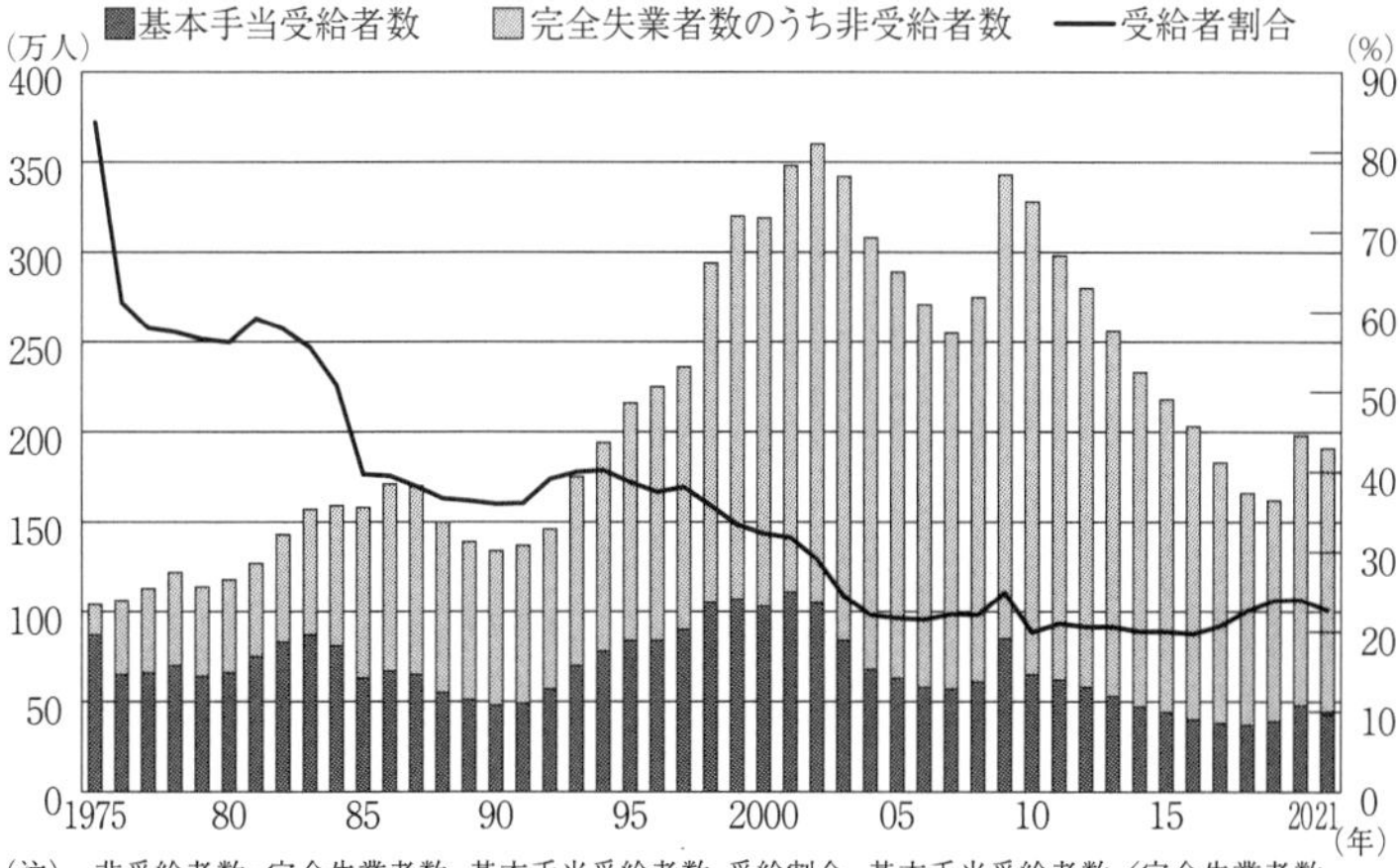

（注）　非受給者数=完全失業者数−基本手当受給者数、受給割合=基本手当受給者数／完全失業者数。
（出所）　総務省「労働力調査」及び厚生労働省「雇用保険事業年報」に基づき作成

して、「自己都合」で退職すると判断する方法が、日本は特異である。[77]

日本の雇用保険における失業保障は主要国と比べて低い。フランスやドイツと比べて、離職前賃金と比べた給付水準は低くはないが、給付日数については、日本90〜360日、フランス24カ月（53歳以上は30カ月、55歳以上は36カ月）、ドイツ6カ月（失業前被保険期間12カ月）〜12カ月（同24カ月）（50歳以上は15カ月、55歳以上は18カ月、58歳以上は24カ月）となっている。[78] 給付期間が短いと、失業している間にスキルを身につけることが難しい。

新型コロナと雇用保険

雇用保険に関しては、今般の新型コロナウイルス感染症拡大で給付が拡充された雇用調整助成金（雇調金）についても触れておく。雇調金とは、景気の変動、産業構造の変化などの理由により事業活動の縮小を余儀なくされた場合に、休業・教育訓練・出向によって、労働者の雇用を維持する事業主に対して助成するものであり、失業の予防や雇用の安定を図ることを目的としている。

本来の雇調金は保険料で賄う仕組みであるが、コロナ対策の臨時特例法により一般財源を投入している。関連する制度は四種類あり、雇用保険被保険者を対象とする雇用調整助成金（休業手当を支払った企業向け助成）・新型コロナウイルス感染症対応休業支援金（休業手当を受け取っていない労働者へ直接給付）及び非被保険者を対象とする緊急雇用安定助成金（企業向け）・新型コロナウイルス感染症対応休業給付金（労働者へ直接給付）である。

このうち、被保険者向けの制度の中小企業分に関する支払い金額の上限を超える部分[79]（大企業は除く）と非被保険者を対象とする二つの制度について、一般財源が投入された。雇用調整助成金・緊急雇用安定助成金の支給決定額は約5・2兆円であり、新型コロナウイルス感染症対応休業支援金・給付金の支給決定額は約0・24兆円である（2021年12月までの累計）。

こうした特例措置は当初においては必要な措置だったとしても、繰り返し延長されたことについては議論の余地がある。補助金で企業を助成し続けると、企業活動のみならず、労働市場の改革が遅れかねない。経済成長を目指すならば、生産性の低い企業には退出してもらう一方、労働者が新しいスキルを身につけられるよう支援し、彼らが成長が見込まれる産業に移ることが必要である。第二次安倍政権の経済政策の基本方針を規定した「日本再興戦略」（2013年6月14日）では、「思い切った事業再編を断行し、企業として、産業として新陳代謝を促進する」（3ページ）としており、矛盾する。

雇用保険制度改革

雇用保険制度改革を提案する。現在の仕組みの最大の問題は、非正規などが十分にカバーされておらず、失業給付の期間などが短く、労働者に対する十分なセーフティネットになっていないことである。非正規ほど失業するリスクが高いにもかかわらず、雇用保険への加入は限定されている。雇用保険は、年金や医療と異なり、雇用形態によって制度が分立していないので、ユニバーサルな制度にできる基盤がある。オランダの例に倣い、非正規を含めて雇用される者は原則としてすべて対象とする。[80]ただし、失業給付など保険の基本部分は、全額雇用主の拠出とする。

雇用対策においても、保険制度と一般財源の役割分担が必要である。保険の対象は、失業給付と事業主が行う職業訓練などに限定し、育児休業、一般的な職業訓練、雇用調整助成金（給付を限定した上で）、求職者支援制度などは一般財源で対応する。一般財源であれば、すべての労働者を対象とすることができる。

また、失業給付以外の多くの事業は一般財源で対応することになるので、失業給付などのための雇用主負担を引き上げることは可能であり、それは、正規・非正規にかかわらず雇用主としての責任である。また、近年では、フリーランス、業務委託、個人請負などのかたちで「雇用」されていない者のセーフティネットも必要になっており、一定の条件の下で雇用保険に加入できるようにすべきだ。

なお、欧米では、失業給付金の水準が高く、給付期間が長いと、給付に依存し職を探さないというモラルハザード論がしばしば指摘される。[81]日本でも、給付が手厚くなれば、そうした問題が起こる可能性はあるので、ハローワークを通じた求職活動を強化するとともに、給付期間を徐々に延長しその結

図6−5　OECD主要国における積極的労働市場政策と失業給付にかかる支出（2017年）

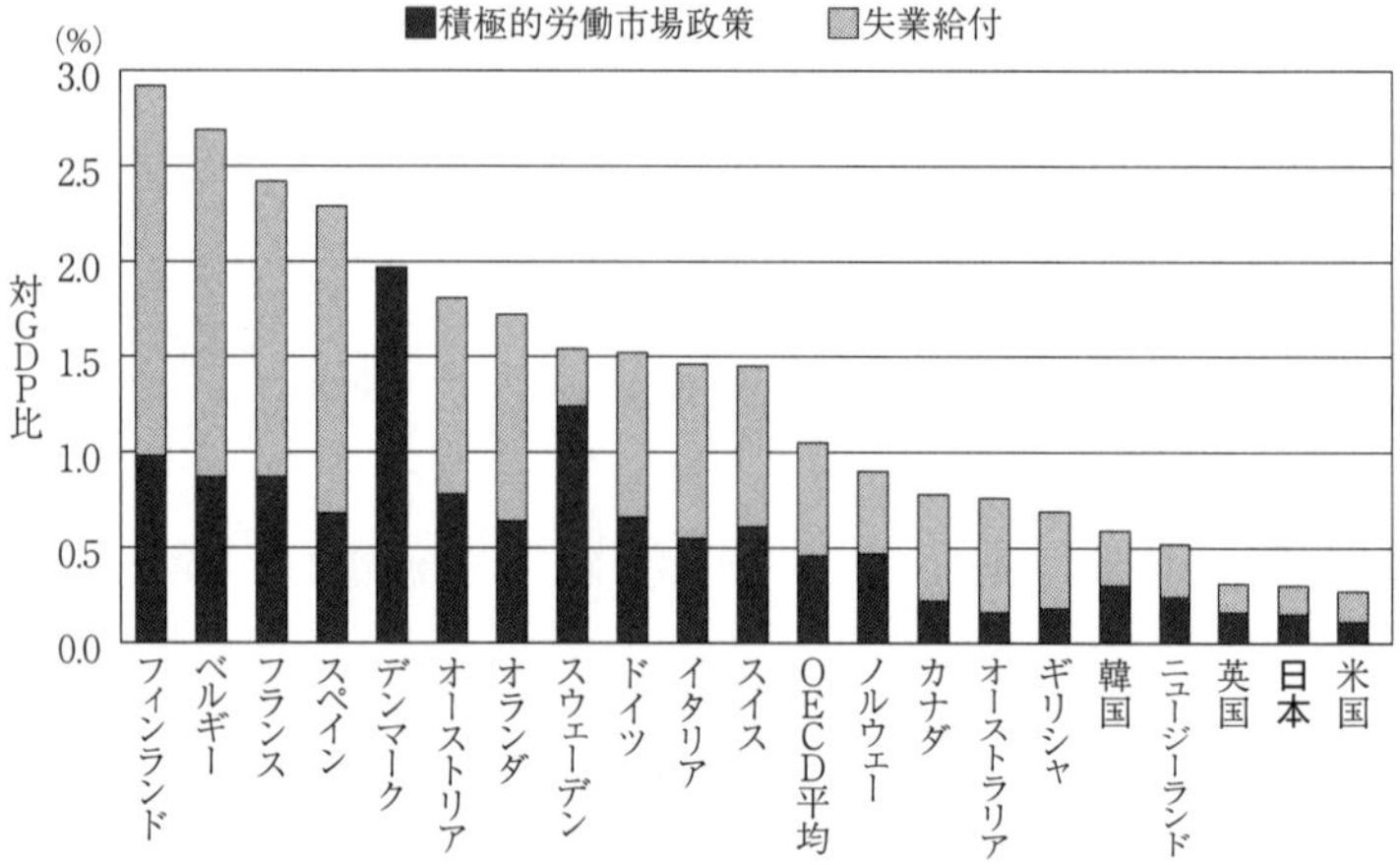

（出所）　OECD Social Expenditure Databaseに基づき作成

果を検証しながら拡充してはどうか。

きわめて手薄い職業訓練

二つ目の対策は職業訓練である。積極的労働市場政策及び失業給付の合計を見ると（図6－5）、どこの国でも失業給付のウエートが高いが（OECD平均で56％）、積極的労働市場政策のウエートが高いのがデンマークとスウェーデンである。日本については、失業給付の低さに加えて（失業率が低いことに加え、給付率が低いこともある）、積極的労働市場政策が極めて少なく、フランス・オランダ・ドイツの約2割、韓国の約5割である。ただし、英国・オーストラリアなど英語圏の国とほぼ同じ水準である。

また、日本の積極的労働市場政策への支出は、1990年度の0・6兆円から2019年度の0・8兆円へ若干増えているとはいえ、社会支出全体の増加率を下回り、全体に対する割合も1・3％

から０・６％へ低下している[82]。

積極的労働市場政策の内訳をみると、日本は、公共職業サービス機関の支援（全体の47％）と雇用インセンティブ（同41％）で全体の約９割弱を占めており、他の項目（職業訓練、配置換え・ワークシェアリング、援助雇用・リハビリ、雇用創出、起業支援）は極めて少ない[83]。雇用インセンティヴの割合が高い国（スウェーデン38％やイタリア79％など）もあるが、職業訓練が高い国（ドイツ29％・フランス32％・米国37％など）、援助雇用・リハビリが高い国（オランダ48％・米国29％など）がある。

企業の能力開発費（研修費用などのＯＦＦ-ＪＴ、２０１０～14年、対ＧＤＰ比）をみると、米国２・08％、フランス１・78％、ドイツ１・20％、イタリア１・09％、英国１・06％、日本０・10％となっており、日本は極めて低い。これらの水準を、１９９５～99年と比べると、英国については半減しているものの、米国などは微増ないし微減であるが、日本は、０・41％から４分の１になっている。ただし、一社あたりの能力開発費については、２０１０年から14年にかけて低下していたが、15年以降、人手不足などを背景として増加している[84]。

日本について、雇用形態別のＯＦＦ-ＪＴ受講状況を見ると、正社員の受講率は２００６年度の58％から、上下変動があるものの、20年度37％まで減少し、正社員以外の受講率も傾向としては同様で、06年度の31％から20年度の18％まで減少している[85]。こうした状況を反映して、日本の生涯教育への参加率は、雇用者で49％、失業者で37％であり、フランス（それぞれ43％、29％）よりは高いが、オランダ（73％、57％）、英国（65％、50％）、ドイツ（59％、42％）と比べて低い。こうした背景には、教育・訓練の重要性が認識されていないこともあり、日本は、仕事に関連した教育・訓練に参加した成人が教育・訓練が有益だと考える割合も少ない[86]。教育・訓練の内容にも問題があるのだろう。

フレキシキュリティを目指す諸外国

人的投資の観点からしばしば引用されるのがスウェーデンである。同国の労働市場政策の特徴の一つが、解雇規制が緩やかであり、低生産性部門から労働者を移動させ産業構造を転換することである[87]。それを支援するのが積極的労働市場政策であり、具体的には①労働市場訓練（職業訓練で、参加者は失業給付と同額の給付を受ける）、②雇用助成（雇主に助成して失業者の雇用を促進する、ただし正規雇用を代替しないようにする）、③就業体験（若者支援スキーム）である。

こうした政策は、１９８０年代は機能したが、90年代には効果が不明瞭になった。その理由の一つが、訓練に参加すると失業保険の給付資格を得られるので、モラルハザードが生じたというものであった。そこで、訓練終了後に70％が職を得るように目標が導入され、２０００年以降は効果が再び検証されるようになったという。興味深い点は、スウェーデンでは1年以上失業状態にある失業は全体の2割未満であり、失業者が比較的短い期間で再就職している点である[88]。

所得を保障しつつ、就業を奨励し労働移動を促進させる政策は、一般に、「フレキシキュリティ」と呼ばれる。デンマークやオランダがその代表例として紹介される[89]。柔軟性は、実態として、労働者の権利や立場を弱くしかねない問題をはらんでおり、教科書どおりに運用されるか問題であるが、日本の雇用調整助成金や退職所得の課税（勤続期間が長いほど優遇される）などの仕組みは人材の流動化を妨げるものであり、フレキシキュリティとは真逆である。

人材開発に向けての改革

職業訓練や人材の流動化の問題も、メンバーシップ型雇用という日本の雇用システムに内在する。メンバーシップ型社会の日本では、ＯＪＴが最も重要な職業訓練システムであり、それによりスキルを身につけることができるので技術革新へ対応できるはずだったが、１９９０年代以降、多くの若者が低スキルの非正規になり、正社員もＯＪＴを受けられなくなったことから、職業訓練政策は、それまでの企業内教育一辺倒から脱して、企業外のフォーマル教育に重点を置くように努めてきたものの、根強いメンバーシップ感覚によってうまくいかない事態の連続である。(90)

筆者は、専門職大学院で教えている。多くの学生は働きながら熱心に学んでいるが、高い授業料を払っても、それがただちに出世や転職、給与増に反映されるわけではない。メンバーシップ型とＯＦＦ-ＪＴは相性が悪い。

それでは、こうした問題をどうやって解決するか。ＯＥＣＤは、日本の生涯教育や学び直しの必要性が十分に認識されていない、労働時間が長く勉強する時間がない、企業による支援が少ないことなど財政的な制約が大きいことを指摘する。(91) つまり、これらを解決することが課題である。問題の根本はメンバーシップ型にあるので、企業や職種などに応じて、ジョブ型に徐々に変えることである。

鶴は、人材・経済が覚醒する多様な働き方改革として、ジョブ型正社員のデフォルト化とＩＣＴの徹底活用を提案している。(92) 具体策については、「ジョブ型正社員の雇用ルール整備に関する意見」（規制改革会議２０１３年12月５日）に反映されており、ジョブ型正社員の契約類型を就業規則で明示的に定めること、無限定正社員かまたはジョブ型正社員かの別について明示することを義務づけること、無

図6−6　世帯類型別被保護世帯の推移

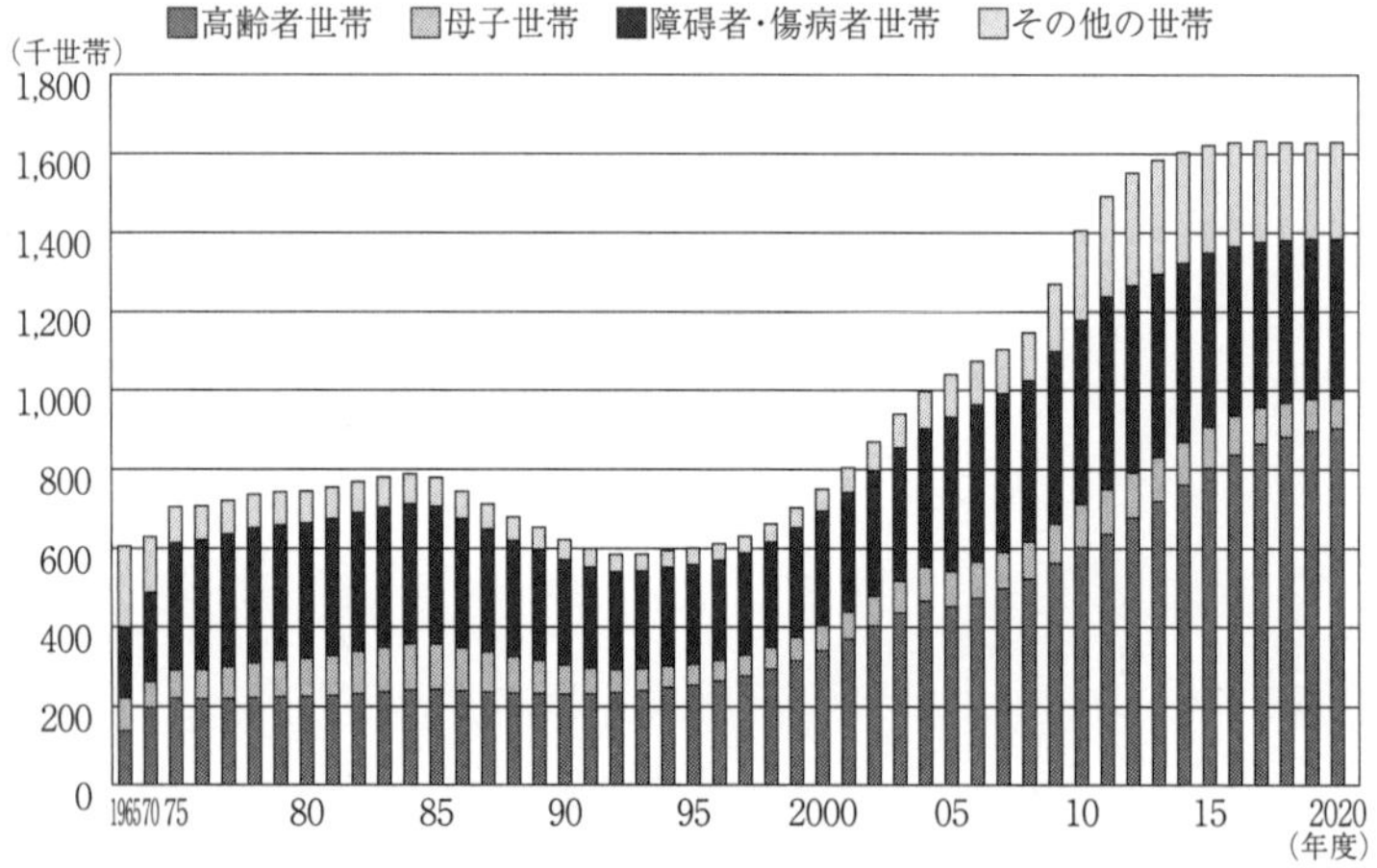

（出所）　厚生労働省「被保護調査」（各年度）に基づき作成

限定契約とジョブ型（限定）契約について相互転換を円滑にすることなどが提案されている。

給付金額は高いが受給しにくい生活保護

三つめの対策は、生活保護制度と関連する制度であり、主に就労支援の観点から考える。

被保護世帯は１９９０年度代後半より右肩上がりの傾向にある。特に高齢世帯が一貫して増加しており、２０１６年度以降全体の半数を超えている（図６－６）。これに障碍者・傷病者世帯を加えた割合は90年度以降、80％前後でほぼ一定している。年金制度が成熟しているにもかかわらず、高齢者の被保護世帯が増えており、年金が貧困防止策として機能していない。

日本の生活保護の基準額そのものは、国際比較の観点から見れば、先進諸国の中で最も高い(93)。最大の問題は、スティグマ（恥の烙印）が大きく、捕捉率（生活保護基準以下の人口に対して実際に受給している者の割合）が低いことである。岩田正美は、日本政府は捕捉率を公表していなかったが、民主党政権における「ナショナルミニマム研究会」（２００９～10年）において、例外的に「低所得者世帯率」（要保護世帯の割合）と「低所得世帯数に対する被保護世帯の割合」（捕捉率に相当）が公表され、統計調査の相違により、前者については４・９～12・４％、後者については15・３～29・６％であることを述べている[94]（いずれも所得のみの場合）。諸外国における公的扶助の捕捉率（２０１０年）は、ドイツ64・６％、フランス91・６％、英国47～90％、スウェーデン82％となっている[95]。むしろ、給付額が高いため、モラルハザードを生むことから、補足率を抑制しなければならないとも言える。

日本の生活保護は、就労促進効果が弱い。２０１３年８月、就労・自立インセンティブを強化する観点から、年間就労収入の１割を上限に控除する特別控除が廃止され、基礎控除の額について、全控除額を８０００円から１万５０００円まで引き上げ、控除率を一律10％とするよう改められた。厚労省は、この改革で就労・自立が促進されたと説明するが[96]、就労者数の増加はわずかであり、また景気動向などの外的要因を考慮していないので、改革が直接就労を促進したかはわからない。

そもそも、たとえば就労で追加的に10万円を稼いだとしても、基礎控除額は２・３万円にすぎない。これは、追加的な収入に対して77％の税率で課税されることを意味する。

なお、諸外国では、給付付き税額控除が導入されており、従来の社会保障給付とは異なり、働けば働くほど手取り額が一定の範囲で増える仕組みとなっている。

増加する就労困難者

就労支援の脆弱さは、生活保護にとどまらない。働きづらさを感じる人たちへの支援を拡充し、可能な範囲で働くようにすることが求められている。さまざまな理由で就労が難しい「働きづらさを抱える者」が存在する。日本財団の調査によれば、障碍者403万人、難病患者47万人、薬物使用者216万人、ニートやフリーター73万人、引きこもり54万人など、全体で約1528万人に達し、そのうち約269万人は就業増加が期待できるとする。[97] 日本でも、障碍者については、障碍者総合支援法に基づき就労移行支援、就労継続支援A型・B型、就労定着支援といったサービスが実施されているが、[98] 障碍者以外の人たちへの支援は十分ではなく、通常のハローワーク（公共職業安定所）では限界がある。

日本財団は、彼らが就労した場合の効果を試算しているので、ここで紹介する。就労困難者年間1・5万人を、障碍者の就労移行支援と就労継続支援A型の事業で受け入れた場合、1年間の経済効果（付加価値）は最大で約873億円、財政効果（所得税・保険料、法人税、消費税の増収、生活保護費の削減など）は約364億円となっている。[99] これは、一定の仮定を置いた試算にすぎないが、就労困難者が働くことには費用対効果がある。

求職者支援制度の限界

近年、雇用情勢の悪化などを受けて、さまざまな就労支援策が導入されている。生活保護に関しては、被保護者就労準備支援事業・被保護者就労支援事業・生活保護受給者等就職自立促進事業・特定求職者雇用開発助成金（生活保護受給者等雇用開発コース）や就労自立給付金・勤労控除・就労活動促進費といった就労インセンティブの仕組みなどであり、雇用創出基金事業（１９９９年）、求職者支援制度（２０１１年）、地方自治体の無料職業紹介（04年）、生活困窮者自立支援制度（13年）なども導入されている。むしろ、制度が多すぎて断片化している。

雇用保険を補完するための近年の改革で特に重要なのが、２０１１年の求職者自立支援法と13年の生活困窮者自立支援法である。後者は「第二のセーフティネット」といわれる[100]。

求職者支援制度は、再就職や転職などを目指す者に対して月10万円の職業訓練受講手当と無料の職業訓練や就職サポートを提供するものである。求職者支援制度の受講者数は、景気の動向を受けているとはいえ、11年度の導入後２カ年は増えたものの、右肩下がりで減り半減している[101]。

その減少幅は、有効求職者数のそれと比べても大きい。同制度は本人と世帯の収入・資産要件をクリアにした上で、訓練期間中にのみ月額10万円を給付する程度であり、訓練後の所得保障を伴わないため訓練後に収入を失う可能性さえある。職を離れても生活を維持できる所得保障制度を整えないと働く貧困層は制度を利用しない[102]。

雇用保険加入者が失業すれば、基本手当に加えて公共職業訓練を受けられるが、求職者支援制度の受給者については給付金の収入要件や訓練への出席要件などの条件が厳しく、給付金も定額である。要するに、保険制度の中で保険料を負担していない者を支援しようとするので、厳しい条件を付けざるを得ず、制度設計に無理がある。

求職者支援制度は、検討過程において、全額一般財源で対応することが提案されたものの、２０１

0年12月の三大臣合意（国家戦略担当大臣、財務大臣、厚生労働大臣）により、雇用保険の附帯事業として位置づけられ、国庫負担を2分の1、残りを労使折半とすることになった。ただし、当初から暫定措置として、国庫負担の割合は本則の55％（27・5％）とされ、２０１７～21年度には本則の10％（5％）に引き下げられ、22年度以降は当分の間、本則の55％に戻ることになった。

丸谷は、求職者支援制度の発足後10年を振り返り、その問題として、公共職業訓練との役割分担が明確ではないこと、受講手当は直接の生活保障を目的としておらずニーズに十分応えていないこと（生活保障は一般財源で賄うべき）などを指摘する。[103] 対象者が将来雇用保険に加入することを想定して雇用保険で対応することになったが、一般財源が削減されていることや職業訓練が手薄な状況を考えると、今後の拡充には限界がある。

ドイツなどに比べて似て非なる第二のセーフティネット

生活困窮者自立支援制度は、生活保護受給に至る前に自立支援を提供するものであり、相談事業、家賃相当の支給、就労支援、子どもへの学習支援などを行うものである。２０１５～19年度の間は、新規相談受付件数は23～25万件、就労支援対象者数は3万人前後で推移していたが、20年度はそれぞれ78・6万件、7・6万人へと急増している。[104]

自立支援制度の実施主体は、福祉事務所設置自治体であるが、[105] 運営については、社会福祉協議会や社会福祉法人、ＮＰＯ等への委託も可能である。自立支援制度には種々の事業があり、その核となる自立相談支援事業の体制については、主任相談支援員・相談支援員・就労支援員の三職種を配置することが基本とされている。2020年度における三職種合計の全国の支援員数（実人数）は5066人、常勤換算で4086人である。こうした職員数で十分対応できるとは考えにくい。

自立支援制度は、住宅確保給付金の支給はあるものの、基本的には就労支援や相談業務が中心であり、生活を保障するものではない。櫻井は、収入要件による対象者の選別や生活保障の仕組みが不十分であること、就労訓練事業の事業者認定と活用が進んでいないこと、長期の支援のための財源保障が十分ではないことなどを指摘する[106]。生活保障が必要な場合は、生活保護で対応することになり、両制度の連携や調整が必要になる[107]。

求職者支援制度と生活困窮者自立支援制度の統合

これら二つの制度は、一般の社会保険と生活保護の間を埋める制度として評価できるが、課題も多い。二つの制度の利用者の合計は約10万人（2019年度）であり、生活保護の受給者数（コロナ前で約164万世帯）や雇用保険制度の利用者（約109万人）と比べて、極めて少ない[108]。

これまでの低所得者対策について、岡部は、社会手当、生活福祉資金制度、ホームレス自立支援法等以外にほとんど制度的な手立てが講じられてこなかったが、ようやく「第二のセーフティネット」が注目されるようになり、求職者支援制度などが整備されてきた、ただし、これは経済・雇用の悪化に伴う応急的・臨時的措置として、いわば緊急避難的な措置として創設されたものであり、今後は、一般階層・低所得者階層・貧困階層という明確な区分の中で、制度設計（資格要件・給付／貸付種類・内容・方法・水準）とそれを支える体制・方法の再構築を行う必要があると述べる[109]。

そもそも、生活困窮者自立支援制度については、「困窮」という名称に問題がないだろうか。生活保護と同様に利用を躊躇させる懸念がある。

就労支援に関しては、関連制度や実施機関が断片化していることが大きな問題である。また、財源も十分ではなく、国の一般会計予算（２０２１年度当初）では、求職者支援制度２５２億円、生活困窮者自立相談支援事業費等負担金２９８億円、生活困窮者就労準備支援事業費等補助金３８３億円となっており、生活保護費負担金２・８兆円と比べて圧倒的に少ない[110]。

そこで、諸外国の取組みに倣い、生活保護の対象から就労可能な者を切り分け[111]、生活保護の就労支援制度、求職者支援制度、自立支援制度などと統合して、就労支援や相談業務と生活保障を一体的に行う「失業扶助」をつくることを提案したい。現在の生活保護受給者には、高齢者や障碍者などそもそも働くことに限界がある者とそうではない者が混じっており、同じ制度で両者に対応することに無理があるからだ。働ける者に対する職業訓練などを拡充する必要があり、福祉依存から脱して納税者になれば、日本財団の試算が示すとおり費用対効果があると考えられる。納税者の視点に立てば、彼らには可能な限り自立を求める必要がある。

生活保障については、基本的には現在の生活保護の生活扶助に相当する給付を行う。ただし、現在の生活保護の勤労控除は働くインセンティブが弱いので、新たな失業扶助では、それを抜本的に見直す。また、現在の「生活困窮者」といった名称は避けて、「就労支援・職業訓練制度」といった名称を考えるべきである。生活保護のような一般国民の負のイメージを払拭するべきだ。

なお、生活保護そのものに関しては、医療扶助は本書の改革案で廃止される。教育扶助なども、各分野の施策として対応するべきであり、生活保護は生活扶助を中心とする仕組みになると考えている。

5　日本型雇用システムの見直し

日本型雇用システムとしての非正規

日本の雇用を考えるにあたり、正規・非正規の問題を避けることはできない。非正規の問題は日本型雇用システムに内在しており、それだけを取り上げても解決できない。鶴は、日本型雇用の特徴として、①メンバーシップ制、②企業別労働組合、③後払い賃金、④遅い昇進、⑤頻繁な配置転換、水平的なコーディネーション、⑥解雇ルール、⑦家族システムを挙げ、それらが1990年代以降の大きな環境変化に適応できず、多様な問題を生んでいると指摘する。[112] そして鶴は、具体的な問題として、[1]正社員の新規採用・賃金抑制と雇用が不安定な有期雇用の増大、[2]ワーク・ライフ・バランスが掛け声ばかりで進んでいない、[3]女性の労働参加、活躍を阻害している（夫が無限定正社員であれば妻は専業主婦に）、[4]無限定正社員は「何でも屋」であり、特定の能力が技能を身につけにくいなどを挙げる。

非正規は女性の問題でもあるが、それは、日本型雇用システムが前線で戦う企業戦士たる成人男子正社員と、その家庭を銃後で守る専業主婦ないしパート主婦という組合わせ（夫は「ワーク」妻は「ライフ」の分業システム）で安定的な均衡解を獲得した、典型的な「昭和戦後システム」といえる。[113]

正規・非正規の動向については第2章で整理したように、女性の非正規が増えている。女性が働く

図6−7　OECD主要国における女性のパートタイム労働者の状況（2021年）

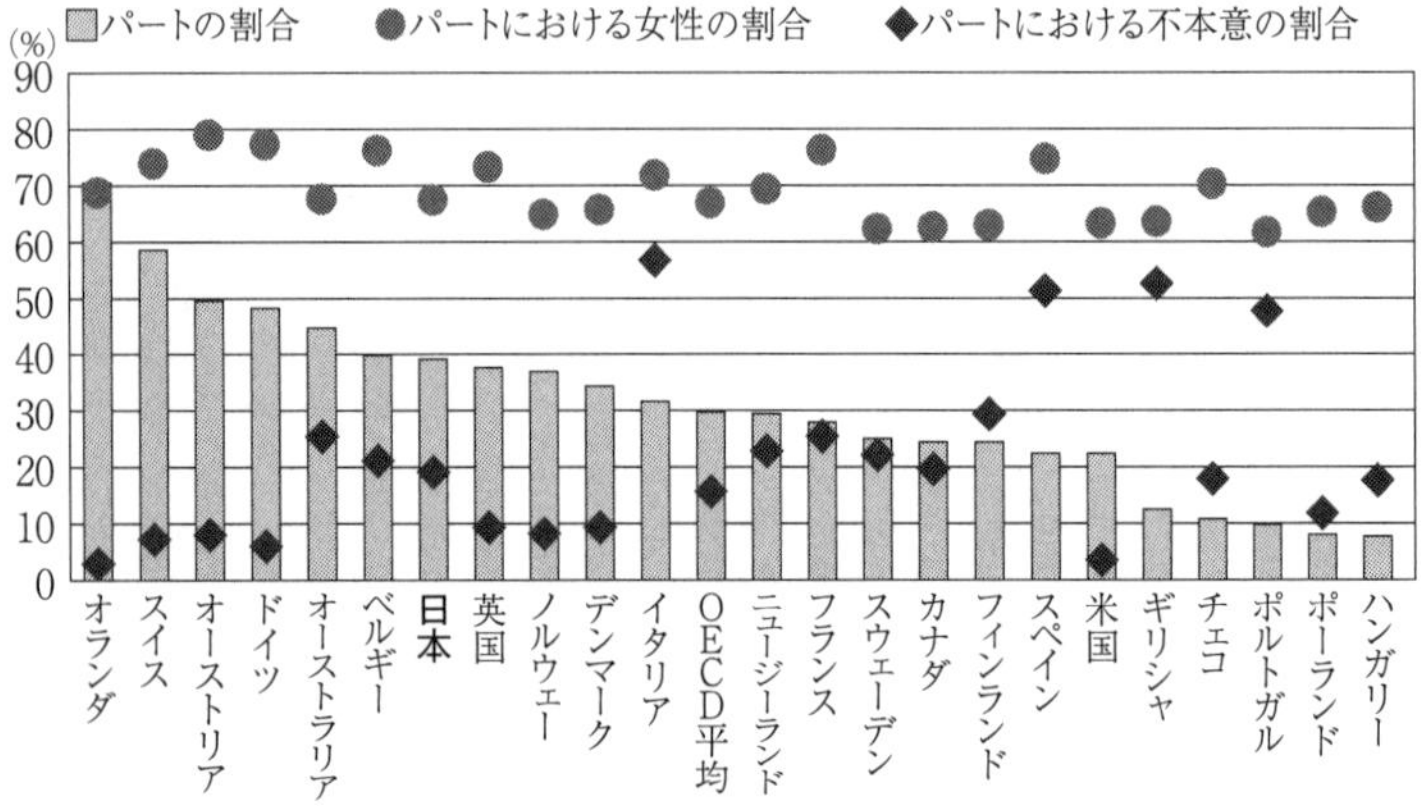

（注）　パートタイム労働者：主な仕事として週30時間未満で働く者、パートの割合：女性労働者におけるパートタイム労働者の割合。
（出所）　OECD Emplyment Databaseに基づき作成

割合が高い主な産業は、医療・福祉（雇用者総数に占める女性の割合77％）、宿泊業・飲食サービス（同63％）、生活関連サービス・娯楽業（同59％）である。(114)

OECD諸国における女性のパートタイム労働者の状況を比較したのが図6－7である。日本の女性労働者におけるパートの割合は約4割であり、高いほうのグループに属するが、オランダやドイツと異なり、パートにおける不本意の割合が高い（フランスよりは低い）。

また、非正規（特に女性）の所得が低いことが問題である。(115) 欧州諸国では、非正規の賃金は正規の75～90％であるが、日本は60％である。(116) 女性が子育てを経て再就職することは一般化してきたが、再就職時の年収は、前職より平均で40～50万円低下しており、家計補助の水準にとどまっていること、年齢を重ね、さらに既婚・子どもがいる場合は正社員としての再就職はしにくくなる。(117)

日本の場合、女性の非正規の所得が低い一つの理由は就業調整にある。配偶者がある場合で就業調整をしている者は、所得が50～99万円の場合約２０９万人（その所得階級全体の55％）、同１００～１４９万円の場合約１４２万人（同53％）となっている一方、配偶者がない場合で就業調整している者は、それぞれ33万人（29％）、20万人（17％）となっている。(118)

メンバーではない非正規

日本の非正規については、労働法制の問題だけではなく、雇用慣行としてのメンバーシップ型雇用と年功序列賃金の観点から問題がある。日本では、正社員と非正社員が同じ仕事をしていても、転勤の範囲や残業の有無、配置転換の範囲などの「働き方」が異なれば、処遇に格差を設けることは合理的とする非正規雇用政策となっており、これが拘束性の強い働き方としての正規雇用を維持しながら、弱い非正規雇用の処遇を抑えることになっている。(119)日本における正規・非正規という雇用の過度な二重性は、非正規自身の努力と企業が行う人的投資へのインセンティブに対してマイナスの影響を与え、生産性の低下をもたらしている。(120)

２０１８年６月、働き方改革関連法が成立し、このうちパートタイム・有期雇用労働法に関しては、非正規雇用労働者（パートタイム労働者、有期雇用労働者、派遣労働者）について、不合理な待遇差の禁止、労働者に対する待遇に関する説明義務の強化、行政による事業主への助言・指導等や裁判外紛争解決手続（行政ＡＤＲ）の整備が盛り込まれ、20年４月１日から施行されている（中小企業については21年４月１日施行）。これは「同一労働同一賃金」を実現させるための改革である。詳細な「同一労働同一賃金ガイドライン」も作成され、問題となる事例なども示されているが、最終的には、「不合理」か否かは判断となる。また、２０２２年7月から、労働者が３０１人以上の事業主は、正社員とパートなどに分けて、男性の賃金に対する女性の賃金の割合を公表することになった。罰則規定はないため、どこまで正確な情報が提供されるかが問題となる。

結局のところ、非正規雇用の問題は、戦後発達してきた日本の雇用システムや雇用慣行に根ざす問題であり、法律や制度を変えても簡単には解決できない。島貫は、企業が正社員と非正社員に異なる賃金管理を行っている場合、同じ仕事に従事していても適用される賃金決定要素が異なることから、同じ賃金水準に設定したり調整したりすることが困難になり、正社員と非正社員の賃金格差が縮小しにくいことを指摘する。[121] つまり、同一労働同一賃金とするためには、正社員と非正社員に対して同じ賃金管理を行わなければならない。

最終的には、労働者のニーズに応じた、より柔軟な働き方（たとえばフルタイムからパートタイムへ、またその逆に転換しても不利にならない）ができるようにすることである。鶴は、有期雇用の雇用不安定への対処としては、「雇止め法理」（解雇権濫用法理の類推適用）に依存するのではなく、使用者が有期雇用の終了時手当を労働者に支給する仕組みを導入することを、またメンバーシップ型雇用からジョブ型雇用への転換については、入社10年前後から社員本人の意思に基づく「途中からのジョブ型」という漸進的・複眼的アプローチ、社内公募や中途採用の積極的な導入を提案する。[122]

6　昭和モデルからの脱却を

政府は、また新しい少子化対策を掲げる。2023年1月4日、岸田文雄首相は年頭の記者会見で、「異次元の少子化対策」に挑戦することを表明した。そして、6月13日、それを具体化する「こども未来戦略方針」が閣議決定された。今後3年間を対象とする「子ども・子育て支援加速化プラン」として、三本の柱を掲げている。第一に経済的支援、第二にサービスの拡充、第三に共働き・共育ての推進である。

戦略方針は、少子化の背景として、経済的な不安定さや出会いの機会の減少、仕事と子育ての両立の難しさなどを挙げるが、残念なことに、ここにはこれまでの施策の評価が欠落している。過去を検証しなければ、これまでの失敗を繰り返すことになるだろう。

岸田首相は、将来的にこども・子育て予算を倍増すると述べたが、その財源については、彼は早々と増税はしないと公言し、戦略方針の閣議決定の際、徹底した歳出改革によって財源を確保し、国民の実質的な追加負担を求めることなく新たな支援金の枠組みを構築すると述べた。歳出削減も痛みを伴うものであり、国民に追加負担が生じないというのは詭弁だ。

少子化対策の財源問題は先送りされたが、政府内で検討されているのは、児童手当にかかる企業拠出金や医療保険料の引上げなどである。「拠出金」といっても、それは保険料に変わりはない。本書で繰り返し指摘しているとおり、保険料には逆進性などの問題がある。また、保険料は企業にとっては労働コストであり、本人負担分はもとより、企業負担分を引き上げれば、賃上げを抑制する。

結局、岸田政権は財源調達に真剣に向き合うことから逃げている。児童手当は増額され、所得制限も撤廃されても、出生率は大きく回復しないだろう。これでは、とても「異次元」とはいえない。

こうした少子化対策の司令塔になるのが、２０２３年4月に発足したこども家庭庁である。こども家庭庁は「司令塔」とされているが、従来でも少子化対策をはじめとする関係施策は、総合調整権限を有する内閣府が担っており、こども家庭庁を内閣府の外局として設置しても、「長官」という新しいポストが誕生するとはいえ、権限がさらに強化されるわけではない。こども家庭庁設置にあたり、従来から議論になっていた「幼保一元化」は早々と見送られた[123]。保育の無償化、子ども保険、子ども家庭庁、異次元の少子化対策などは、子どもに名を借りた選挙対策ではないか。子ども対策を重視し新しい組織をつくるのであれば、ドイツなどに倣って「こども家庭省」をつくるべきなのではないか。

雇用面においても、安倍政権などで労働市場の制度改革は進んだ。しかし、解雇ルールの法制化を通じて、正規職も含む総雇用者数と総賃金コストの柔軟な調整だけが目指されており、フレキシキュリティのような社会単位の調整に基づく雇用と所得の安定性を向上させるための諸制度改革は見送られている[124]。

全体をまとめる。日本でも経済や社会の変化に対して、これまでさまざまな改革や取組みが行われてきたが、社会保険制度が典型的なように、男性・常勤・片働きなどを前提とする多くの「昭和時代の社会的な仕組み・慣行」が、令和時代の今日に至ってもなお岩盤として残っており、改革を妨げている。政府は、掛け声としては、少子化対策の拡充、働き方改革などを提唱するが、この岩盤を崩すようなものではない。

【第6章　注】

（1）社会支出全体（教育は含まれない）に占める年金・医療の割合（２０１７年）は、日本85％、オランダ61％、英国67％である（OECD Social Expenditure Database）。なお、医療も人的投資の性質を有するが、日本の場合、高齢者医療に偏っているため、ここでは含めない。
（2）２０２１年のＧＤＰ。内閣府・国民経済統計（２０２２年1-3月期二次速報値）に基づく。
（3）国立社会保障・人口問題研究所（２０２１）「令和元年度社会保障費用統計」に基づく。
（4）山田昌弘（２０２０）を参照。
（5）筒井（２０１５）を参照。
（6）古村（２０２２）は、日本の女性の出産後の所得はマイナス約60％になっていること、これはドイツとほぼ同様の傾向であるが、米国（マイナス40％）やデンマーク（マイナス20％）より大きいことを示している。
（7）Himmelweit and Lee（[2021], pp. 46-48）を参照。
（8）Boling（[2015] p. 146）を参照。
（9）「２０２１年社会保障・人口問題基本調査〈結婚と出産に関する全国調査〉」によれば、理想の数の子どもを実際には持たない理由として最も選択率が高いのは「子育てや教育にお金がかかりすぎるから」という経済的理由で、選択率は53％であった。
（10）「２０２１年社会保障・人口問題基本調査〈結婚と出産に関する全国調査〉」に基づく。
（11）具体的には、認定保育園、幼保連携型認定こども園、幼稚園型認定こども園、地方裁量型認定こども園、小規模保育事業、家庭的保育事業などであり、種類が多すぎてわかりにくくなっている。保育所は、当初は、１９４７年に制定された児童福祉法において「保育に欠ける児童を入所させる」児童福祉施設として導入された。いわゆる行政による措置制度である。しかし、女性の就業形態が変化するなかで保育需要に対応するためには、措置制度では限界が出てきたため、97年の児童福祉法の改正により、利用者が保育所を選択する仕組みになった。さらに、２００１年の同法改正により、従来の社会福祉法人に加えて非営利組織、協同組合、民間企業など多様な運営主体が保育事業に参入できることになった。
（12）厚生労働省「令和3年4月の待機児童数調査のポイント」に基づく。以下、待機児童関係の数値等は、この資料から引用している。

(13) 保育士の年収は、「賃金構造基本統計調査」に基づくものであり、「保育士の現状と主な課題」(保育の現場・職業の魅力向上検討会・第6回２０２０年9月17日) より引用している。

(14) 「令和元年賃金構造基本統計調査」に基づく、決まって支給する現金給与であり、基本給、各種手当、超過労働給与なども含まれる。また、勤続年数は、保育士７・８年、幼稚園教諭８・２年、ホームヘルパー７・３年、看護師８・２年、全職種12・4年になっている。

(15) 「育児休業、介護休業等育児又は家族介護を行う労働者の福祉に関する法律」(１９９１年) である。認可保育所に入所できない等の場合には、育児休業期間を子が1歳6カ月になるまで延長できる。有期雇用者については、同一の事業主に引き続き1年以上雇用されており、子が1歳6カ月になる日の前日までに労働契約が満了することが明らかでない場合に限り、育児休業を所得できる。

(16) OECD Family Databaseに基づく。

(17) 育児休業の所得率については、厚生労働省「雇用均等基本調査」から引用。

(18) 三菱ＵＦＪリサーチ&コンサルティング (２０１９、27ページ) を参照。

(19) 内閣府「平成19年版少子化対策白書」及び労働政策研究・研修機構 (２０１８) を参照。

(20) OECD Social Expenditure Databaseに基づく。

(21) Hong and Lee [2021] p. 156) を参照。

(22) 「夫は外で働き、妻は家庭を守るべきである」という考え方に関する意識調査によると、この考え方について「賛成」及び「どちらかといえば賛成」と答えている男性は、１９７９年の76%から２０１９年の39%へと減っている。女性については、同じ時期で70%から31%へと減少している。いずれにせよ、3~4割がそうした意識である。こうした意識は年齢によっても異なっている。以上、内閣府「令和2年版男女共同参画白書」(I-特-13図) に基づく。

(23) 1日に無償労働に配分している時間は、女性については日本２２４分、ドイツ２４２分であるが、男性については日本41分、ドイツ１５０分となっている。OECD Gender Data Portal (2021) に基づく。日本の数字は２０１６年、ドイツは２０１２~13年。

(24) 濱野 (２０１７) は、諸外国の男性の育児休業の取得促進に関する施策を比較し、英国やフランスなどでは男性の取得率は低いものの、ドイツ (２０１４年34%)、スウェーデン (２０１６年27%)、ノルウェー (２００７年99%) では高いこと、諸外国における男性の取得促進のための効果的な政策として、①給付額を休業前賃金に比例させ、②かつ、その比例の率を高めたこと、③父親が給付を受給すれば、世帯としての支給期間が延長される仕組みを導入したこと、④父親が給付を受給しなければ、世帯として本来受給できた支給期間の一部が消滅する仕組みを導入したこと、をあげる（日本でも、①と③については既に導入済）。

(25) ひとり親世帯等の子ども（18歳まで、障害児の場合は20歳未満）を養育するための現金給付として、児童扶養手当がある。月額（２０２２年４月以降）は、全部支給の場合４万３０７０円、一部支給の場合１万１６０～４万３０７０円となっている。全部支給（２人世帯）の所得制限限度額（収入ベース）は１６０万円である。受給者数は88万人である。財源は一般財源であり、国３分の１、都道府県または市３分の２となっている。以上、厚生労働省「児童扶養手当の概要」より引用。

(26) 内閣府「児童手当事業年報」に基づく。

(27) この基準は、夫婦の場合、収入の高い方に適用されるので、共働きで世帯合計収入がこの基準を超えていても、それぞれの収入がこの基準以下であれば、児童手当を受給できる。共働き世帯が一般的になっている状況では、不合理かつ不公平な基準である。

(28) この改正は、菅義偉政権における全世代型社会保障検討会議の最終報告（２０２１年12月）において、児童手当の高所得者への支給停止で約４００億円、企業による拠出金で約１０００億円を捻出し、保育の受け皿を整備することが決定されたことによる。対象から外れる子どもは61万人、全体の４％と推計されている。

(29) 西岡（２０２１）は、自民党は家族主義的価値観を色濃く持つ保守政党であるにもかかわらず、家族政策が拡充された理由として、厚生官僚が出生率１・57ショックを見逃さず、単に人口問題として少子化問題を語るのではなく、女性の仕事と家庭生活の両立といった女性問題と結びつけたことで、社会からの批判を抑制することができ、少子化問題が政府のアジェンダとなったと説明する（３６４ページ）。ただし、非正規が多いことなど、女性の雇用の問題は後手に回った。

(30) その具体的内容は、「新しい経済政策パッケージ」（２０１７年12月８日閣議決定）に盛り込まれた。幼児教育の無償化、待機児童の解消、高等教育の無償化（低所得家庭の授業料減免）などであり、２％の増収分（約５兆円）を、幼児教育の無償化等と財政再建（後世代への負担のつけ回しの軽減等）とに、おおむね半分ずつ充当することになった。ただし、すべての幼児教育・保育が無償になっているわけではなく、たとえば幼稚園・保育所・認定こども園等を利用する場合、０～２歳児については住民税非課税世帯で無償になっているなど、対象施設・所得水準などで無償の取扱いは異なっており、制度は非常に複雑になっている。

(31) 特にヘックマン（２０１５）がしばしば引用される。最近では、ＯＥＣＤが英国、エストニア、米国における取組みを分析し、５歳までの幼児教育・保育の内容が、その後の読み書き能力、自己規制、社会的スキルなどにおいて、相違をもたらしていると分析している（OECD［2020a］）。

(32) 池本（２０１８）は、今般の無償化では、もっぱら親の就業の有無など「保育の必要性」で線引きしているため、高所得の共働き世帯の保育料が全額無償となる一方で、低所得の専業主婦（夫）世帯の一時預かり、認可外保育施設、幼稚園終了後の預かり保育は無償化の対象外となるなどの問題を指摘する。

(33) 田中慶子（２００８）は、２００６年の児童手当の拡充（支給対象が小学校3年修了までから小学校修了前に変更、所得制限の限度額が７８０万円から８６０万円に変更、第二子までは年間一人あたり6万円が追加給付、第三子以降は1人12万円）による影響を、パネルデータを使って分析したところ、「子どものための支出や貯金額は制度変更前後であまり変化がなく、増額分は世帯全体の生活費などに分散して吸収された」と指摘する（43ページ）。

(34) 日本のふたり親世帯の貧困率は11・2％であり、新興国よりは低いものの、ＯＥＣＤ平均（９・４％）を上回り、ドイツ・フランス・オランダの2倍弱である。

(35) スウェーデンでは、離婚時に取り決めた養育費の支払いがない場合、権利者は社会保険庁に養育費補助金を申請し、社会保険庁は支払い義務を負う親から未払い分を回収するが、義務者が社会保険庁の督促に応じない場合強制執行庁が強制徴収するという（「日経新聞電子版」２０２２年7月27日）。スウェーデンでは、政府が納税者番号で国民の所得・金融資産などは把握できることから、政府が養育費を立て替えた後に徴収できる。

(36) 婚外子の割合は、フランス60％、スウェーデン55％、オランダ52％、米国40％、ドイツ34％、日本２・３％、韓国２・２％となっている（OECD Family Database）。

(37) 人口千人に対する婚姻件数の割合（婚姻率）でも、１９７１年の10・５から２０２０年の４・３に減少している。以上、厚生労働省「２０２０年人口動態調査」に基づく。

(38) 内閣府「男女共同参画白書」（２０２２年版）の特 - 41図から引用。なお、元データは、「２０２１年度人生１００年時代における結婚・仕事・収入に関する調査」（２０２１年度内閣府委託調査）である。

(39) 厚生労働省「令和2年人口動態調査」に基づく。

(40) 戸田ほか（２０１４）は、幼少期の家庭環境や非認知能力が、学歴、雇用形態、賃金といった労働市場における成果にどのような影響を与えているかを分析し、幼少期の家庭環境について、学歴に対しては諸々の家庭環境が有意に影響を与えるが、就業以降は家庭環境の影響が弱まるものの、賃金に対しては蔵書の多い家庭で育った人ほど賃金が高くなる影響がみられると指摘する。

(41) 男性高卒の生涯賃金（２０１９年、退職金含まない）は２・13億円、大卒院卒２・69億円、女性高卒１・52億円、大卒院卒２・17億円となっている（労働政策研究・研修機構［２０２１］）。

(42) これは、教育や職業訓練などの投資が所得や経済成長に影響を与えると説く「人的資源論」に対して、教育はその個人の能力を他人に知らせるための「シグナル」にすぎないとする理論に基づくものである。こうした理論については小塩（２００２）

を参照。

(43) 濱中・日下（２０１７）は、教育の社会経済的効果についてのさまざまな研究をレビューしている。

(44) 本田（２０１９、３３５ページ）を参照。

(45) OECD（2015b）に基づく。なお、親が非大卒で子が大卒に上昇する割合については、日本は22％であり、韓国（47％）より低いものの、欧州諸国と比べて遜色はない。松岡亮二（２０１９）は、「社会階層と社会移動に関する全国調査」に基づき、父親の学歴別の四大卒の割合を分析しているが、それによると、父親が大卒の場合、20代男性の大卒割合は80％であるのに対して、父親が非大卒の場合は35％、30代ではそれぞれ60％、31％となっている。女性については、父親が大卒の場合、20代の短大卒以上の割合は76％、父親が非大卒の場合、同35％となっている。30代ではそれぞれ74％、36％である。松岡は、親の学歴でその子の学歴が、いわば確率として決まると指摘している。

(46) 日本財団子どもの貧困対策チーム（２０１６）は、15歳未満の子どもの貧困を放置すると、大卒の半減・中卒の４倍増、非正規社員や無業者の１割増、一人あたり生涯所得及び財政収入の減少などにより、一年あたりで所得が約１兆円、財政収入が約３５００億円減少すると推計し、所得の減少は児童扶養手当総額の２倍に匹敵すると指摘する。

(47) OECD（2021b）に基づく。

(48) 日本の学生一人あたりの教育支出（高等教育を含まない）は１万１８５ドル（購買力平価）であり、ＯＥＣＤ平均の１万４５４ドルとほぼ同じであり、学生一人あたり高等教育支出は、１万９３０９ドルであり、ＯＥＣＤ平均の１万７０６５ドルを上回る。以上OECD（2021b）に基づく。

(49) Garritzmann（2016）に基づく。

(50) 教育再生実行会議「教育立国実現のための教育投資・教育財源の在り方について」（第８次提言、２０１５年７月８日）は、高等教育の具体的な効果として、大卒者・院卒者一人あたりの費用２５４万円に対して、税収増加額・失業給付抑制額・犯罪費用抑制額等の便益６０８万円があるとしている（２・４倍の効果）。

(51) 給付型奨学金など高等教育費の公的負担の問題については、田中秀明（２０１８）を参照。

(52) 「準ずる世帯」とは、両親・本人・中学生の４人家族の場合、年収約２７０～３００万円世帯（住民税非課税世帯の学生の３分の２を支援）、同約３００～３８０万円世帯（同３分の１を支援）が対象である。

(53) ２０２０年度の実績では、それぞれ約27万人、約44万人、約71万人であり、当該年収の学生数に占める利用率は、それぞれ約52％、約24％、約26％となっている。また、22年度予算で確保している財源は、それぞれ５６０１億円、２５２３億円、６１４０億円となっている。以上は、教育未来創造会議「我が国の未来を牽引する大学等と社会の在り方について（第１次提言）」（２０２２年５月10日）に基づく。

(54) 日本学生支援機構（2022a）を参照。
(55) 従来の定額返還方式との選択制である。毎月の返還額は、前年の年間所得（地方税の課税総所得金額）×9%÷12であり、その金額が2000円以下となる場合、返還月額は2000円となる。年収が144万円までは課税所得がゼロなので、それまでは2000円の返済であり、超えると年収に比例して返済額は増える。なお、災害や疾病、生活保護受給中、年収300万円以下の経済困難などの場合には返済を猶予できる。
(56) 学生と政府の負担額は、専攻によって異なっており、たとえば、法律や経済では、学生負担1万5142豪ドル・政府負担1147豪ドル、工学・環境では、それぞれ8301豪ドル・1万6969豪ドル、医療・歯科では、それぞれ1万1800豪ドル、2万8196豪ドルとなっている（2023年の年額、教育・技能・雇用省資料に基づく）。これらの数字は、教育コスト、卒業後に期待される収入額、国としての人材確保などの観点から設定されている。
(57) 英国の仕組みについては、大森不二雄（2018）より引用している。
(58) オーストラリアの制度では、2019年度において、ある年あるいは累積して、返済者のうち、43・6%が完全に、23・4%が部分的に返済する一方、33%が何ら返済していない（DOE Australia [2021]）。
(59) 日本学生支援機構（2020b）を参照。
(60) 新しい制度では、所得連動返還型奨学金制度有識者会議の報告書「新たな所得連動返還型奨学金制度の創設について」（2016）の提言に基づき、返還者が被扶養者になった場合には、扶養者のマイナンバーの提出を求め、提出があり、かつ返還者と扶養者の収入の合計が一定額（貸与額を定額返還型で返還した場合の返還額となる収入）を超えない場合のみ新所得連動返還型による返還を認め、超える場合は定額返還型で返還することになっている。この扶養の問題は悩ましいが、そもそもは所得税や社会保険料などの扶養の仕組みが時代遅れであり、改革が急がれる。オーストラリアなどと同様に、この奨学金の返済は、納税者番号制度に基づき税務署が担うべきだろう。
(61) 小塩（2020）を参照。
(62) 大森不二雄（2022）を参照。
(63) 業績連動型交付金は諸外国でも導入されているが、日本の仕組みは総額の16・5%（2021年度）に達している一方で、配分や指標の客観性・信頼性・安定性・透明性が低く、教育研究の向上に資する仕組みになっているとは言いがたい（田中秀明［2022］）。大学は膨大な評価作業に追われて、肝心の教育や研究が疎かになりかねない。また、交付金が教育と研究に分かれておらず、実質的に前者が削られていることも問題である。
(64) 当初予算ベース。補正予算で毎年度数千億円が追加されており、2018年度4419億円、19年度9844億円、20年度7727億円（グリーンイノベーション基金事業と大学ファンドは除く）である。

(65)　文部科学省科学技術・学術政策研究所（2022）に基づく。なお、日本については、地域を含めると1・03％になる。

(66)　日本の論文数（2018－20年の平均）は、中国、米国、ドイツ、インドに続き第5位であるが、トップ10％論文数では、中国、米国、英国、ドイツなどに続き第12位、トップ1％論文数では、中国、米国、英国、ドイツなどに続き第10位である。問題は、98－00年の順位、すなわち論文数で第2位、トップ10％・トップ1％で第4位から、いずれも凋落していることである。以上、文部科学省科学技術・学術政策研究所「科学技術指標2022」に基づく。

(67)　1981年の4753人から2003年の1万8232人まで増えたが、その後減少を続け、20年に1万4659人になっている。以上文部科学省「学校基本調査報告」に基づく。理工学系・人文社会・教育等を含む。

(68)　2000年と19年を比べると、英国は195人から361人、ドイツは319人から345人、韓国は131人から296人、米国141人から281人（18年）となっている。大学、政府機関、企業等における研究者の数（人口1万人あたり、20年）では、日本は74・7人であり、韓国86・3人を下回るが、ドイツ54・3人、米国48・3人（19年）、フランス47・4人、英国47・4人（19年）を上回る。以上、文部科学省科学技術・学術政策研究所（2022）に基づく。

(69)　文部科学省科学技術・学術政策研究所（2021）に基づく。

(70)「学校基本調査」によると、本務教員数は2001年度において、国立6万973人、公立1万768人、私立8万830人であったが、21年度においては、国立6万3911人、公立1万4338人、私立11万2199人である。国立大学についてみると、2010年度以降、教員（本務者）や非常勤講師の数はほぼ同じであり、両者の合計に対する非常勤講師の割合も35％程度で大きな変化はない。ただし、任期付き教員は増えており、全体に対するその割合は21年度で30％になっている。また、女性教員（本務者）に占める非常勤講師や任期付きの割合は、それぞれ42％、32％であり、男性（それぞれ33％、28％）より高い（21年度）。以上、国立大学協会（2022）に基づく。

(71)　本書では、失業保障としての一般的な仕組みとしては、「失業保険」を使い、日本の制度としては、「雇用保険」を使う。

(72)　オーストラリアの仕組みは“Job Seeker Payment”と呼ばれる制度であり、22歳から年金支給開始までが対象者、ミーンズテストによる受給資格チェック、居住が要件となっている。

(73)　スウェーデンには失業扶助は存在しないが、失業保険については任意保険制度が中心であり、任意制度に未加入の者や受給要件を満たさない失業者には、別に基礎保険が適用される。したがって、スウェーデンの失業保険は、失業扶助を兼ねた制度である。また、被用者のみでなく事業主をも対象としており、最低保障額を提供する基礎保険と任意加入の所得比例保険との二つの部分からなる。前者は、任意制度に未加入の者や受給要件を満たさない失業者に対して適用される。以上は、労働政策研究・研修機構（2014）を参照。

(74)　総務省「労働力調査」及び厚生労働省「雇用保険事業年報」に基づく。被保険者数の増大の背景としては、2000年改正

（１週間の所定労働時間20時間以上が適用）、10年改正（雇用見込み期間31日以上に適用）、そして17年改正（65歳以上労働者への適用拡大）といった適用拡大がある。

(75) 厚生労働省「令和元年就業形態の多様化に関する総合実態調査」に基づく。

(76) 国立社会保障・人口問題研究所（２０２１）「令和元年度社会保障費用統計」に基づく。

(77) 嶋内（[２０２１]、２２１ページ）を参照。

(78) 労働政策研究・研修機構（２０２２）より引用。なお、保険料は日本１・35％（一般事業、労働者０・５％、雇用者０・85％、２０２２年度後半）、フランス４・05％（事業主、21年）、ドイツ２・４％（労使折半、22年12月まで）となっている。

(79) 雇用調整助成金については、１日あたりの支給の上限が１万１０００円から１万５０００円に引き上げられたが、このうち中小企業分の８２６５円（２０２０年７月末までは８３３０円、８月～21年７月末までは８３７０円）を超える部分に一般財源が投入された。休業支援金については、上限が８２６５円から１万１０００円に引き上げられ、同様に前者を超える部分に投入された。以上、「参考資料（給付関係）」（職業安定分科会雇用保険部会２０２２年１月７日）を参照。

(80) 自営業者などについては、継続的に働いていることが認められ、かつ保険料を負担する場合においては、加入を認めてもよい。この点については、スウェーデンの失業保険も参考になる。同国の失業保険では、使用者と自営業者が保険料を負担するが、一般財源を投入して労働者すべてを保障する仕組みとなっており、負担と失業給付の間には直接的な関係性は欠如していることから、労働市場保険料は、保険給付の反対給付としての性格よりも、失業保険その他の労働市場政策にかかる費用を賄うための目的税としての性格を強く有している（労働政策研究・研修機構（２０１４、96ページ）。

(81) 酒井（２０２０）は、近年の研究を紹介し、モラルハザードというよりは、生活を賄うだけのお金の余裕がないという「流動性制約」によって失業期間が長期化している場合があり、手厚い失業給付が失業からの脱出を遅らせていると単純には解釈できないと指摘する（98ページ）。

(82) 国立社会保障・人口問題研究所（２０２１）「令和元年度社会保障費用統計」に基づく。

(83) OECD Social Expenditure Databaseに基づく。

(84) 以上の企業の能力開発費については、厚生労働省（２０１８、89ページ）を参照。

(85) 厚生労働省「能力開発基本調査（個人調査）」による各年度調査に基づく。なお、２０２１年度については、正社員44・６％、正社員以外20・４％と増加している。

(86) 25～65歳の成人を対象とした調査で、教育・訓練が仕事に非常に有益だと考える成人の割合（２０１２年）は、デンマーク82・７％、オランダ50・７％、ＯＥＣＤ平均50・６％に対して日本は22・９％である。以上、OECD（2019b）に基づく。

(87) スウェーデンの仕組みについては、翁ほか（２０１２）から引用している。

(88)　福島（2019、61ページ）を参照。
(89)　岩田克彦（2012）を参照。
(90)　濱口（2021、88～89ページ）参照。
(91)　OECD［2019b］, p. 23）を参照。
(92)　鶴（2016）を参照。
(93)　最低所得保障の水準（住宅給付を含む）を中位可処分所得に対する割合でみると、日本は64％であり、英国61％、オランダ61％、スウェーデン47％、ドイツ44％、フランス38％を上回る（OECD Social Protection and Well-Being Database に基づく）。
(94)　岩田正美（2021）を参照。
(95)　尾藤ほか（2011）を参照。
(96)　「就労・自立インセンティブの強化を踏まえた勤労控除等の見直し効果の検証」（第26回社会保障審議会生活保護基準部会2016年10月28日）より。
(97)　2010年代半ばから後半における人数を推計している。詳細は日本財団 WORK！DIVERSITY プロジェクト「2019年度『経済・財政・社会保障収支・労働需給バランス』検討部会報告書」（ダイバーシティ就労支援機構2020年3月）を参照。
(98)　障碍者総数約964万人中、18～64歳の在宅者数は約377万人であり、就労移行支援などを受けている者は約37万人（2020年3月）いる。また、彼らの中から約2・2万人が一般企業への就労に移行している（2019年）。就労継続支援A型事業所の平均賃金は、7万9625円（2020年度）となっている。以上、厚生労働省のホームページ「障碍者の就労支援対策の状況」に基づく。障碍者雇用については、常用労働者の数に対する割合（障碍者雇用率）が設定され、事業主に障碍者雇用率達成義務等が課されている。その割合は、民間企業2・3％、国・地方公共団体2・6％などである（2021年3月1日から適用、厚生労働省ホームページより）。
(99)　日本財団 WORK！DIVERSITY プロジェクト「2021年度『経済・財政・社会保障収支・労働需給バランス検討部会報告書』（ダイバーシティ就労支援機構2022年3月）を参照。なお、本プロジェクトには筆者も参加している。
(100)　第一のセーフティネットは雇用保険であり、第二はそれを補完するものであり、最後のセーフティネットである生活保護と第一の間に位置づけられる。
(101)　求職者支援訓練受講者数は2011年度の5万758人から21年度の2万3734人になってる。また、受講者の就職率は5割を超えているが（19年度において基礎コース57％、実践コース62％）非正規が多い。以上、「求職者支援制度について」（職業安定分科会雇用保険部会第156回2021年10月13日に基づく。
(102)　嶋内（2021、228ページ）を参照。

(103) 丸谷（２０２１）を参照。
(104) 厚生労働省「生活困窮者自立支援制度支援状況調査の集計結果」（各年度）に基づく。
(105) 社会福祉法第14条に基づき、都道府県及び市（特別区を含む）は、条例で福祉事務所を設置しなければならない。町村は、条例で福祉事務所を設置できるが、一部事務組合または広域連合を設けて設置することもできる。
(106) 櫻井（２０１６）を参照。
(107) ２０１８年の自立支援法の改正により、両者の連携が規定され、「生活困窮者自立支援法の就労準備支援事業及び家計改善支援事業の適切な実施等に関する指針（２０１８年厚生労働省告示第３４３号）」などにより一体的な実施が求められるようになった。
(108) 内閣府（２０２１）「雇用の現状」に基づく。
(109) 岡部（２０１２、85～86ページ）を参照。
(110) 以上「２０２１年度行政事業レビューシート」に基づく。
(111) 生活保護の被保護世帯総数１６４・３万世帯のうち、高齢者世帯91・３万世帯、障碍世帯21・２万世帯、傷病者世帯19・２万世帯を除くと、32・６万世帯（全体の約２割）となる。以上、「被保護者調査」（２０２２年３月）に基づく。
(112) 鶴（２０１６、37～39ページ）を参照。
(113) 濱口（２０１５、２１１ページ）を参照。
(114) 総務省「労働力調査」（２０２０年）に基づく。
(115) 非正規の賃金が低いことも、日本の雇用システムに起因するのであり、労使ともに中高年の正社員の雇用安定を第一に考えたため、そのしわ寄せは賃金の低迷、非正規社員の増大、新卒採用の抑制・就職氷河期世代の発生などに広がっていき、それがすべて、賃金が上がりにくい状況をつくってきた（鶴ほか［２０１９］、２２１ページ）。
(116) フランス91％、スウェーデン83％、ドイツ74％、オランダ73％である。労働政策研究・研修機構（２０２２）に基づく。
(117) 寺村（２０２１、１６０ページ）を参照。
(118) 総務省「就業構造基本調査」に基づく。裵（２０２２）は、実証分析により、女性雇用者の就業決定に最も大きな影響を与えている変数は「世帯主所得」であり、夫の所得が高くなると妻である女性雇用者は仕事を辞めることを示している（28ページ）。
(119) 金井（２０２１、88ページ）を参照。
(120) Aoyagi and Ganelli（2013）を参照。
(121) 島貫（２０１８、65ページ）を参照。

(122) 鶴（2016、166ページ）及び鶴（2023、202~203ページ）を参照。
(123) 幼保一元化については、1990年代後半以降、各種審議会等で議論されたがまとまらず、最終的には、2006年の「就学前の子どもに関する教育、保育等の総合的な提供の推進に関する法律」により、幼稚園と保育園とは異なる第三の施設（幼保一体化施設）として「認定こども園」が導入された。従来の文部科学省と厚生労働省による二元体制に内閣府が加わった三元体制となり、制度がより複雑になった。椋野・藪長（2012）によれば、フランスでは3歳以上の100％は教育施設である保育学校に通う、英国では保育園、幼稚園、プレイグループなど多様であるが、すべての形態の保育・幼児教育サービスに教育的要素を取り入れ、教育基準局により一元的に登録・監査・指導を行う。
(124) 巌（2020、147ページ）を参照。

第7章　税・保険料の一体改革と財源の確保

過去数十年にわたり逆進的な保険料が増大し、所得税の所得再分配機能が低下している。消費税は10％に引き上げられたものの、日本の財政は借金依存が続いている。われわれは、さらに将来世代に負担を転嫁するのだろうか。増大する社会保障や教育にかかる財源をどう確保するかという負担の議論は避けられない。本章では、公平で効率的な負担のあり方を考えるとともに、人的投資拡充のための財源の確保について論じる。

1　国民負担の国際比較

マクロの政府収入の動向

ＯＥＣＤ諸国の一般政府収入の構造は、社会保険の有無など福祉国家のあり方を反映して特徴がある。北欧と英語圏の国では一般政府税収（対ＧＤＰ比）は１９９０年と２０１９年の間で増えておらず、財源構成も、基本的には微修正である（スウェーデンを除く）。その内容としては、もともとウエートが低い保険料は微増、ウエートが高い所得税は減少（米国を除く）、法人税は増加（英国・米国を除く）、資産課税は増加（スウェーデン・米国を除く）である。財サービス課税は、増加（フィンランド・ノルウェー・英国・米国）と減少（デンマーク・ノルウェー・オーストラリア・カナダ）に分かれる。

ドイツなど保険を基盤とする国については、社会保険料の対GDP比は、過去30年間で、減少もしくは微増である（全体に対するウエートではほぼ減少）。他方、日本では、保険料と財サービス課税が右肩上がりで増加する一方で、所得税と法人税の割合が低下している（第1章参照）。日本の負担の構造は特異である。

OECD諸国における個人の負担と給付

マクロの負担構造を踏まえた上で、OECDの賃金課税のデータを使って、個人レベルの負担と給付の構造を比較する[1]。これは、賃金課税である所得税や保険料の税率、各種控除、課税最低限などに基づき、家族形態別に所得水準（平均賃金に対する割合で測定）に対する所得税・保険料・現金給付（主に家族手当）などを推計する。

最初に、個人の所得税と保険料の負担を比較する。単身者（平均賃金の67％[2]）についてみると（図7－1）、日本の負担率はOECD平均並みであるが、保険料の割合が70・1％と高い。日本より高い国は、ギリシャ・韓国・オランダである。単身者（平均賃金の100％）では、日本の負担率は22・3％であり、OECD平均24・6％、オランダ27・5％と比べて低い。

単身者（平均賃金の67％・子2人）についてみると、家族手当などが入るため純負担率は低下する。

図7−1　OECD主要国における単身者（平均賃金の67%）の総賃金に対する所得税・保険料負担（2021年）

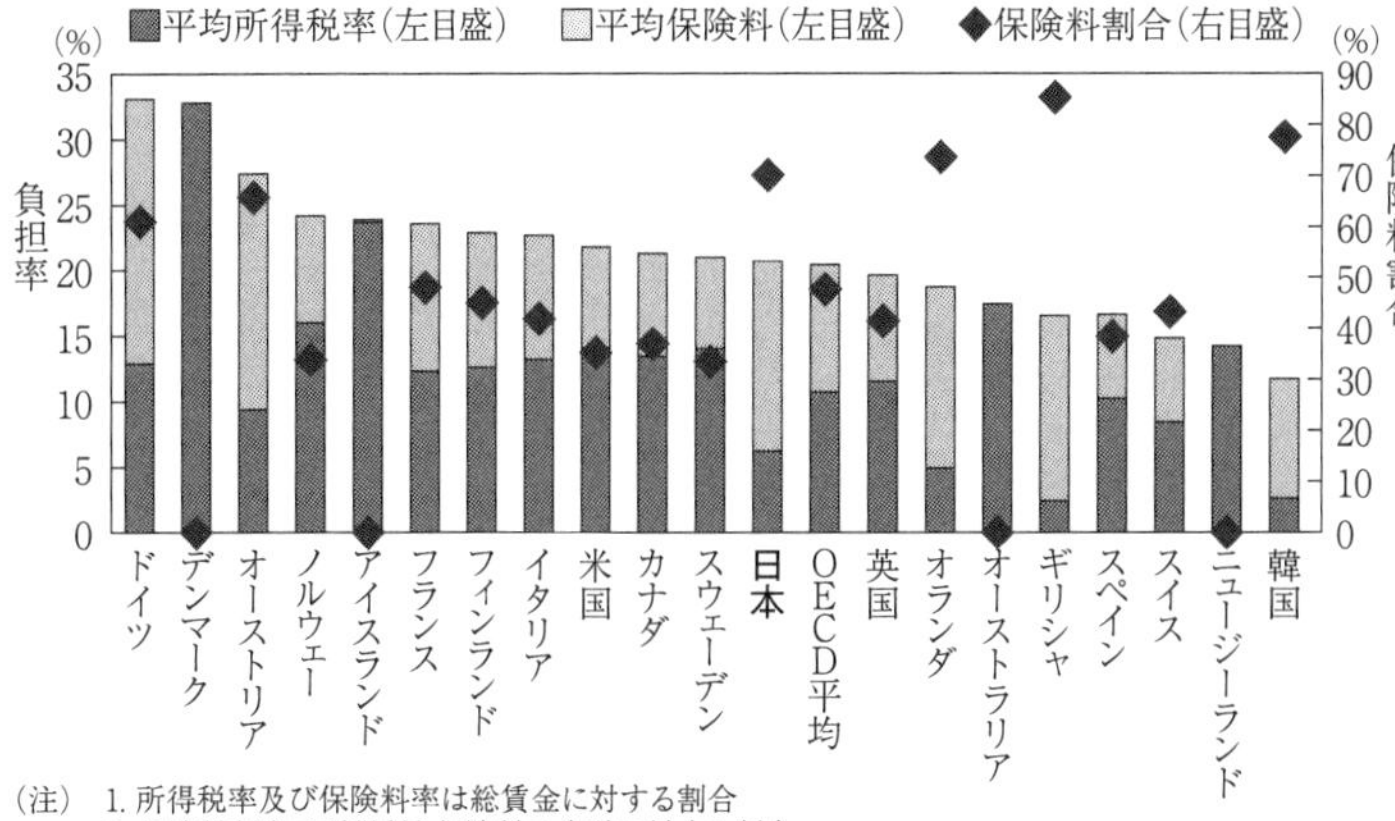

（注）　1. 所得税率及び保険料率は総賃金に対する割合
　　　　2. 保険料割合は所得税と保険料の合計に対する割合
（出所）　OECD Taxing Wages Databaseに基づき作成

日本は4・4%となり、ドイツ13・7%、スウェーデン11・1%より低く、OECD平均2・1%よりやや高い。他方、米国・オランダ・フランスなどは、純負担率がマイナス3~9%（ネットで給付）となっている。夫婦片働き（平均賃金の100%、子2人）では、日本の純負担率は16・2%であり、OECD平均の13・1%を上回り、フランス16・9%に近い。

家族形態別の負担と給付の構造

次に、日本及び主要国（第1章で分類した三つのグループ）について、家族形態別の賃金水準に対する純負担率の構造をみる。

平均賃金の半分の単身者（子なし）に適用される純負担率は、オランダとオーストラリアが10%程度で低いが、両国以外は20~30%である。

子を有すると純負担率は低下するが、単身子2人で平均賃金の半分の場合、イタリア・オランダ、

図7－2　日本とオランダの純個人平均負担率（2021年）

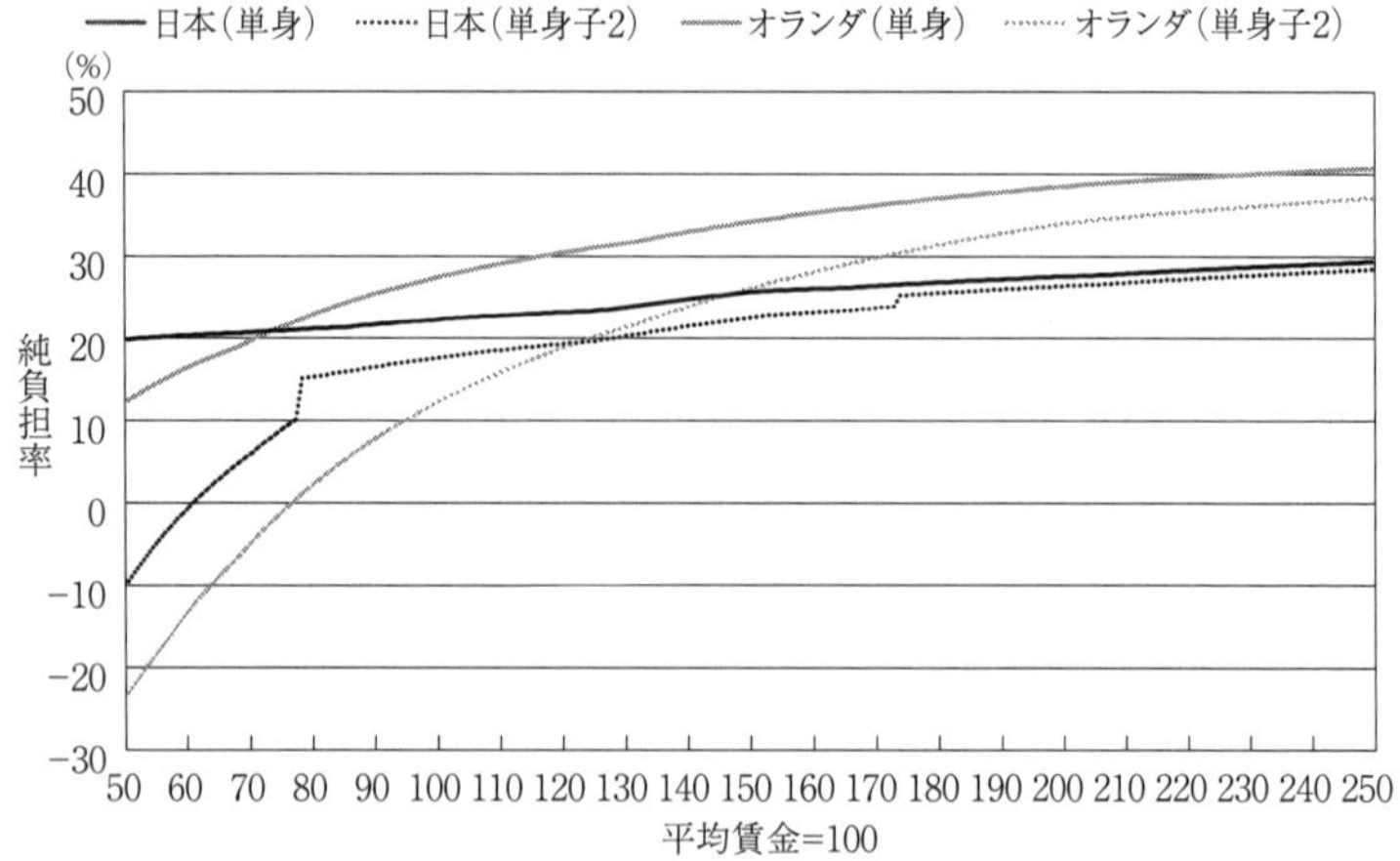

（出所）　OECD Taxing Wages Databaseに基づき推計

デンマーク、オーストラリア・カナダ・英国・米国、そして日本ではマイナスの純負担率になる一方、ドイツ・フランス、フィンランドはゼロ、ノルウェー・スウェーデンはプラスの純負担率である。ただし、オーストラリアと英国では、低所得者への配慮は「平均賃金を下回る場合」であり、平均賃金の１・２倍程度を超えると、子の有無による純負担率の相違はない。

子２人で中高所得の場合、ドイツでは片働き夫婦の純負担率が単身者より低く優遇されている。これは、世帯で収入を合計する合算課税を選択できるからである。日本や米国も同様の傾向がある。フランス・イタリア、スウェーデン、オーストラリア・カナダ・英国では、単身者と片働きの純負担率はほぼ同じであり、オランダ、デンマーク・フィンランド・ノルウェーでは、単身者のほうが片働きより純負担率は低い。

なお、フランスでは、片働き（子２人）は優遇されていないが、ドイツと比べると、純負担率は全体としてフラットである。その一つの理由は、高所得者に有利な「家族合算分割課税制度」（N分N乗方式）である。[3]

社会保険制度の改革で参考になるオランダと日本について、単身で子なしと子２人の場合に分けて純負担率を比べる（図７－２）。オランダでは、子を有する低所得者にはマイナスの純負担率が適用されるものの（税額控除や子ども手当のため）、賃金の上昇とともに負担が徐々に増えていく。子を有していても、所得が高ければ純負担率は高くなり累進性が高い。他方、日本でも、低所得の水準では、子を有すると負担は低いが、平均賃金を超えると家族形態による負担率の相違は小さくなる。全体として、純負担率は緩やかな右肩上がりであり、累進性が低いことがわかる。

単身子２人の負担と給付の詳細

相対的に所得が低く支出が多い世帯である単身者（子２人）における負担と給付の構造を比較する。ポイントは、所得税（国・地方）、保険料、現金給付をどのように組み合わせて、所得水準別にどのように負担の水準や累進性を確保しているかである。

ドイツでは、低所得でも社会保険料負担は高いものの、所得税負担はマイナスになり、純負担率は低い（平均賃金の50％で４・１％）。その理由は、五段階の所得税率ブラケットの最初（９７４４ユーロ、２０２１年）にはゼロ税率が適用されること（税負担が発生しない）、児童扶養控除または子ども税額控除（どちらかの選択性）が適用されること、社会保険料控除の適用（上限あり）などである。

フランスは、家族関係の現金給付が手厚いが、低所得でも所得税の負担が約10％あるため、低所得では純負担率はドイツより低いものの、オランダや日本より高い（平均賃金の50％でマイナス０・９％）。ドイツと同様に、一番下の所得ブラケット（1万２２５ユーロ、２０２1年）にゼロ税率が適用されるものの、社会保険料を振り替えた社会保障目的税（ＣＤＳ９・２％とＣＲＤＳ０・５％）が課されるからである。ただし、ＣＤＳは６・８％分のみ控除できる（ＣＲＤＳは不可）。

オランダは、低所得者に対しては現金給付が手厚く、税・保険料負担も低い。基礎税額控除により、所得税と社会保険料を控除できるからである（高所得では消失）。中高所得者の保険料負担は逓減するものの、所得税の負担が高くなるため、純負担率は、きれいな逆の放物線を描き、累進度が高い。

英国では、低所得者の負担は、オランダほどではないが、ドイツやフランスなどと比べると低い。最低所得税率が20％（３万７０００ポンドまで）と高いものの、基礎控除（10万ポンド以下で1万２５７０ポンド、２０２1年）と給付付き税額控除であるユニバーサル・クレジット（ＵＣ）があるため負担が軽減される。[4] これは、従来の制度である就労税額控除、児童税額控除、住宅給付、所得補助、所得調査制の求職者給付及び雇用・支援給付を統合するものであり、主に就労支援（welfare to work）を目的とする制度である（２０１３年4月から段階的に実施）。

社会扶助は、一般に、就労により所得が増えても給付が削減されるため、就労インセンティブに欠けるが、ＵＣは純所得が一定範囲まで増える仕組みになっている。英国でも社会保険料が徴収されているが、医療等は税方式であり、その機能はドイツなどと異なる。[5]

スウェーデンは、所得税（地方）については、応益負担の観点から所得にかかわらず定率の約30％で高いが、[6] 所得税（国）にかかる勤労税額控除などの税額控除、そして現金給付により低所得者の負担は抑えられている。ただし、オランダや日本のように純負担率はマイナスにはならず、全体として高い累進性を維持している。社会保険料については、被用者分（自営業者も対象）は、年金保険料７％のみで低いが、雇用主負担は合計31・42％である[7]（２０２１年）。

日本では、平均賃金の80％程度までは現金給付は手厚いことから純負担率は低いものの、所得税（国・地方）の負担の上昇は緩やかであり、平均賃金の１５０％超では保険料負担率が逓減するため、中高所得者の純負担率の上昇は緩やかである。ドイツなど5カ国のなかでは、社会保険料率より所得税率のほうが高いが（ドイツ・フランスは中所得まで、オランダは低所得のみ保険料のほうが高い）、日本は高所得のみ、所得税（国・地方の合計）が保険料より高い。

中高所得者の負担が低い日本

単身（子２人）について、日本を含めた13カ国における負担を比較すると、日本の低所得者の純負担率は高くはないが（特に子を有する場合）、中高所得者の純負担は低く、日本より低いのはフランスと米国だけである。平均賃金超で単身者（子無）の純負担率を比較すると、日本は最も低い。同様に片働き（子なし）及び片働き（子２人）では、日本より低いのは米国だけである。フランスは、前者については日本より若干高く、後者については若干低い。単身（子２人）の場合を含め、フランスは、高所得者でも子どもに対して「優しい」国である。

全体をまとめる。各国における所得税と保険料の負担の構造（現金給付も勘案）はそれぞれである。低所得者に配慮するとしても、現金給付で対応するのか、所得税で対応するか（税額控除やゼロ税率など）方法は異なり、またマイナスの負担率とするか否かも異なる。

日本については、逆進的な保険料の依存が高まる一方、所得税のウエートが下がっているため、平均賃金の80％超の純負担率は、米国・フランスに次いで低く、限界税率は最も低い。さまざまな指標で分析したが、やはり保険料依存と所得税の累進性低下によって公平性が失われている。

2 日本における税・保険料の負担の構造

逆進性が強い保険料負担

本節では日本における税と社会保険料負担の問題を詳細に分析する。筆者は国民生活基礎調査など（1993年調査から2007年調査までのデータ）の個票を使って、所得税・住民税・消費税、年金・医療・介護・雇用の保険料を含めた負担を分析しており、概要を紹介する(8)。

最初に所得の状況である。1990年代半ばからの10年間で、総所得階級別・年齢階級別でみて、どの階級でも当初所得は減少しているが、低所得者の減少率が大きい。しかし、社会保障給付がこの期間中に増えており、総所得はそれほど大きく減少していない。年金世帯も当初所得は減少し、年金などの給付も足元では若干減少しているものの、90年代半ばからみれば年金などが当初所得の減少を補っており、総所得はそれほど減少していない。社会保障給付は、低所得者ほど高いわけではなく、200〜300万円世帯が最も高い。

総所得階級別に税・保険料負担をみる（図7－3）。所得税・住民税・消費税の三税の負担率は、1

図7－3　総所得階級別の税・保険料負担率（世帯員ベース）

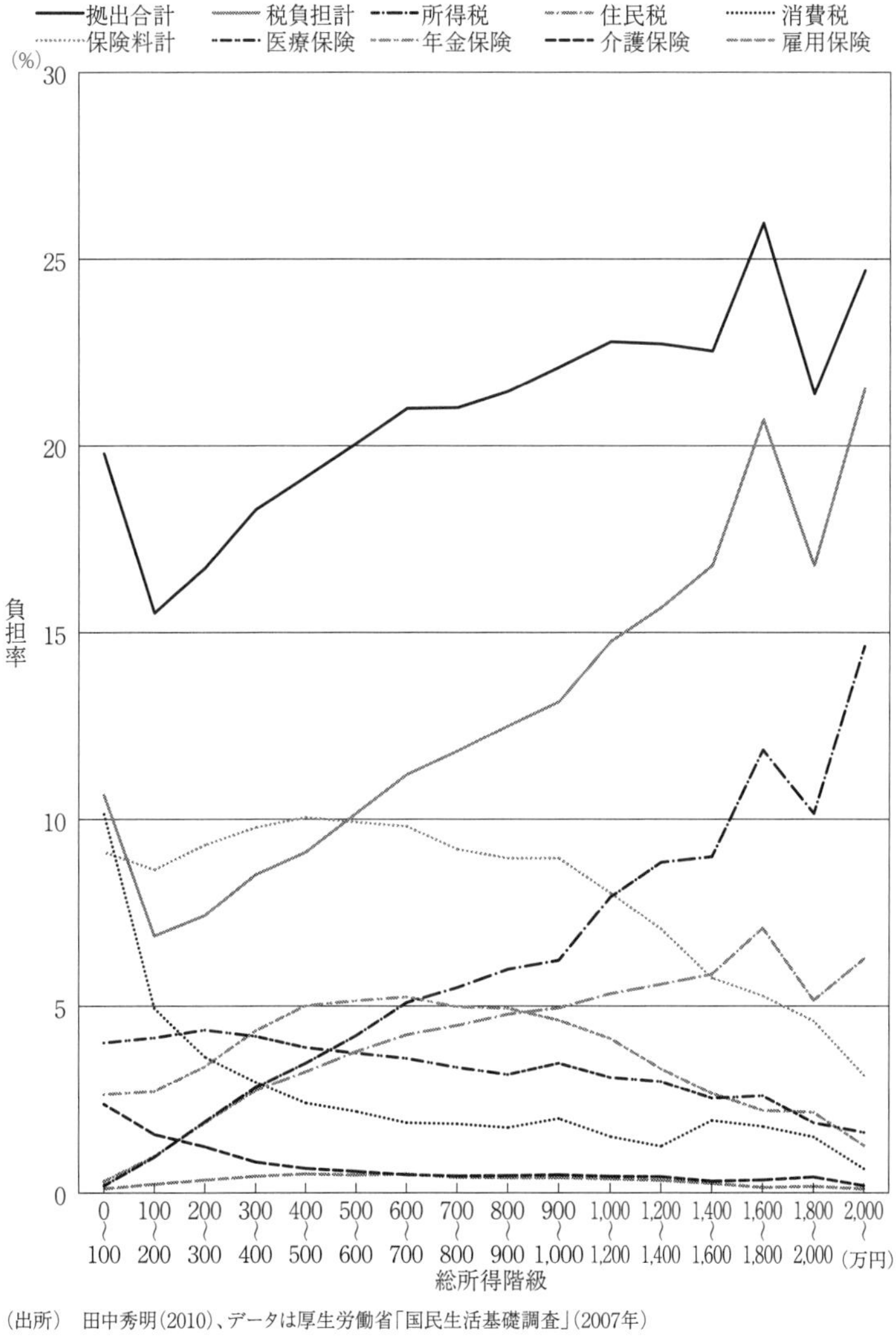

（出所）　田中秀明（2010）、データは厚生労働省「国民生活基礎調査」（2007年）

00万円以降は緩やかであるものの累進的になっているが、保険料負担率は400～500万円世帯が最も高く（10・0％）、1000万円まではほぼ定率（9～10％）、1000万円以上は漸減する。税・保険料合計では、500～600万円世帯までは、100～200万円世帯の15・5％から総所得が100万円上がるごとに約1％負担率が上昇しているが、500～1600万円までの負担率は、20～23％程度の範囲であり、大差はない。

負担構造の特徴

特徴的なことは、社会保険料の負担構造が、医療、年金、介護、雇用で大きく異なることである。いずれも逆進的だが、医療保険料の負担率は200～300万円の階層をピークに低下し（500万円まではほぼ4％の負担率）、年金保険料の負担率は500～600万円の階層をピークに低下し、介護保険料は最も低所得層から低下する。雇用保険料は年金保険料とほぼ同じパターンであるが、その負担率は0・1～0・5％程度である。年金と医療保険については、加入者の種類別に負担率を紹介したが（前出図2－3、図2－4）、いずれにせよ逆進性が強い。

年齢階級別の負担の状況をみる（図7－4）。高齢者の税・保険料の負担率は、2001年以降若干高まっているものの、水準では、平均として若年者と比べて5％ポイント程度低い。消費税と医療・介護保険料の負担率は高齢者が高いが（合計で約2・5％ポイント）、所得税・住民税と年金・雇用保険料の負担率は若年者が高い（合計で約7％ポイント）。

時系列的な推移では、若年者の税負担率は若干低下したものの、すべての年齢階級で保険料負担率

図7−4　年齢階級別の税・保険料負担率（世帯員ベース）

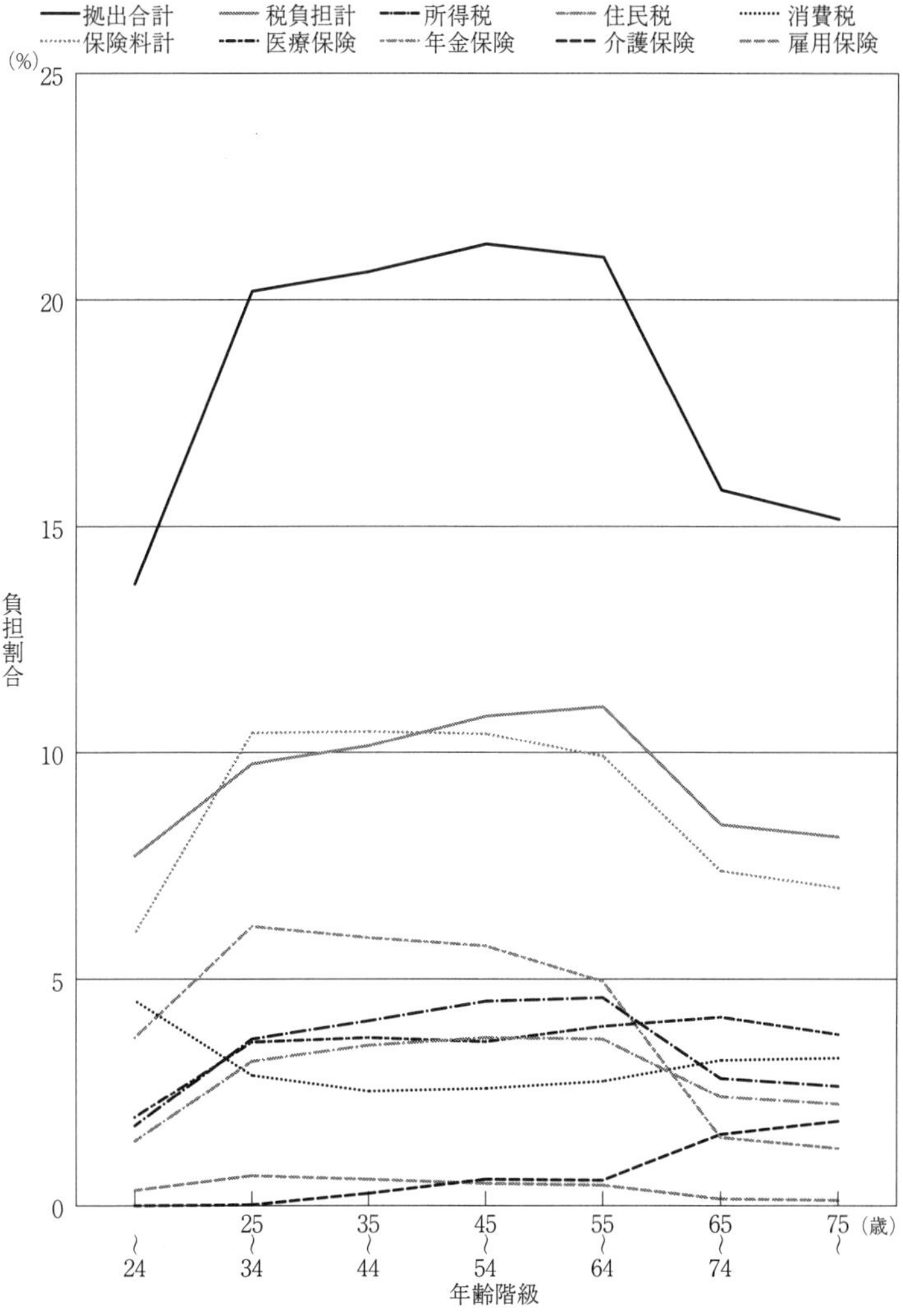

（出所）　田中秀明（2010）、データは厚生労働省「国民生活基礎調査」（2007年）

が増大したため、税・保険料負担率は増大した。さらに、所得階級別にみると、税・保険料合計の負担率は、25歳以上64歳までは、100万円以上で累進的になっており、ばらつきはあるものの、所得の増大に伴いおよそ18％〜25％の範囲である。他方、65歳以上では、高所得者で負担率のばらつきはあるものの、14〜18％の範囲である。

全体をまとめる。特徴的なことは、1990年代以降所得水準が低下したことである[9]。当初所得は減少したものの、社会保障給付（現金）が増大したため、総所得の減少はある程度緩和されたが、主に社会保険料が増大したため、可処分所得は総所得の減少以上に減少した。消費税は逆進的であるが、所得税・住民税を合わせた三税でみれば、一定の累進性は確保されている。

しかしながら、保険料が逆進的なため、税・保険料を合わせた累進性は低く、大雑把にいえば、各所得階級を通じて20％前後の定負担率になっている。また、税（所得税・住民税・消費税）と社会保険料（医療・年金・介護・雇用）の負担の構造が種類ごとに大きく異なることから、所得が減少するなかで、所得の種類や雇用状況、所得の水準、年齢、保険の加入状況などの属性や条件により、負担率に大きな不平等や不合理が存在し、それが部分的に拡大している。

3　税制改革の経緯

時代に応じて変わる所得税の累進性

保険料が継続的な引き上げられる一方で、累進性が失われているのが所得税である。その経緯につ

図7−5　所得税の最低・最高税率と税率の刻み数の推移

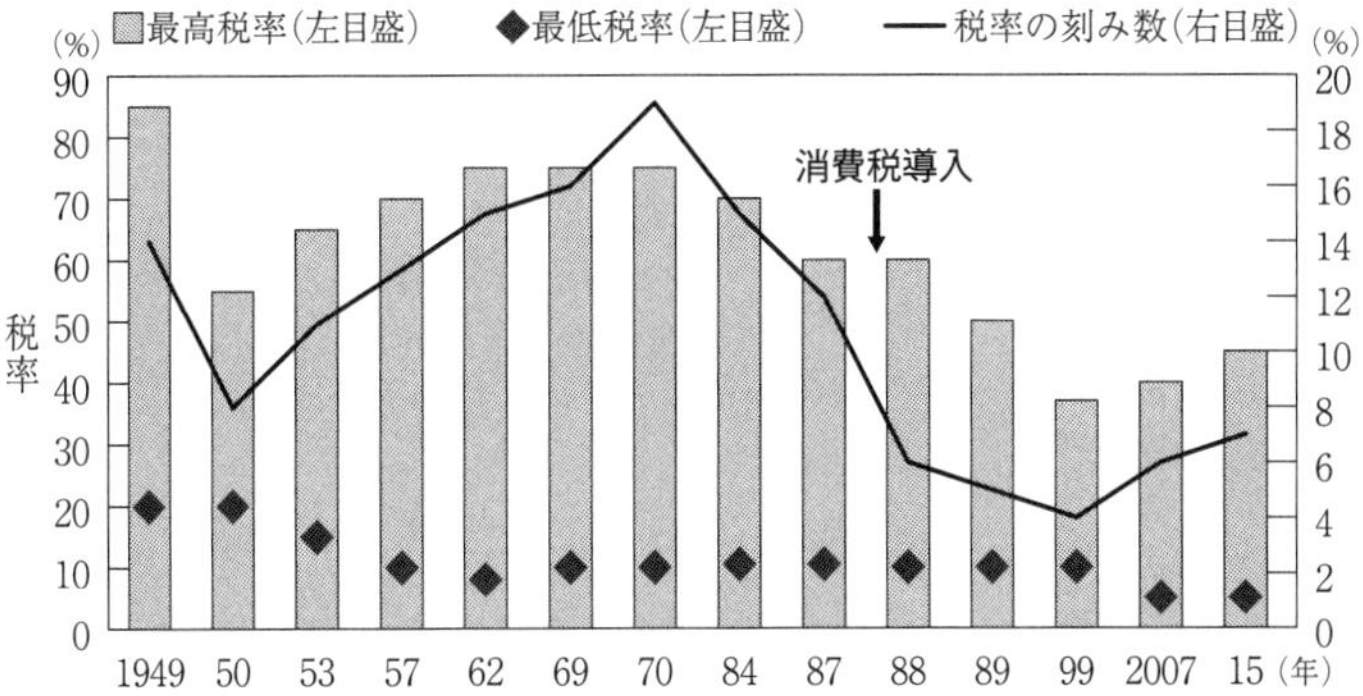

（注）1. 個人住民税も当初から多段階の税率構造であった（1987年4.5〜18%、14刻み）。その後簡略化され、1989年5〜15%（3刻み）、99年5〜13%（3刻み）、2007年から10%（都道府県民税4%、市町村民税6%）の1段階になった。

2. 上記のほか、2013〜37年の間、復興特別所得税（所得税率×0.021）と2014〜23年の間、同住民税（均等割に1000円加算）が適用される。

（出所）財務省資料に基づき作成

いて、これまでの税制改革を簡単に振り返る。

戦後の日本の税制の基盤となったのが米国のシャウプ税制使節団の「シャウプ勧告」であり、総合累進所得税や富裕税などを提案し、それに基づき実施された１９５０年の税制改革で、最高税率が85％から55％へ引き下げられた（所得税の最高税率等の推移は図７−５）。その後、最高税率は、62年に75％に引き上げられたが（住民税の最高税率18％と合わせると93％）、諸外国と比べても高くなったことから、84年以降、引下げに転じる。所得税改革の転機となったのが、85・87年の税制抜本改革である。消費税の導入に併せて、所得税について大幅な減税が行われたが、その内容は、最高税率の引下げと税率の刻みの簡素化、人的控除の引上げなどである。[10] こうした制度改革後の89年には、最高税率が50％へ、刻みは五段階になった。さらに、99年の税制改正で、最高税率は37％に、刻みは四段階まで簡素化した。

こうした流れを変えたのが小泉純一郎政権であり、その方針を受けて2002年6月、政府税制調査会は「あるべき税制の構築に向けた基本方針」を発表し、「個人所得課税については、累次の減税の結果、税負担水準が極めて低いものとなっており、基幹税としての機能を回復する必要がある。同時に、経済社会の構造変化に対応するため、諸控除の見直しなどを図る必要がある」ことなどを提言した。これに基づき行われた06年度税制改正では、配偶者特別控除の上乗せ部分の廃止などが行われる一方、相続税・贈与税の最高税率の70％から60％への引下げ、上場株式等の配当・譲渡益についての軽減税率の20％から10％への引下げなども行われた。さらに国と地方の関係を見直す「三位一体改革」に併せて、所得税については最低税率5％が加えられ、最高税率が40％に引き上げられた。個人住民税については、累進性を見直す改革が行われ、10％の単一税率になった。

次の税制改革の契機は、民主党政権で行われた「社会保障・税一体改革」である。同改革では、消費税率の引上げ（5％→10％）に加えて、所得税については、所得再分配機能の回復が掲げられ[11]、最高税率は、2013年度税制改正で45％（新区分の導入）に引き上げられた。

配偶者控除を改革できなかった安倍政権

2012年12月に発足した第二次安倍政権では、女性活躍や働き方改革が政策課題として取り上げられ（「日本再興戦略」（改訂2014）、2014年6月24日閣議決定）において、女性の働き方の選択に対して中立的な税制については、政府税制調査会において検討することとされた。

これを受けて政府税制調査会は検討を行い、「働き方の選択に対して中立的な税制の構築をはじめとする個人所得課税改革に関する論点整理（第一次レポート）」（２０１４年11月７日）を発表し、配偶者控除の見直しの選択肢を盛り込んだ。具体的には、選択肢の軸として、A案：配偶者控除の廃止、B案：配偶者控除に代えて配偶者の所得の計算において控除しきれなかった基礎控除を納税者本人に移転するための仕組み（いわゆる移転的基礎控除）の導入、C案：配偶者控除に代えて諸控除のあり方を全体として改革するなかで、夫婦世帯に対し配偶者の収入にかかわらず適用される新たな控除の創設などを提示した。

加えて政府税制調査会は、２０１５年11月、「経済社会の構造変化を踏まえた税制のあり方に関する論点整理」を発表し、税制全般にわたる改革の方向を提示し、経済・産業のグローバル化、経済のストック化、年功賃金・終身雇用の正社員を核とする日本型雇用システムの揺らぎ、非正規雇用の増大、セーフティネット機能の低下といった構造的な変化に対応して「税制構造に踏み込んだ抜本的な見直しが必要」と指摘した。このうち所得税については「経済社会の構造変化を踏まえた税制のあり方に関する中間報告」（税制調査会２０１６年11月14日）において具体的な方向が示され、①働き方の選択に対して中立的な税制の構築（特に配偶者控除の見直し）、②所得控除方式の見直し（所得控除額が逓減・消失する仕組みの導入）、③働き方の多様化等を踏まえた諸控除の見直し（給与所得控除や公的年金等控除のような「所得計算上の控除」と基礎控除のような「人的控除」のあり方を全体として見直す）、④老後の生活に備えるための自助努力を支援する公平な制度の構築（年金課税や貯蓄関連税制の見直し）が柱として掲げられた。

これを受けて、２０１７年度税制改正において配偶者控除及び配偶者特別控除の見直しが行われ、18

年度税制改正においては、給与所得控除・公的年金等控除の控除額の10万円引下げと控除額の上限の引下げ（公的年金等控除については上限の新設）、基礎控除の10万円引上げと所得額に応じて控除額を逓減・消失させる仕組みの導入、ひとり親控除の新設と寡婦（寡夫）控除の見直しなどが行われた。

特に議論となったのが、配偶者控除の見直しである。税制調査会では配偶者控除の廃止などを含めさまざまな議論が行われたものの、配偶者特別控除を満額適用できる配偶者の所得要件の引上げや配偶者控除等に納税者本人の所得に応じて控除額が逓減・消失する仕組みの導入にとどまり（２０１７年度税制改正）、税制調査会が当初掲げた「働き方の選択に対して中立的な税制」には至らなかった（この問題については後述）。安倍政権は女性活躍などとかけ声をかけたが、本気で改革に取り組むほどの強い意志はなかった[12]。

税制調査会は累次にわたり所得税の再分配機能の回復を掲げるが、所得税の構造は依然として大きく変わっていない。土居は、２０１０年代に行われた所得税改革において世代間所得格差はあまり是正されなかったこと、15年の税制改正（最高税率を40％～45％へ引上げ）は格差を縮小させたが大きくはないこと、格差是正の効果が大きくなかった一因は公的年金等控除の縮小には手をつけられなかったこと、所得控除を税額控除に変える改革はなかったことなどを挙げる[13]。

課税ベースが浸食される所得税

次に、各税目の中でも保険料と賦課対象がほぼ同じである所得税の問題を考える。

最初に、税率区分の納税者数と税収をみる（図7－6）。税率５％が適用される者が納税者全体の６

図7−6　所得税の税率区分別の納税者数と税収（2021年度）

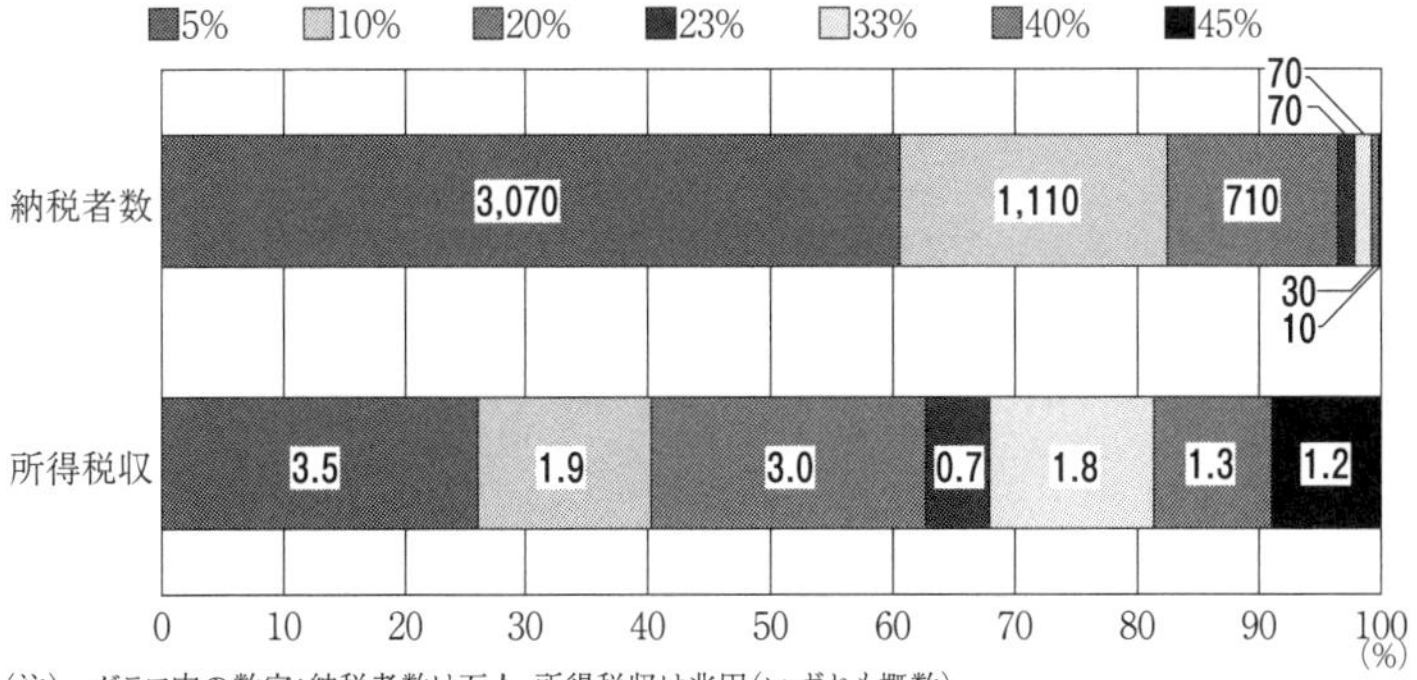

（注）　グラフ内の数字：納税者数は万人、所得税収は兆円（いずれも概数）。
（出所）　財務省・政府税制調査会資料等に基づき作成（2021年度予算ベースに基づく推計値）

割を占め、10%が適用される者を含めると、82%に達する。[14]これ以外に納税していない者が存在する。給与所得者については、総数５２４５万人のうち非納税者は７９３万人であり、全体の15%である。[15]金融所得が多い高所得者の所得税負担が低いという問題もあるが、低い税率に納税者数が偏っており、低中所得者の負担は低い（ただし保険料負担は重い）。

全体として所得税の負担が低くなり、また再分配機能（累進性）が弱くなっている原因の一つは、さまざまな控除により、課税ベースが浸食されていることである。

そもそも、所得税は次のように算出する。最初に給与所得・事業所得・不動産所得・譲渡所得・一時所得・雑所得・退職所得・山林所得・配当所得・利子所得の10種類の所得別に、それぞれの収入金額から必要経費を控除して、それらを合計した所得金額を算出する。そこから基礎控除など各種所得控除の金額を差し引いて課税所得を算出し、その段階別に税率をかけて税額を算出する。[16]最後に住宅借入金等特別控除などの税額控除を差し引いて、最終的に負担する税額が求められる。

こうした税額の計算をマクロ的に把握すると、課税対象となる収入（課税ベース）約２７０兆円に対して各種控除が適用され、課税所得は半分以下の１２０兆円となり、そのうち所得税額は13・６兆円にすぎず、平均税率は11・３％である。[17]

課税ベースを浸食しているのが所得控除であり、その規模が大きいのは、給与所得控除67兆円、社会保険料控除34兆円、人的控除30兆円、公的年金等控除13兆円である。人的控除で大きいのは、基礎控除22兆円、配偶者控除４兆円、生命保険料控除４兆円、一般扶養控除・特定扶養控除２兆円、老人扶養控除１兆円であり、その他として、障碍者控除、寡婦控除、ひとり親控除、勤労学生控除がある。さらに雑損控除なども存在する。

所得控除の最大の問題は、高所得者ほど負担が軽減される逆進性にある。税額は、所得金額から所得控除を差し引いて税率を乗じるので、所得控除の金額が同じでも、税率が高いほど控除額が大きくなる。これに対して、算出税額から差し引く税額控除については、所得の多寡にかかわらず一定額を軽減するので、低所得者ほど所得水準に対する軽減率は高くなり、応能負担の公平性が高い。

税額控除のほうが公平性の観点からは優れているが、現在においては、税額控除は限定的であり、簡略であるといった理由から、所得控除が負担軽減の中心的な仕組みとなっている。[18]

所得税と保険料の負担の壁

所得控除について特に問題になっているのが配偶者控除及び配偶者特別控除である。そもそも、配偶者控除は、1961年に扶養控除から独立して導入され、87年にパート労働の逆転現象（「103万円の壁」）への対応から配偶者特別控除が消失控除のかたちで導入された[19]。

税制調査会「働き方の選択に対して中立的な税制の構築をはじめとする個人所得課税改革に関する論点整理（第一次レポート）」（2014年11月7日）は、配偶者控除の問題として、①共働きが増加しているなかで、片働きを一方的に優遇するなど、個々人の働くことへの選択を歪めている、②「パート世帯」においては、配偶者が基礎控除の適用を受けるとともに納税者本人も配偶者控除の適用を受けている（いわゆる「二重の控除」が行われている）ため、「片働き世帯」や「共働き世帯」よりも控除額の合計額が多い、③配偶者特別控除の導入により、配偶者の収入が103万円を超えても世帯の手取りが逆転しない仕組みとなっているが、「103万円」が心理的な壁として作用している、また、企業の配偶者手当の支給基準として援用されていることなどを挙げる。

若干の補足を加えよう。女性の就業調整については、第6章で示したとおり、配偶者がいるほど就労調整している。男女別に給与所得の分布をみると、男性では年間給与額300万円超400万円以下の者が538万人（全体の17・5％）と最も多いが、女性については100万円超200万円以下の者が508万人（同23・4％）と最も多く、130万円等の壁が影響していると考えられる[20]。

さらに、配偶者控除・配偶者特別控除は、高所得世帯ほど恩恵を受けている。2017年度税制改正で、納税者本人の所得に応じて控除額が逓減・消失する仕組みが導入されたため、20年においては、1500万円超の給与所得者で控除対象配偶者がいる割合が低下したが、その給与水準に至るまでは、給与収入が高いほど適用される割合が高いことに変わりはない[21]。

すでに述べたように、2017年度税制改正過程において、政府税調は配偶者控除の廃止を含め抜本的改革を検討したが、最終的には微修正の改革にとどまった。その財源を確保するため、夫の年収が高所得の世帯に増税（納税者本人の所得に応じて控除額が逓減・消失する仕組みの導入）することになったが、それによって、もともと簡略性にメリットがあった所得控除が複雑になり、税額控除と大差なくなってしまった（給与所得控除や基礎控除なども同様）。改革が小手先であったゆえである。

田近・横田は、新たな配偶者控除の所得分配に与える影響を推計しているが、納税者にとっては、制度の適用範囲と額が縮小するのに対して、配偶者については配偶者特別控除の適用される範囲が拡大することになったことから、新制度が世帯収入に及ぼす影響は複雑になり、給与収入が500万円の納税者の場合、世帯収入は配偶者の収入によって最大7万円、1200万円ではマイナス8万円からプラス4万円となった、と述べる[22]。

税制改正が小手先の改革に終わったもう一つの理由は、社会保険料の問題が議論の対象にならなかったことである。まさに縦割りの弊害である。配偶者控除については、配偶者特別控除の導入により、少なくとも世帯全体の手取り収入が逆転するという「壁」はなくなったが、保険料についてはそうではない。表7－1は、所得税・地方税・社会保険料の負担の基準等を整理しているが、問題は106万円と130万円である。収入がこの基準を超えると、可処分所得が20万円程度減少してしまう。この問題については、第2章で議論したので繰り返さないが、いずれにせよ、所得税と保険料を一体的に捉えて、労働に対して中立的になるような抜本的な見直しが求められている。

表7－1　所得税・地方税・社会保険料の負担の基準等

課税等の基準	関係法令	関連制度の導入･見直し	負担の発生
100万円	地方税法	1966年配偶者控除新設(8万円) 1995年度以降控除額は33万円	住民税の課税 (給与所得者の場合に収入金額に換算した金額)
103万円	所得税法	1961年配偶者控除創設(9万円) 1995年度以降控除額は38万円	所得税の課税 (給与所得者の場合に収入金額に換算した金額)
106万円	厚生年金保険法の適用基準の準用	被用者保険適用拡大(2016年10月)以降据え置き	月額賃金等の要件[1]を満たすと厚生年金･健康保険に加入し保険料を負担
130万円	厚生労働省通知	1977年に通知発出 1993年以降据え置き	被扶養認定の基準 被扶養者から外れ厚生年金･健康保険の保険料負担が発生
150万円	所得税法	1987年配偶者特別控除創設(11.25万円) 1995年度以降控除額は38万円	配偶者特別控除額が段階的に縮小開始
201万円	所得税法	同上	配偶者特別控除が非適用

(注)　1. 短時間労働者について、月額賃金8.8万円以上、勤務期間1年以降見込、500人超の企業等の要件を満たす場合(企業の要件は、2022年10月以降100人、24年10月以降50人に改定)

2. 2017年度税制改正で、配偶者特別控除を満額適用できる配偶者の所得要件が103万円から150万円に引き上げられ、配偶者控除等に納税者本人の所得に応じて控除額が逓減･消失する仕組みを導入(18年から実施)。

(出所)　内閣府「男女共同参画白書」(2022年版)、西沢(2022)、財務省資料等に基づき作成

所得控除の不公平

その他の所得控除の問題としては、課税ベースを浸食している程度が大きい給与所得控除、公的年金等控除、社会保険料控除などがある。

税制調査会に提出された財務省の資料（「説明資料［所得税］」２０１７年10月23日）によれば、サラリーマンの勤務関連経費は25万円（総務省「家計調査」）であり、世帯年収６３２万円の約４％にあたる。現在の給与所得控除の上限は１９５万円（給与収入８５０万円超の場合、２０２０年分以降）なので、これは収入に対して23％に相当する。勤務関連経費の範囲をどう捉えるかは難しいが、かなり優遇されているといえよう。

また、事業所得が中心となるフリーランスと給与所得者の平均実効税率を試算すると、前者は30％程度、後者は20％程度（年収３００万円の場合）であり、多様な働き方を阻害しかねない。[23]

給与所得者（夫婦片働き）と年金受給者（本人65歳以上、配偶者70歳未満）の課税最低限を比較する。[24]前者は約１６８万円であるが、後者は約２１６万円である。前者の給与所得控除（57万円）は、後者の公的年金等控除（84万円）より少ない。また、年金受給者が、被用者として働き給与所得を得ると、二つの控除を受けられるため税負担が低くなる。[25]申告納税者のうち公的年金等収入がある者は２９９万人であるが、そのうち源泉徴収税額がない者は、全体の66％の１９８万人に達する。[26]

退職金については、他の所得から分離課税されている。課税対象となる退職所得金額は、収入金額から退職金控除を差し引いた金額を半分にして計算するが、控除については勤続年数20年までは１年につき40万円、20年超については同70万円となっている。つまり、離転職へのディスインセンティブとなっていると考えられる[27]。

社会保険料控除については、保険料の増大とともに増えており、給与所得控除に次いで課税ベースを侵食しているが、本書の提案する社会保険の抜本的な改革（基礎年金の税方式化など）により、大幅に控除額を減らせる。

4　改革の具体案

所得税改革

当面の日本の課題は急速に進む少子高齢化を乗り越えることであり、より多くの人が歳をとっても可能な範囲で働き続けることが求められている。本書の提案の柱は、保険制度の改革と人的投資の拡充である。社会保障の給付・サービスについても効率化が必要であるが、人的投資を拡充するためには追加的な一般財源が必要となる。経済社会の変化に対応し公平かつ効率的な負担とするためには、まずは所得再分配機能が低下している所得税の改革が必要だ。所得税については、フランスやドイツのように世帯単位を考慮する方法もあるが、オランダのように個人単位化を目指すべきと考える。

本書では、社会保険料のウエートを引き下げ、基礎年金や国民健康保険などの基礎的な給付・サービスについては、目的税で賄うことを提案している。基本的には、財源の振替えであるものの、所得税は増税となる（現在借金で賄っている部分については別途検討が必要）。その場合、低所得者の負担を軽減する措置が不可欠となる。

表7－2　所得税における負担調整の方法の比較

	①所得控除方式	②逓減・消失型所得控除方式	③税額控除方式（給付付きを含む）
仕組み	●所得金額にかかわらず、一定の金額を所得金額から控除	●高所得者に対する所得控除額を逓減・消失させる	●所得金額によらず、一定金額を所得税額から控除
利点	●条件を満たす者には同じ控除を適用するという意味で公平 ●基礎的な人的控除は生存権の保障であり高所得者にも必要 ●計算・執行が簡便	●現行方式を微修正するものであり、大きな変更を伴わない ●①よりは所得再分配機能が高い	●所得再分配機能が高い ●給付付きとすることで、税と社会保障給付が一体的になり効率的 ●課税ベースを確保
問題点・課題	●高所得者ほど税負担軽減効果が大きく逆進的 ●課税ベースが浸食される ●配偶者控除などは経済活動に対して中立的ではない	●所得控除の簡便性が失われる（基本的には①と同じ問題）	●社会保障制度を含めた改革が必要となる ●簡便ではなく実務が煩雑 ●給付付きとすると不正が増大（給付制度でも生じる問題）

（注）　上記のほか「ゼロ税率」（低い部分の課税所得にゼロ税率を適用）があり、効果は③に準じるが給付はできない。
（出所）　財務省「説明資料［所得税］」（政府税制調査会2017年10月23日）に基づき作成

現在の負担調整の仕組みには、①所得控除、②逓減・消失型の所得控除、③税額控除の三方式がある。これらの仕組みを比較したのが表7－2である。

税額控除（給付付きを含め）には反対意見も多い。日本税理士連合会が税の専門家を集めて検討した報告書は、「現行の所得控除のうち基礎的な人的控除は、最低生活費部分を課税対象外とするとともに、課税最低限を規律する機能を有しているとされている」ことから、基礎的な人的控除は、所得控除制度として存置することが適当であると指摘する。[28]また、佐藤英明は「同じ所得で多くの家族を養っている中所得者層に対する所得税の配慮は、大きくてよい…（中略）…この観点からは，少なくとも扶養控除は現行の所得控除方式が望ましいと考えられます」と述べる。[29]道下は、憲法第25条を踏まえ、最低生活費非課税の観点から基礎的人的控除については所得控除方式を維持しつつ、「その他の所得控除項目については、整理合理化を図りつつ、低所得者軽減税率が高く、課税ベースの浸食が相対的に小さい税額控除方式等へ移行していくべきである」と述べる[30]。

最低生活費に配慮する必要があるとしても、その方法によって憲法に抵触するとは考えにくい。筆者は、所得税の課税ベースの浸食を抑え、所得再分配機能を回復させるためには税額控除が望ましいと考える。さらに、諸外国でも導入されているように給付付き税額控除も検討するべきである。同控除は、課税最低限を下回る低所得者層に対しても、税制を通じて各種給付を行う仕組みである。「税額控除」という名称であるが、社会保障給付である。

社会保障の各種給付は所得制限付きの場合が多いが、そうであれば、所得を把握している税務当局が執行実務を担うのは合理的であり、社会保障と税を一体的に捉える仕組みである[31]。ただし、給付を伴うため所得の過小申告など不正受給の問題が指摘されている[32]。これは、生活保護など従来の給付や手当でも生じている問題である。また、給付の際の所得制限を撤廃しユニバーサルな仕組みとするのであれば、所得税の累進課税により、高所得者には応分の負担を求めるべきである。社会保障給付には、遺族年金など非課税のものがあるが、公平性の観点から、これらも含め全ての給付はその他の所得と合算して課税対象にするべきだ。いずれにせよ、社会保障給付と所得税・保険料負担を一体的に調整する仕組みが必要である。

日本では、２００９年に誕生した民主党政権が、同年の衆議院選挙の公約（「民主党政策集INDEX2009」）に、給付付き税額控除制度の導入を盛り込み、検討が進められた。それは社会保障・税一体改革でも検討され、12年に提案された消費増税関連法案にも盛り込まれたが、自民党の反対が強く、一体改革関連法案を成立させるための三党合意（２０１２年6月15日）において、同控除の検討は削除された。すでに紹介したように、同控除は専門家の間でも反対があり、また省庁の縦割りから実現に至っていない。

各種資料から確認できる範囲でも、ＯＥＣＤ諸国で給付付き税額控除を導入している国は、オーストラリア、ベルギー、カナダ、デンマーク、フランス、ドイツ、アイスランド、アイルランド、韓国、ルクセンブルク、オランダ、ニュージーランド、スウェーデン、英国、米国にのぼる。

各国の給付付き税額控除は、それぞれ政策目的が異なっており、主に、①勤労税額控除（社会保障依存から労働を奨励する）、②児童税額控除（母子家庭の貧困対策や子育て支援）、③社会保険料負担軽減税額控除（低所得者層の負担軽減）、④消費税逆進性対策税額控除がある。[33] 各国の仕組みについてはすでに多くの論文や資料で紹介されているので、[34] ここでは繰り返さない。こうした税額控除を日本で導入するとしても、その目的は何かである。日本の低所得者の多くは働いており、「福祉依存」が大きな問題になっているわけではない。本書で強調しているのは社会保険料の増大と逆進性であり、日本が参考になるのはオランダの仕組みである。簡単に紹介する。

オランダの所得税改革

オランダの所得税改革を簡単に振り返る。２００1年の税制改革の柱は、ボックス課税システム（所得を、勤労所得、資本所得、貯蓄・投資所得の三つのボックスに分けて、それぞれ異なる税率で課税）

表7－3　オランダの基礎税額控除（2022年）

単位：ユーロ

仕事と家庭からの課税所得	税額控除額	税額控除額（基礎年金受給者）
21,317以下	2,888	1,494
21,318～69,298	2,888−6.007%×（課税所得−21,317）	1,495−3.106%×（課税所得−21,317）
69,398以上	0	0

（注）　配偶者が低所得の場合、配偶者の税額控除を主たる稼ぎ手に移転することができたが、2009年以降段階的に廃止され、2023年には、最低収入の配偶者が1962年以降に生まれた場合、基礎税額控除は適用できなくなる。

（出所）　オランダ国税関税局（Belastingdienst）のホームページに基づき作成

であり、ボックス1については、所得税率の引下げと低所得のブラケットの拡大、キャピタルゲイン課税、そして所得控除の廃止と税額控除である。

七つの所得控除が廃止され、新たに、基礎税額控除、勤労税額控除、扶養税額控除、就労・子育て税額控除、寡婦（父）税額控除、育児休暇税額控除、障害者税額控除など12の税額控除が導入された[35]。こうした税額控除化の理由が、まさに日本の問題として指摘した高所得者に有利な所得控除の見直しと課税ベースの拡大であった。

特に興味深いのが基礎税額控除である。オランダでは1990年の改革で、社会保険料の課税ベースが所得税と統一され、社会保険料控除が廃止された（表3－6を参照）。所得税と年金・医療・介護の保険料（実質的には社会保障目的税）に対して基礎税額控除が適用され、負担が軽減される（毎月の源泉徴収を通じて控除される）。適用には上限があり、仮に、税・保険料の負担額が上限未満でも還付はない（給付のない税額控除）。2022年における基礎税額控除の仕組みが表7－3である。

柴（2014）は、2001年税制改正ならびにそれ以後の税額控除の改正などにより、低・中学歴の女性、60歳以上の者、子育て世帯の就労が促進されたことなどを指摘しつつ、税額控除でも課税ベースが浸食されたことから税額控除が見直されたと述べる(36)。

基本的には、可能な限り税額控除化することを提案したいが、まずはオランダ型の税・保険料控除方式（給付なし）を導入することを提案する(37)。その財源は現在の各種所得控除の廃止や縮減である(38)。本書では、給付やサービスをユニバーサルにするため年金・医療・介護の保険料の目的税化を提案しており、その負担を軽減することを主な目的とする。

その他の税目については、人的投資の財源確保の観点から、法人税の特別措置の見直し(39)や消費税の軽減税率の廃止などが考えられる。

人的投資拡充のための財源

最後に、人的投資拡充のための財源を考える。仮に、日本が対GDP比でオランダ並みの社会的投資を行うためには約10兆円、英国並みであれば約16兆円、追加的な資金が必要となる。その財源として以下を提案する。

給与所得・公的年金等・人的控除・社会保険料等の所得控除の総額は約150兆円（2020年度）であり、課税所得に対する平均税率11・3％（税収13・6兆円／課税所得120兆円）を踏まえ、仮に所得控除を3分の1廃止すると、税収は約5・7兆円増える（残りの3分の2の中から税額控除の財源を確保する）。租税特別措置法に基づく法人税関係の租特の総額は約1・8兆円（19年度）であり(40)、これを半減させると約０・９兆円を確保できる。所得税関係租特の約１・８兆円や揮発油の免税等約３・４兆円もある。[41] 消費税の軽減税率を廃止すれば約１兆円である。課税件数割合（年間死亡者数に対する年間課税件数の割合）は９％程度なので、これを20％にすると約２兆円の増収となる。[42] 高齢世代にも負担してもらう観点から消費増税も考えられるが、所得再分配機能が低下している所得増税を優先すべきと筆者は考えている。

国民に負担をお願いするためには支出面での効率化も必要である。たとえば、国民医療費総額約44兆円（２０１９年度）の５％を効率化すると約２・２兆円、[43] 基礎年金給付総額約27兆円（２０２０年度）の１割をクローバックすると（高所得者の基礎年金を所得税で削減）３兆円弱確保できる。

これらは極めて粗い試算であるが、全体で10兆円超を確保できるだろう。この金額は、税率を５％から10％へ引き上げた消費増税（約13・５兆円）に匹敵する規模であり、増税するとしても段階的に実施する必要がある。

もちろん、国民の合意を得るのは簡単ではなく、政治家がただちに旗を振るとは思えない。しかし、これは日本が少子高齢化を乗り切り、持続的な成長を達成するための「未来への投資」だ。言い換えれば、こうした投資なしには日本は持続的に成長できないだろう。

【第7章　注】

（1）Taxing Wagesと呼ばれ、直訳は「税のくさび」である。フルタイムの労働者を前提とし、その時の所得税・保険料の仕組みに基づく、いわば「仮定計算」であり、所得階級別の負担の実態を調査したものではない。推計方法の詳細については、OECD（2022）のAnnex Aを参照。また、この資料は、各国の所得税・社会保険料や子ども関係などの給付についても説明しており、以下説明で適宜引用している。

（２）日本の場合、分析で使われている平均賃金（２０２１年）は５１４・７万円であり、その67％は３４４・８万円となっている。

（３）家族の所得を合算し、構成員の数で除して一人あたりの課税所得を計算し、税率を乗じて計算するからである。詳細は平川（２０２２）を参照。

（４）ＵＣのポイントは、失業関連給付と就労中の支援を単一の制度に統合し、就労を促進するインセンティブを盛り込んだ点にある。伝統的な仕組みでは、収入が増えると給付が削減されるからである。従来の制度では、非就労者に対しては資力調査付き給付、就労者に対しては税額控除制度という二本立てになっていたが、ＵＣは、社会保障給付と税額控除を一本化することによって、非就労者と就労しても収入の低い者を連続した者と位置づけ、単一の制度に取り込んだ（阪野［２０１７］１６０～１６１ページ）。ＵＣによる給付額は、年齢や家族形態などにより異なり、また児童数（障害の有無なども）などにより加算がある。また、申請者は就労などに関連するコミットメントに同意する必要がある。

（５）国家保険料拠出は、被用者については、１８４～９６７ポンドに対して12％、９６７ポンド超で２％が適用される。週給１８４ポンド未満の被用者については、保険料を負担する必要はないが、一定の給付を保障するために、１２０～１８４ポンドの週給に関して概念的な保険料が支払われたものとみなされる（２０２１年）。雇用主については、週給１７０ポンドを超える賃金について13・６％の料率が適用される。

（６）地方税は、地域により異なっている。２０２１年で35・15～29・08％であり、平均は32・27％。

（７）被用者及び自営業者が負担する年金保険料は、保険料税額控除により相殺できる。雇用主が負担する保険料は、老齢年金10・２％、遺族年金０・６％、両親２・６％、医療３・55％、労働市場２・64％、労災０・２％、一般賃金税11・62％である。なお、自営業者については、医療と労働市場について軽減され、それぞれ３・64％、０・１％となっている。

（８）田中秀明（２０１０）を参照。分析のデータは古い。２０１０年以降、所得税の所得控除の見直しや最高税率の引上げなど累進制を高める改革が行われてはいるが、OECD Taxing Wagesのデータや土居（２０２１）などを踏まえれば、税・保険料の負担の構造に大きな変化はないと考えられる。

（９）府川（２００６）は、１９９０年代の格差の拡大の主要因は、「現役世代の当初所得における格差の増大、低所得層における所得シェアの低下や社会保険料の逆進性などにみられる所得再分配政策の機能低下」（１５５ページ）であると述べる。また、小塩（２００９）は、所得格差の縮小が同時進行しており、これは、所得の散らばりが所得水準の低下ペース以上に縮小しているからであるとする（150ページ）。
(10) 高木（2007）は、1980年代の所得税改革の背景として、①所得税の累進性が作用し、所得水準の向上が自動的に税負担率の上昇をもたらした、②所得税のクロヨン問題もあり、広く薄く勤労者世帯以外の国民にも負担を求める必要がある、③高い限界税率を持つ累進所得税は人々の労働・貯蓄等の意欲に悪影響を与える、と説明する（177～178ページ）。
(11) 「社会保障・税一体改革大綱について」（2012年2月17日閣議決定）では、「所得階層ごとの変化をみると、最高税率の引下げを含む累進緩和を進めてきた結果、高い所得階層ほど、負担が大きく低下している傾向がみられる。一方で、今回の消費税率の引上げや、復興特別所得税による負担増等をも併せ考えれば、幅広い所得層に対して負担増を求めることは慎重に考えるべきである。したがって、今回、特に高い所得階層に絞って、格差の是正及び所得再分配機能の回復を図る観点から、一定の負担増を求めることとする」（35ページ）と規定する。また、扶養控除、配偶者控除、給与所得控除、公的年金等控除などについても検討することとされた。
(12) 「日本経済新聞」（2016年12月9日）は、「自民党内は宮沢氏や茂木敏充政調会長が前向きだった。ところが早期の衆院解散観測が浮上し、来夏の東京都議選も重視する公明党が『増税世帯を多く生む』と反対。同党とのパイプが太い菅義偉官房長官も慎重姿勢を示し一気にしぼんだ。首相自身も『家族制度のあり方にまで影響を与えるべきではない』と周辺に漏らしていた。首相に近い自民党議員は『保守系の支持層に配慮した』とみる。抜本改革の議論は先送りが固まった。」と報道している。
(13) 土居（2021、468ページ）を参照。
(14) 主要国における限界税率10％以下の納税者の割合は、日本81％（2020年）に対して、米国22％（18年）、英国2％（18年）、フランス0％（16年）となっている。10％超20％以下の納税者の割合は、それぞれ15％、43％、83％、79％である。以上、藤井・木原（2020、109ページ）から引用。
(15) 国税庁「民間給与実態統計調査－調査結果報告－」（2020年分）第20表に基づく。非納税者の比率は、過去10年間ほぼ変わりがなく、約15％である。
(16) 具体的には、課税所得を税率区分別に分けて、195万円までの課税所得については5％の税率を、195～330万円については10％を、330～695万円については20％を、695～900万円については23％を、900～1800万円については33％、1800～4000万円については40％を、4000万円を超える課税所得について最高税率45％を乗じ、その合計を算出する（2022年1月現在）。
(17) 財務省・政府税制調査会資料等に基づく。270兆円のうち、給与収入が240兆円、年金収入が20兆円であり、残りは事業収入その他である。
(18) わが国における各種控除は、低所得者に対する配慮から、もともとは税額控除として導入されたものが多い。しかし、扶養控除は、シャウプ勧告に基づく1950年の税制改正で、主として所得税・住民税の計算の簡略化、高額所得者における大世帯と小世帯との負担公平の実現の観点から所得控除に切り換えられた。障碍者控除等の人的控除も、寄付金控除とともに67年の改正で、前者は税制の簡素化の見地から、後者は高額所得者の寄付を促進する観点から、それぞれ所得控除に切り換えられた。以上、三木（1992、93ページ）から引用。

(19) これらの控除については、しばしば自民党政権の保守的なイデオロギーから「内助の功」を評価するための仕組みとして導入されたと説明されるが、豊福（2017）は、配偶者控除制度は専業主婦を利するべく導入・拡充されたものではなく、当初は（無収入・低収入の妻がいる）農・自営業者と雇用者のための減税の一環として導入され、やがて農・自営業者と対比される雇用者のための減税の一環として、主要な野党が雇用者向けの減税を推進し、自民党がそれに対抗するという政党間競争を通じて拡充されたと述べる（857ページ）。

(20) 厚生労働省「賃金構造基本調査」によれば、女性短時間労働者の1時間あたりの所定内給与額及び1日あたり所定内労働時間は、2010年で979円、5・2時間、2020年で1321円、5・2時間であった（19年は1184円、5・3時間）。時給が35％も増えたが、働く時間は同じである。また、「毎月勤労統計調査」によれば、2013～20年の各年のパート労働者の1時間あたり給与の前年比平均は2・1％、同労働時間の前年比平均はマイナス1・8％、同現金給与総額の前年比平均は0・3％である（女性だけではない）。つまり、労働時間を減らして給与総額を維持している。これらのデータが、税制や保険料の影響であるとはただちにはいえないが、パートの労働時間が伸びていないことは事実である。

(21) 給与収入別の控除対象配偶者の割合を2016年分と2020年分で比べると、400万円超500万円以下で22・0％から19・6％へ、900万円超1000万円以下で53・9％から47・1％へ、1000万円超1500万円以下で55・4％から27・0％へとなった（国税庁「民間給与実態統計調査」［2020年分］に基づく）。

(22) 田近・横田（2018、356ページ）を参照。

(23) 佐藤主光（2019）を参照。

(24) 給与所得者の医療・介護保険料は全国平均を前提とし、年金受給者の年金・介護保険料は千代田区の料率を前提とする。

(25) 会計検査院（2016）「租税特別措置（所得税関係）の適用状況等について」によれば、高所得の65歳以上の納税者については、給与所得、不動産所得等の金額が多額に上っていることから公的年金等の割合が低くなる傾向となっているが、それでも、他の階層区分の納税者と同様に年金控除特例を適用している状況となっていると指摘する（30ページ）。

(26) 国税庁長官官房企画課「申告所得税標本調査」（2020年分）に基づく。

(27) 「2021年度年次経済財政白書」（190ページ）を参照。

(28) 日本税理士連合会（2018、5ページ）を参照。

(29) 佐藤英明（2018、74ページ）を参照。
(30) 道下（2020、61ページ）を参照。
(31) ただし、日本の税務当局は、現状では非納税者の情報を有していないので、住民税や生活保護等の情報を有する地方自治体等との連携が必要になる。
(32) 給付付き税額控除の執行上の問題については、栗原（2012）を参照。
(33) 森信（2010）を参照。
(34) 各国の仕組みについては、鎌倉（2010）、財務省「資料（諸外国の制度について）」（税制調査会2012年5月28日）などを参照。
(35) オランダの2001年の税制改革や税額控除については柴（2014）を参照している。
(36) 柴、同前。
(37) オランダは、所得控除の税額控除化や勤労所得と資本所得の分離課税など、抜本的な改革を進めているが、さまざまな税額控除が追加されたことから税制が複雑化していること、基礎税額控除・勤労税額控除について所得に応じた減額を逓減・消失する仕組みを導入したことから中間所得層の勤労意欲を低下させているのではないかといった懸念があることなど課題もある（「政府税制調査会海外調査報告（オランダ、ドイツ、スウェーデン）」（税制調査会2016年5月16日）。
(38) 田近・八塩（2008）は、基礎・配偶者・扶養の人的三控除を廃止し、かつ公的年金等控除を現状の控除最低額70万円に縮小し、それで得た財源を全員一律の税額控除分配にあてること、所得税の税額控除還付を社会保険料の軽減で行う一方で住民税の税額控除は還付を認めないことなどを前提として、所得階級別負担率への影響を推計している。特に、中低所得の勤労世帯（15歳以下の扶養親族あり）の税・保険料の負担率が3～8%低下するなど、効果が大きいことを指摘する。
(39) 租税特別措置による減収や透明性の問題等については、田中秀明（2017）を参照。
(40) 法人税関係特別措置の適用実態調査結果に基づき推計されたものであり、1兆7805億円である（参議院予算委員会調査室2022）。
(41) 参議院予算委員会調査室（2022）「令和4年度財政関係資料集」に基づく。
(42) この20年間で60歳以上の金融資産は約1・5倍に増加し、2019年で、個人金融資産約1900兆円のうち60歳代以上が65%を保有する。相続税が課せられるのは死亡者数の約9%にすぎない。課税価格に対する相続税額の割合は約13%にとどまる。金融資産及び相続税の計数については、政府税制調査会「相続税・贈与税に関する専門家会合」資料（2022年10月5日）を参照。
(43) 油井（2022）は、糖尿病など同じ生活習慣病の患者でも、患者により3～5倍の医療費の差があり、それは年齢や病気の程度に関係しているわけでないことをデータにより分析している。そして、すべての生活習慣病患者が安い病院に行って治療を受けると仮定すると、年間4兆円かかっている生活習慣病の医療費は半分になる、つまり2兆円節約できると指摘する。これは、日本の医療が疾病により標準化されておらず、医師の判断次第になっていることに起因する。他の疾病についても同様の問題があり、治療の効果を悪化させることなく医療費を節約できる可能性がある。

終章　少子高齢化を乗り切るための戦略

経済のグローバル化や労働市場の変化などに対応するべく、保守主義レジームは模索を続けている。社会保障制度は、最初の選択を変えることが難しく、経路依存性が強い。そうしたなかでも、保守主義レジームはユニバーサル化を目指す改革を進めているが、基本的には、社会保険に加入できる人たちとそうでない人の間で分断が生じ、制度が二重化している。社会保険を維持する限り、それは避けられない。ただし、オランダは例外であり、形式的には社会保険を維持しつつも、実質的には負担を税方式化しユニバーサル化を達成している。

日本も1990年代以降、ユニバーサル化を進めており、ビスマルク型社会保障を軌道修正している。日本は、正確には理念的なビスマルク型ではなく、当初より国民健康保険制度のようなユニバーサル化を目指す取組みも進めているが、そもそも「国民皆保険」は原理的に実現できない無理な概念である。そのためむしろ、ドイツなどより問題は深刻である。本来の保険の姿からますます乖離し、その結果、不公平と非効率をもたらしているからである。

本書では、主に保険制度に焦点を当てて分析してきたが、問題の根にあるのは、日本の経済や社会システムにある。一言でいえば、少子高齢化など環境が大きく変わっているにもかかわらず、昭和時代の仕組みが依然として岩盤として残っていることである。男性片働き、女性は専業主婦か短時間労働（男性の被扶養者）、年功序列、メンバーシップ型雇用などであり、こうしたシステムを前提として保険制度や税制がつくられており、その典型例が配偶者控除や保険の扶養である。少子高齢化を乗り切る方法は、できるだけ多くの人がスキルを身につけ、歳をとっても可能な限り働き続けることであるが、昭和の仕組みはそれを妨げている。

日本の基本的な課題は、保険に過度に依存した社会保障制度を改革し、人材投資に資源を振り向けることができるかである。ドイツやフランスなどのビスマルク型国家も、人的投資については、北欧などと比べて後手に回っているが、それでも日本よりは資源を投入している。たとえば家族政策への支出（対GDP比）については、フランスは日本の1・8倍、ドイツは1・5倍である。だから、これらの国の貧困率や格差は日本より小さい。

本書が指摘する日本の社会保障制度、就中社会保険の問題を改めてまとめる。年金などの各制度の個別問題というより、制度横断的な基本的な問題である。

① 社会保障全体の支出の約85％が年金と医療に投入されており、家族政策、職業訓練など社会的投資が極めて少ない（教育も同様）。それは、財源が保険料に依存しているからである。

② 逆進的な保険料負担が過去一貫して増大しており、所得税の累進性や再分配機能の低下も相まって、所得分配を歪めている。同じ医療や年金といった分野でも、加入する保険により負担ルールが異なり不公平が大きい。特に、被用者と自営業者・フリーランスなど、働き方による相違である。さらに、扶養などの仕組みが多様な働き方を妨げている。企業は、重い保険料負担

を回避しようする。

③　保険制度には、給付と負担が均衡するメリットがあるが、それが機能していない。それは、制度が分立し（医療の保険者は３０００を超える）、低所得者を保険制度に取り込もうとしているからである。保険の対象を拡大することはただちに否定すべきではないが、そのために、保険制度に過度に一般財源を投入するとともに、制度間の財政調整（被用者保険から非被用者保険への移転）を行っている。この結果、豊かな者も一般財源で支援する一方、保険料を負担できない者（彼らも消費税などを負担しているにもかかわらず）は制度の対象外となり、不公平が生じている。保険以外の分野の給付が不十分なこともあり、格差や貧困率が高い。お金を投じている割にはパフォーマンスが低い。また、仕組みが複雑であり、国民が理解できず、負担意識をさらに稀薄化させている。

こうした問題を解決することができるかが、少子高齢化を乗り切るための試金石である。日本に必要な改革の基本戦略は、公私の役割分担を明確にし、政府は最低保障や再分配に責任を持つ一方、中高所得者には自助努力を求めることである。言い換えれば、本来求めていた2階建て・3階建ての仕組みにすることだ。前者は一般財源で対応することになり、後者は社会保険や私的保険で対応する。社会保険の中で過度な再分配を行うから保険の規律が働かないのであり、そうした役割を一般財源で担うことになれば、本来の保険が機能する。こうした仕組みが「新しい国民皆保険制度」である。

こうした基本戦略に基づき、筆者は各分野における改革を提案しており、それを要約する。

①**基礎年金**：国民誰にでも最低限を保障する本来の「基礎年金」にアップグレードする。経過措置を経て全額一般財源で賄う（所得に課す年金目的税でもよい）。負担と給付を均衡させるマクロ経済スライドが働くと、基礎年金は代替率で3割も減額されるため、生活保護がさらに増えるからだ。これに伴い、厚生年金の当該部分の保険料（約4％）及び国民年金の保険料はゼロとなる。高所得者の基礎年金は、年金特別課税で返還してもらう。働くと年金が減額される在職老齢年金は廃止し、課税で対応する。

②**医療保険**：国民全員が国民健康保険に加入し、所得に応じて国民保険税を負担する（医療目的税化）。ただし、健康保険組合など被用者制度に加入（オプトアウト）することを認めるが、その場合でも被用者個人は国民保険税を負担する。後期高齢者医療は国保と統合し、年齢などでリスク構造調整を行う。現在でも一部の自治体は国保税を徴収しており同じである。被用者制度では、本人・配偶者はそれぞれ定額保険料を負担し、企業は被用者の所得比例で負担する。被用者保険は個人が選べるようにして集約化する。健保組合などの被用者保険からの後期高齢者医療制度などへの拠出は廃止することから、その分の保険料負担はなくなる。加えて保険者機能の強化、医療保険の対象となる診療や薬剤の範囲の見直し（医療保険の2階建て化）、診療や投薬の標準化、プライマリー・ケアの推進、入院の短縮化などにより医療費を効率化する。

③**介護保険**：介護保険は市町村が責任を負うが、必要に応じて広域化する。介護税は医療保険税と一体的に徴収する。サービス水準と介護税率をリンクさせる。介護保険は施設介護など重度のサービスに限定し、ホームヘルプなどの日常的な介護サービスは地方自治体の一般事業に移

管することも考えられる。

④ **雇用保険・労災保険**：被用者の保険料負担を廃止する一方、正規・非正規すべての被用者を対象として雇用主の負担とする。一定の条件を満たせば、フリーランスなどの加入も認める。雇用保険の求職者支援制度と生活困窮者自立支援制度を統合し一般財源により生活・就労支援を強化する。

⑤ **社会的投資**：家族・積極的労働市場政策・教育への資源の投入を大幅に拡大する。ただし、逆進的にならないようにするなど、費用対効果の高い仕組みとする。

⑥ **所得税**：逆進的な所得控除の縮小などにより、所得再分配機能が低下している所得税を抜本的に改革する。逆進的な所得控除を縮小し、税額控除（給付付きを含め）を拡大する。また、社会保障目的税を導入し、低所得者の負担を軽減するために税額控除を導入する。

⑦ **財源の確保**：保険制度改革については、給付面の効率化に加えて、負担面での増減があるが、基本的には、社会保険料から所得税への振替えであり、ネットの負担増を想定しているわけではない。なお、基礎年金全額を一般財源で賄うための財源が必要となるが、経過措置を導入するので、多額の財源がただちに必要になるわけではない。また、基礎年金が充実されれば、将来の生活保護費なども縮減できる。他方、人的投資については、所得控除の廃止など所得税の課税ベースの拡大、租税特別措置の見直し、消費税の軽減税率の廃止、相続税の課税ベースの拡大などにより財源を確保し、大幅に拡充する。

もちろん、こうした改革は、国民に負担を求めることになるので、合意形成は難しい。改革の必要性をわれわれが理解しなければならない。社会保障制度は、資本主義や経済システムと表裏の関係にある。セーフティネットがなければ、リスクをとれない。他方、人々が社会保障に過度に依存すると、働くインセンティブを失う。繰り返すが、改革の目的は、加速する少子高齢化を乗り切り、経済を持続的に成長させることにある。もちろん、負担増は、短期的には経済にマイナスの影響を与えるが、長期的な視野が必要である。宇野は社会保障がその機能を発揮して経済成長に貢献するようにすべきだとして、賃金を引き上げて所得を増やし、そこから税・保険料を負担することを通じて社会保障を拡充するという循環が必要と述べ[1]、そのためには包摂的な制度と人的投資が鍵である、と指摘する。

現在は雇用者から自営業へ、あるいはその逆に、さらにギグワーカーなど雇用形態が変わるたびに、社会保険の手続が必要になり、また給付や負担などに相違があり、不公平が生じている。社会保険や税制などのさまざまな関係制度が多様な働き方を阻害するものであってはならない。社会保険料の負担のあり方を見直す提案がなされるが、それは働き方に対して可能な限り中立とするためである。

そして、改革は政治過程の問題になる。諸外国でも改革は容易ではない。ドイツのシュレーダー改革、オランダの紫連合による改革など、環境の変化や指導者の登場など、経路依存性を変える要因が必要である。日本でも、社会保障・税一体改革はそうした事例の一つであったが、今現在の日本においては、残念ながら、そのような要因は乏しい。しかし、今後の人口動態の厳しさを改めて認識する必要がある。まえがきで述べたように、今後の50年間で、働き手（15～64歳）は約3000万人も減少する。これは、出生率の多少の改善などでは変えることができないことを認識しなければならない。

それとも、働き手の減少を補うほど大幅に移民を受け入れることを決断するのだろうか。

改革の動機や機会だけではなく、日本の問題は政策形成過程にある。その国際比較で明らかになったことは、日本は、エビデンスに基づき政策を検討することが極めて弱いことである。民主主義を前提とする限りは、最終的には、政策は政治的な調整と判断になるが、関係者の利害調整が優先され（しかも国民の目に見えない場合が多い）、科学的な検討が疎かになっている。このような政策過程を改革するためには、公務員制度、特に幹部公務員制度の運用も見直す必要もある。

改革のための魔法の杖はないが、まずは、社会保障制度や税制など、関係する制度の問題を徹底的に洗い出すことが必要と考える。国民が問題を理解しない限り、改革は難しいからである。

近年、歴代の政権は、「人への投資」や「女性活躍」などを掲げており、その方針は評価するが、人への投資が成功するか否かの試金石は財源の確保であり、それは、日本の今後の命運を左右すると言ってもよい。人的投資を借金で賄うことも考えられるが、将来世代にさらに負担を転嫁するのだろうか。

また、異次元の少子化対策等でこども・子育て予算を倍増するとしているが、高等教育や職業訓練などはどうするのか。タダのランチなどなく、そうした政策が持続できるとは思えない。

【終章　注】

（1）宇野裕（2023）を参照。

あとがき

筆者が社会保障に最初にかかわったのは、１９８８年から2年間、旧大蔵省から旧厚生省に出向したときである。出向を終えてすぐに、英国のロンドン・スクール・エコノミクスの修士課程に留学する機会を得たが、そこでは主に社会政策の国際比較を勉強した。その後も、仕事や研究で社会保障にかかわってきた。最初は、年金制度を研究したが、その後、医療や雇用、そして高等教育にも興味を持った。しかし、能力が及ばず、なかなか全体像を考えることはできなかったが、今般、ようやく社会保障・教育・税制を一体的に捉えて、問題の分析と改革案を提案することができた。もともと筆者は実務家であり、研究者ではなく、問題を解決することに関心がある。ただし、問題を解決するためには、現状の分析が必要である。本書は、こうした視点でまとめたものである。

本書執筆のそもそもの契機は、一般財団法人鹿島平和研究所における「社会保障制度の再構築に関する調査研究会」（２０１８年開始）に参加し、特に社会保障財政の問題を考える機会を得たことに遡る。その延長として『社会保険旬報』に20回にわたり連載する機会を得た。

本書の執筆に至るまで、さまざまな方から助言や示唆をいただいた。特に青木丈、有利浩一郎、井伊雅子、稲垣誠一、岩田克彦、印南一路、宇野裕、浦谷規、江島一彦、大田弘子、大山礼子、岡部卓、小黒一正、大場淳、大林尚、大森不二雄、小塩隆士、柏木恵、亀井善太郎、川越正明、河野龍太郎、国枝繁樹、酒光一章、佐藤主光、杉本和弘、鈴木準、高山憲之、鶴光太郎、土居丈朗、西沢和彦、西村淳、濱口桂一郎、林伴子、平泉信之、廣光俊昭、松山幸弘、三木義一、水田健輔、三原岳、森信茂樹、柳川範之、矢野康治、山田久、Jón Blondal, Harry de Boer, Michael Dobbins, Arnaud Grivaud, Richard James, Georg Krücken, Ulrich Teichler の各氏にはこの場を借りて感謝を申し上げたい。また、慶應義塾大学出版会の増山修氏には、筆者の至らない点を指摘していただくとともに、さまざまな助言をいただいた。それなしには、本書は完成できなかった。厚く御礼申し上げたい。

田中　秀明

２０２３年８月

初出一覧

本書の一部は、以下の拙稿を加筆・訂正・編集した部分がある。

●「ビスマルク型社会保障制度の変容と限界」『社会保険旬報』(2022年4月から12月までの連載)

●「政策形成過程のガバナンス―コンテスタビリティの視点からの比較」『明治大学社会科学研究所紀要』(2019年、58(1))

●「年金・扶助・租税の一元化：保険原理と再分配原理をどうバランスさせるか」『PRI Discussion Paper Series』(2011年) No.11A-07.

●「税・社会保険料の負担と社会保障給付の構造―税制と社会保障制度の一体改革に向けて―」一橋大学経済研究所世代間問題研究機構『ディスカッション・ペーパー』(2010年7月CIS-PIE DP No.481)

参考文献

【邦文文献】

阿部彩（２０１４）『子どもの貧困Ⅱ』岩波新書。

アベグレン、ジェームズ（１９５８）『日本の経営』ダイヤモンド社。

井伊雅子・五十嵐中・中村良太（２０１９）『新医療経済学』日本評論社。

池上岳彦（２０１５）「社会保障の財源問題―租税と社会保険料をめぐる論点―」社会政策学会誌『社会政策』第9巻第1号、63－76ページ。

池本美香（２０１８）「保育の費用負担の在り方―幼児教育無償化を考える―」日本総合研究所『ＪＲＩレビュー』Vol.10, No.61、50－73ページ。

伊関友伸（２０１５）「行政計画としての地域医療構想（ビジョン）：地方分権がどう影響するか」『病院』Vol.74, No.3、１８７－１９１ページ。

市川日佐史（２０２０）「ドイツにおける長期失業者・長期受給者の社会参加促進」法政大学『現代福祉研究』第20号、31－58ページ。

伊藤周平（２０２２）『コロナ禍からみる日本の社会保障：危機対応と政策課題』自治体研究社。

稲垣誠一（２０２１）「老後生活の経済」長瀬伸子・寺村絵里子編著『少子化と女性のライフコース』第7章、原書房。

医療経済研究機構（２０１９）「公的医療保険等の見直しに関する研究会報告書」。

――――（２０２１）「オーストラリアの医療保障制度に関する調査報告書」。

岩田克彦（２０１２）「経済不況下における欧州のフレクシキュリティ政策の現状」『海外社会保障研究』No.179、85－91ページ。

岩田正美（２０２１）『生活保護解体論』岩波書店。

印南一路（２０１１）『生命と自由を守る医療政策』東洋経済新報社。

――――（２０１６）『再考・医療費適正化』有斐閣。

薄井光明（２００９）「社会保険財政における社会保険料と租税―財政法学からの分析―」国立社会保障・人口問題研究所編『社

会保障財源の制度分析』第4章、東京大学出版会。

宇野裕（２０２３）「『新しい資本主義』の下での『全世代型社会保障』」『社会保険旬報』No.2887、22－31ページ。

江口隆裕（２００９）「社会保障における給付と負担の関連性―社会保障法学からの分析―」国立社会保障・人口問題研究所編『社会保障財源の制度分析』第5章、東京大学出版会。

エスピン-アンデルセン、イエスタ（２０００）『ポスト工業社会の社会的基礎』（渡辺政男・渡辺景子訳）桜井書店。

江夏あかね（２０１５）「フランスの社会保障財政と社会保障基金（CADES）の仕組み―日本の財政健全化への示唆―」『野村資本市場クォータリー』2015 Autumn、１１６－１２６ページ。

大沢真理（２０１５）「税・社会保障の純負担を比較ジェンダー分析すると」社会政策学会誌『社会政策』第９巻第1号、12－28ページ。

――（２０１８）「税・社会保障制度におけるジェンダー・バイアス」『学術の動向』第23巻第5号、22－26ページ。

大森不二雄（２０１８）「英国の大学授業料・ローン制度の成功から学ぶ教訓～高等教育の無償化論に潜む落とし穴～」『大学マネジメント』Vol.13, No.12、24－34ページ。

――（２０２２）「日本の学士課程教育改革の陥穽―参照軸としてのイギリス」米澤彰純・嶋内佐絵・吉田文編著『学士課程教育のグローバル・スタディーズ』第7章、明石書店。

大森正博（２０１２）「オランダにおける公的医療保険制度の適用範囲を巡る政策動向」『健保連海外医療保障』No.95、７－28ページ。

――（２０１９）「オランダ／医療保険」松村祥子・田中耕太郎・大森正博編著『新世界の社会福祉２　フランス／ドイツ／オランダ』所収、旬報社。

大山礼子（２００３）『比較議会政治論―ウェストミンスターモデルと欧州大陸型モデル』岩波書店。

――（２０１３）『フランスの政治制度』東信堂。

尾形裕也（２００７）「先進諸国に医療保障・提供制度の類型論と制度改革の動向」田中滋・二木立編著『医療制度改革の国際比較』第1章、勁草書房。

岡部卓（２０１２）「現代の貧困にどう立ち向かうか―防貧と救貧のパラドックス―」日本社会福祉学会編『対論社会福祉学２　社会福祉政策』中央法規。

岡村美保子（２０１６）「フランスの間接雇用制度」『レファレンス』7月号、31－56ページ。

翁百合・西沢和彦・山田久・湯本健治（２０１２）『北欧モデル：何が政策イノベーションを生み出すのか』日本経済新聞出版社。

小塩隆士（２００２）『教育の経済学』日本評論社。

――――（２００９）「社会保障と税制による再分配効果」国立社会保障・人口問題研究所編『社会保障財源の効果分析』所収、東京大学出版会。

――――（２０２０）「所得連動返還型奨学金制度：意義と課題」『社会保障研究』Vol.5, No.2、３１３－３２４ページ。

尾玉剛士（２０１０）「フランスにおける福祉国家の再編―労使自治の衰退と国家の優越」『ソシオロゴス』No.34、65－84ページ。

葛西龍樹（２０１６）「家庭医とは何か―諸外国の最新事情」『日本内科学会雑誌』第１０５巻第４号、７３６－７４６ページ。

――――（２０２１）「質の高いプライマリ・ヘルス・ケア専門職の育成を急げ」『健康保険』第75巻第８号、14－19ページ。

――――・井伊雅子（２０２２）「ケアの現場で陥りやすい過剰・過少医療を減らすために：ＥＢＭ教育と患者中心の医療の役割」財務省財務総合政策研究所『ファイナンシャル・レビュー』第１４８号、40－60ページ。

ガザ、グレゴリー・Ｊ（２０１４）『国際比較でみる日本の福祉国家―収斂か分岐か』ミネルヴァ書房。

勝部雅史（２０２０）「幼児教育・保育無償化に関する研究（一）―制度の導入過程および日本的特徴の検討―」『東洋大学人間科学総合研究所紀要』第22号、１６９－１８６ページ。

勝侯妃（２０１１）「基礎年金国庫負担割合の維持と財源確保」『立法と調査』No.314、45－58ページ。

加藤智章（２００７）「フランスにおける社会保障制度を考える視点」『海外社会保障研究』No.161、４－14ページ。

金井郁（２０２１）「非正規雇用」櫻井純理編著『どうする日本の労働政策』第５章、ミネルヴァ書房。

鎌倉治子（２０１０）「諸外国の給付付き税額控除の概要」国立国会図書館『調査と情報―ＩＳＳＵＥ ＢＲＩＥＦ―』No.678.

唐渡晃弘（２０１５）「保守主義レジーム・フランスの状況」新川敏光編著『福祉レジーム』第６章、ミネルヴァ書房、83－93ページ。

厳成男（２０２０）『東アジア労働市場の制度改革とフレキシキュリティ』ナカニシヤ出版。

北山俊哉・城下賢一（２０１３）「日本―福祉国家発展とポスト型理論―」鎮目真人・近藤正基編著『比較福祉国家』第14章、ミネルヴァ書房。

衣笠葉子（２０１５）「非正規労働者への被用者保険の適用拡大の在り方と法的課題」『日本労働研究雑誌』No.659、47－57ページ。

金明中（２０１５）「非正規雇用増加の要因としての社会保険料事業主負担の可能性」『日本労働研究雑誌』No.659、27－46ページ。

――――（２０２２）「なぜ日本の賃金は大きく上がらなかっただろうか」ニッセイ基礎研究所『基礎研レポート』（12月27日）。

熊谷徹（２０１４）『ドイツ中興の祖ゲアハルト・シュレーダー』日経ＢＰ社。

倉田賀世（２０１４）「メルケル政権下の子育て支援政策―パラダイム転換の定着と拡充―」『海外社会保障研究』No.186、39－49ページ。

栗原克文（２０１２）「給付付き税額控除制度の執行上の課題について」『税大ジャーナル』No.18、97－１１８ページ。

健康保険組合連合会（2019）「公的医療保険における適用対象範囲に関する国際比較レポート」。

――（2020）「公的介護制度に関する国際比較調査報告書」。

――（2022）「令和4年度（2022年度）健保組合予算編成状況について」。

権丈英子（2011）「オランダにおけるワーク・ライフ・バランス―労働時間と就業場所の柔軟性が高い社会―」経済産業研究所 *RIETI Discussion Paper Series* 11-J-030.

厚生労働省（2018）「平成30年版労働経済の分析」。

――（2020）「2020年海外情勢報告」。

――（2021）「2021年海外情勢報告」。

――保険局国民健康保険課（2022）「国民健康保険課説明資料」（全国高齢者医療・国民健康保険主管課（部）長及び後期高齢者医療広域連合事務局長会議）。

――老人保健局（2021）「介護保険制度の概要」。

国立大学協会（2022）「国立大学における男女共同参画推進の実施に関する第18回追跡調査報告書」。

小林篤（2021）「オランダにおける健康保険・介護保険制度の改革動向と特徴」『SOMPO未来研レポート』Vol.38、2－25ページ。

古村典洋（2022）「チャイルドペナルティとジェンダーギャップ」財務総合政策研究所『仕事・働き方・賃金に関する研究会報告書』第3章。

近藤正基（2009）『現代ドイツ福祉国家の政治経済学』ミネルヴァ書房。

――（2015）「保守主義レジームから変化するドイツ」新川敏光『福祉レジーム』第4章、ミネルヴァ書房。

――（2017）「[ドイツ] 現代化の光と影―メルケル政権期のCDU／CSU」阪野智一・近藤正基編『刷新する保守―保守政党の国際比較』第6章、弘文堂。

齋藤香里（2015）「ドイツにおける介護保障の動向」『健保連海外医療保障』No.107、1－10ページ。

齋藤純子（2010）「ドイツの児童手当と新しい家族政策」『レファレンス』9月号、3－72ページ。

――（2019）「ドイツ／社会福祉の現状と課題」松村祥子・田中耕太郎・大森正博編著『新世界の社会福祉2　フランス／ドイツ／オランダ』所収、旬報社。

酒井正（2020）『日本のセーフティーネット：労働市場の変容と社会保険』慶應義塾大学出版会。

阪野智一（2017）「[イギリス] ポスト・ニューレーバーの保守主義―放棄された現代化戦略」阪野智一・近藤正基編『刷新する保守―保守政党の国際比較』第4章、弘文堂。

参考文献

坂本純一（２０２１）「カナダの年金制度」『年金研究』No.14、１－38ページ。

嵯峨嘉子（２０１２）「『支援』と『制裁』の狭間に揺れるハルツ改革」福原宏幸・中村健吾編『21世紀のヨーロッパ福祉レジーム―アクティベーション改革の多様性と日本』第６章、糺の森書房。

櫻井純理（２０１６）「地方自治体による生活困窮者自立支援制度の実施における課題―大阪府枚方市の事例に基づいて―」『立命館産業社会論集』第52巻第３号、19－34ページ。

佐々木一成（２０２０）「オランダの年金制度」『年金と経済』Vol.39, No.2、１５２－１５８ページ。

佐藤主光（２０１９）「働き方の多様化と所得課税のあり方について」東京財団政策研究所『「働き方改革」と税・社会保障のあり方』第４章22－28ページ。

佐藤英明（２０１８）「今後の所得税改革に向けた個別論点の検討」（第70回租税研究大記録）日本租税研究協会。

参議院予算委員会調査室（２０２２）「２０２２年度財政関係資料集」。

柴由花（２０１４）「所得控除から税額控除への変更による効果―海外事例研究オランダ所得税改正の影響―」財務省財務総合政策研究所『フィナンシャル・レビュー』第１１８号、１４１－１６５ページ。

柴田洋二郎（２０１２）「フランスにおける医療保険制度の人的適用範囲」『健保連海外医療保障』No.95、10－16ページ。

―――（２０１３）「フランス医療保障制度における補足医療保険」『健保連海外医療保障』No.98、11－18ページ。

―――（２０１７）「フランスの医療保険財政の租税化」『ＪＲＩレビュー』Vol.9No.48、４－25ページ。

嶋内健（２０２１）「雇用保険と職業訓練」櫻井純理編著『どうする日本の労働政策』第15章、ミネルヴァ書房。

島崎謙治（２０１１）『日本の医療：制度と政策』東京大学出版会。

島添悟亭（２０１０）『医療保険制度の一元化と新たな医療制度改革』時事通信社。

嶋田博子（２０１７）「公務の『中立性』はどう理解されてきたか―政策立案における行政官の役割確保に向けた考察―」立命館大学政策科学会『政策科学』24（4）、37－63ページ。

島貫智行（２０１８）「正社員と非正社員の賃金格差人事管理理論からの検討」『日本労働研究雑誌』No.701、52－66ページ。

島村玲雄（２０１４）「オランダにおける所得税と社会保険料統合の意義について―１９９０年改革を中心に」日本財政学会編『「社会保障・税一体改革」後の日本財政』（財政研究第10巻）所収、有斐閣。

清水泰幸（２００７）「フランスにおける家族採択」『海外社会保障研究』No.161、50－60ページ。

―――（２０１９）「フランス／家族給付」松村祥子・田中耕太郎・大森正博編著『新世界の社会福祉２　フランス／ドイツ／オランダ』所収、旬報社。

新川敏光（２０１５）「福祉レジームの視角」新川敏光編著『福祉レジーム』総論、ミネルヴァ書房。

杉田健（２０１９）「副業と厚生年金」『日本年金学会誌』第38号、４－33ページ。

須田俊孝（２００６）「ドイツの家族政策の動向─第二次シュレーダー政権と大連立政権の家族政策─」『海外社会保障研究』No.155、31－44ページ。

高木勝（２００７）『日本所得税発達史』ぎょうせい。

高澤美有紀（２０１９）「フランスの議会制度」国立国会図書館『調査と情報─ＩＳＳＵＥ ＢＲＩＥＦ─』No.1047.

高橋陽子（２０１８）「日米における自営業主数の計測」労働政策研究・研修機構 *JILPT Discussion Paper Series* DP18-07.

高山憲之（２０１０）『年金と子ども手当』岩波書店。

田近栄治・八塩裕之（２００８）「所得税改革─税額控除による税と社会保険料負担の一体的調整─」『季刊社会保障研究』No.44、２９１－３０６ページ。

───・横田崇（２０１８）「配偶者控除・配偶者特別控除の改正─世帯収入影響額と配偶者就業調整の改善効果─」『租税研究』3月号、３４４－３５７ページ。

田中慶子（２００８）「児童手当の拡充と子育て世帯の家計」『季刊家計経済研究』No.80、39－44ページ。

田中耕太郎（２０１２）「ドイツにおける医療保険制度の人的適用範囲」『健保連海外医療保障』No.95、１－９ページ。

田中拓道（２０１７）『福祉政治史』勁草書房。

───（２０１９）「フランス／低所得保障」松村祥子・田中耕太郎・大森正博編著『新世界の社会福祉２　フランス／ドイツ／オランダ』所収、旬報社。

田中秀明（２００９）「専門性か応答性か：公務員制度改革の座標軸（上）・（下）」『季刊行政管理研究』No.126、４－34ページ、No.127、２－15ページ。

───（２０１０）「税・社会保険料の負担と社会保障給付の構造─税制と社会保障制度の一体改革に向けて─」『一橋大学経済研究所世代間問題研究機構ディスカッション・ペーパー』CIS-PIE DP No.481.

───（２０１１）「年金・扶助・租税の一元化：保険原理と再分配原理をどうバランスさせるか」財務省財務総合政策研究所 *PRI Discussion Paper Series* No.11A-07.

───（２０１２）「政策過程と政官関係─３つのモデルの比較と検証」日本行政学会編『政権交代と官僚制』年報行政研究No.47、21－43ページ。

───（２０１７）「租特透明化法等の意義と限界─租税特別措置の透明性はどこまで高まったのか─」『会計検査研究』No.55、57－78ページ。

───（２０１８）「高等教育費の公的負担と学生支援─福祉国家の視点から考える─」『高等教育研究』第21集、１３７－１７０

ページ。

――（2019a）『官僚たちの冬：霞ヶ関復活の処方箋』小学館新書。

――（2019b）「政策形成過程のガバナンス―コンテスタビリティの視点から」日本行政学会編『政策論議の健全性向上を目指して』「（年報行政研究）」No.54、57－82ページ。

――（2022）「国立大学法人の業績連動型交付金の現状と課題」広島大学高等教育研究開発センター「RIHE Monograph Series」No.4.

嵩（だけ）さやか（2017）「共働き化社会における社会保障制度のあり方」『日本労働研究雑誌』No.689、51－61ページ。

千田航（2018）『フランスにおける雇用と子育ての「自由選択」 家族政策の福祉政治』ミネルヴァ書房。

筒井淳也（2015）『仕事と家族』中公新書。

鶴光太郎（2016）『人材覚醒経済』日本経済新聞出版社。

――（2023）『日本の会社のための人事の経済学』日経ＢＰ社。

――・前田佐恵子・村田啓子（2019）『日本経済のマクロ分析：低温経済のパズルを解く』日本経済新聞出版社。

寺村絵里子（2021）「女性のライフコースと再就職」永瀬伸子・寺村絵里子編著（2021）『少子化と女性のライフコース』第6章、原書房。

土居丈朗（2021）「所得税改革が世代間格差に与える影響に関するマイクロシミュレーション」『三田学会雑誌』第113巻4号、457－470ページ。

戸田淳仁・鶴光太郎・久米功一（2014）「幼少期の家庭環境、非認知能力が学歴、雇用形態、賃金に与える影響」経済産業研究所 *RIETI Discussion Paper Series* 14-J-019.

豊福実紀（2017）「配偶者控除制度の変遷と政治的要因」『社会保障研究』Vol.1, No.4、845－860ページ。

内閣府（2007）「主要国の家族政策と家族関係社会支出の国際比較」第2回「子どもと家族を応援する日本」重点戦略検討会議基本戦略分科会資料（4月11日）。

仲修平（2018）「専門職化する日本の自営業―1955～2015年ＳＳＭ調査を用いた計量分析―」『フォーラム現代社会学』第17巻、48－62ページ。

――（2021）「自営業の衰退と再生」櫻井純理編（2021）『どうする日本の労働政策』第10章、ミネルヴァ書房。

永瀬伸子（2018）「少子高齢社会の中の女性：求められる日本型雇用慣行と日本型社会保障の変革」『週刊社会保障』No.2963、48－53ページ。

――（2021）「女性と年金：現状、課題と提案」『年金と経済』Vol.40, No.3、3－14ページ。

中村健吾（２０１９）「アクティベーション政策とは何か」『日本労働研究雑誌』No.713、４－16ページ。

中村秀一（２０２１）「社会保障と税の一体改革は何であったか」『社会保障研究』Vol.5, No.4、４３５－４４８ページ。

西岡晋（２０２１）『日本型福祉国家再編の言説政治と官僚制：家族政策の「少子化対策」化』ナカニシヤ出版。

西沢和彦（２０２０）『医療保険制度の再構築』慶應義塾大学出版会。

――（２０２２）「社会保険によるパート主婦の就労調整問題―現状と解決に向けた道筋―」日本総研『Research Focus』税・社会保障シリーズNo.52。

西村淳（２０２１）「長期就労と年金制度」日本年金学会編『人生１００年時代の年金制度』第２章、法律文化社、34－50ページ。

日本学生支援機構（２０２０ａ）「令和２年度学生生活調査結果」。

――（２０２０ｂ）「返還金の回収状況及び令和元年度業務実績の評価について」。

日本財団子どもの貧困対策チーム（２０１６）『徹底調査子供の貧困が日本を滅ぼす：社会的損失40兆円の衝撃』文春新書。

日本税理士連合会（２０１８）「個人所得課税における控除方式と負担調整のあり方について―２０１７年度諮問に対する答申―」。

日本貿易振興機構（ジェトロ）（２０１９）「42ある年金制度、２０２０年夏までに一本化を目指す」『ビジネス短信』（９月24日）。

服部有希（２０１２）「フランスにおける最低所得保障制度改革―活動的連帯所得手当ＲＳＡの概要―」国立国会図書館調査及び立法考査局『外国の立法』No.253、33－85ページ。

濱口桂一郎（２００９）『新しい労働社会―雇用システムの再構築へ』岩波新書。

――（２０１５）『働く女子の運命』文春新書。

――（２０２１）『ジョブ型雇用社会とは何か―正社員体制の矛盾と転機』岩波新書。

濱中淳子・日下岳史（２０１７）「教育の社会経済的効果をめぐる研究の展開」『教育社会学研究』第１０１集、１８５－２１４ページ。

濱野恵（２０１７）「男性の育児休業の取得促進に関する施策の国際比較―日・米・英・独・仏・スウェーデン・ノルウェー―」『レファレンス』９月号、99－１２７ページ。

バン・クリーフ、リチャード・Ｃ（２０１２）「オランダの医療制度における管理競争――前提条件と現在までの経験」財務省財務総合政策研究所『ファイナンシャル・レビュー』第１１１号、74－89ページ。

尾藤廣喜・小久保哲郎・吉永純（２０１１）『生活保護「改革」ここが焦点だ！』あけび書房。

平川英子（２０２２）「フランスの所得税改革の動向」日本税務研究センター『所得税改革の国際的動向』Vol.80、第４章、89－１１ページ。

平島健司（２０１７）『ドイツの政治』東京大学出版会。

廣瀬真理子（２０１２）「アクティベーションの導入による『ハイブリッドな福祉国家』の変容―オランダ―」福原宏幸・中村健吾編『21世紀のヨーロッパ福祉レジーム：アクティベーション改革の多様性と日本』第2章、糺の森書房。

府川哲夫（２００６）「世帯の変化と所得分配」小塩隆士・田近栄治・府川哲夫編著『日本の所得分配：格差拡大と政策の役割』第6章、東京大学出版会。

福島淑彦（２０１９）「スウェーデンにおける再就職支援」『日本労働研究雑誌』No.706、57－69ページ。

福田直人（２０１４）「ドイツにおける福祉と就労の融合―アクティベーション政策の考察―」『大原社会問題研究所雑誌』No.699、30－44ページ。

藤井大輔・木原大策（２０２０）『図説日本の税制』（令和2―3年度版）財経詳報社。

藤本健太郎（２０１８）「ドイツの医療保険者機能について」『ＪＲＩレビュー』Vol.4, No.55、19－36ページ。

フランス医療保障制度に関する研究会（２０２１）「フランス医療保障制度に関する調査研究報告書（２０２０年度版）」医療経済研究機構。

フリーランス協会（２０２０）「フリーランス白書２０２０」。

フレス、レジ（２０１６）「フランスにおけるコンセイユ・デタ」『比較法雑誌』第50巻第2号、１８７－２０７ページ（植野妙実子・兼頭ゆみ子訳）。

ヘックマン、ジェームズ・Ｊ（２０１５）『幼児教育の経済学』東洋経済新報社。

裵海善（２０２２）『韓国と日本の女性雇用と労働政策』明石書店。

ポグントケ、トーマス&ポール・ウェブ（２０１４）『民主政治はなぜ「大統領化」するのか』ミネルヴァ書房。

本田由紀（２０１９）「〝大学での専門分野と仕事との関連度〟が職業的アウトカムに及ぼす影響：男女差に注目して」鶴光太郎編著『雇用システムの再構築に向けて』第11章、日本評論社。

松岡洋子（２０２１）『オランダ・ミラクル―人と地域の「力」を信じる高齢者福祉』新評論。

松岡亮二（２０１９）『教育格差――階層・地域・学歴』ちくま新書。

松村文人（２００７）「フランスの失業保険と雇用政策」『海外社会保障研究』No.161、61－78ページ。

松本勝明（２０１２）「ドイツにおける社会保障財源の見直し」『海外社会保障研究』No.179、4－16ページ。

―――（２０１７）『社会保険改革』旬報社。

松山幸弘（２０１０）『医療改革と経済成長』日本医療企画。

真野俊樹（２０１３）「オランダ医療制度」ＪＡ共済総合研究所『共済総合研究』第67号、１０３－１２１ページ。

丸谷浩介（２０２１）「第二のセーフティネットとしての特定求職者支援法」『日本労働研究雑誌』No.726、47－58ページ。

三木義一（１９９２）「所得税と税額控除」北野弘久編『現代税法事典』（第2版）所収、中央経済社。

水島治郎（２００３）「オランダにおけるワークフェア改革―［給付所得より就労を］―」『海外社会保障研究』No.144、53－66ページ。

――（２０１２）『反転する福祉国家：オランダモデルの光と影』岩波書店。

――（２０１５）「ポスト保守主義レジーム・オランダの可能性」新川敏光編著『福祉レジーム』第5章、ミネルヴァ書房。

――（２０１９）「オランダ／福祉と政治」松村祥子・田中耕太郎・大森正博編著『新世界の社会福祉２　フランス／ドイツ／オランダ』所収、旬報社。

みずほ総研（２０１０）「英国とオランダの雇用セーフティネット改革」『みずほリポート』（10月6日）。

道下知子（２０２０）「『給付付き税額控除』の法的意義の一考察」三木義一先生古稀記念論文集編集委員会編『現代税法と納税者の権利』所収、法律文化社。

三菱ＵＦＪリサーチ&コンサルティング（２０１９）「平成30年度仕事と育児等の両立に関する実態把握のための調査研究事業報告書」厚生労働省委託調査。

三原岳（２０２０ａ）「20年を迎えた介護保険の再考（14）・（15）」ニッセイ基礎研究所。

――（２０２０ｂ）『地域医療は再生するか：コロナ禍における提供体制改革』医薬経済社。

椋野美智子・藪長千乃（２０１２）『世界の保育保障』法律文化社。

森周子（２０２０）「ドイツにおける『ミニジョブ』という働き方の現状と課題」石塚史樹他『福祉国家の転換』第1章、旬報社。

森信茂樹（２０１０）『日本の税制―何が問題か』岩波書店。

諸富徹（２０２０）『資本主義の新しい形』岩波書店。

文部科学省科学技術・学術政策研究所（２０２１）「科学技術指標２０２１」。

――（２０２２）「科学技術指標２０２２」。

山田千秀（２０１０）「フランス及びドイツにおける家族政策」『立法と調査』No.310、3－12ページ。

山田昌弘（２０２０）『日本の少子化対策はなぜ失敗したのか？』光文社新書。

油井敬道（２０２２）『ビッグデータが明かす医療費のカラクリ』日経プレミアシリーズ。

横井正信（２０１８）「メルケル政権における年金政策の転換（II）」『福井大学教育・人文社会系部門紀要』第2号、１１１－１５４ページ。

横尾日出雄（２００９）「フランス第五共和制憲法における政府の対議会責任制と２００８年7月23日憲法改正」『ＣＨＵＫＹＯ ＬＡＷＹＥＲ』Vol.10、7－29ページ。

横山和彦・田多英範（１９９１）『日本の社会保障の歴史』学文社。

労働政策研究・研修機構（２０１０ａ）「ドイツ・フランス・イギリスの失業扶助制度に関する調査」JILPT資料シリーズNo.70。

――（２０１０ｂ）「政労使三者構成の政策検討に係る制度・慣行に関する調査―ＩＬＯ・仏・独・蘭・英・ＥＵ調査―」『JILPT資料シリーズ』No.67。

――（２０１４）「失業保険制度の国際比較―デンマーク、フランス、ドイツ、スウェーデン」。

――（２０１８）「諸外国における育児休業制度等、仕事と育児の両立支援にかかる諸政策」JILPT資料シリーズNo.197.

――（２０２１）『ユース労働統計２０１１』。

――（２０２２）「データブック国際労働比較２０２２」。

渡辺さちこ・アキよしかわ（２０２１）『医療崩壊の真実』エムディエンヌコーポレーション。

Jonker, J.M.L.（１９８８）「オランダの年金制度」『海外社会保障情報』No.85、21－31ページ（鎌田繁則訳）。

【欧文文献】

Andeweg, Rudy B. and Garen A. Irwin（2014）*Governance and Politics of the Netherlands*, Fourth edition, Palgrave Macmillan.
Aoyagi, Chie and Giovanni Ganelli（2013）“The Path to Higher Growth: Does Revamping Japan's Dual Labor Market Matter?” *IMF Working Papers*, No. WP/13/202.
Bertelsmann, Stiftung（2017）*Policy Performance and Governance Capacities in the OECD and EU:Sustainable Governance Indicators 2017.*
Blondel, Jean and Ferdinand Müller-Rommel（1993）“Introduction,” in Jean Blondel and Ferdinand Müller-Rommel（eds）, *Governing Together: The Extent and Limits of Joint Decision-Making in Western European Countries*, St. Martin's Press.
Boling,Patricia（2015）The Politics of Work-Family Policies: Comparing Japan, France, Germany and the United States, Cambridge University Press.
Bonoli, Guiliano and David Natali（2012）*The Politics of the New Welfare State*, Oxford University Press.
―― and Frank Reber（2010）“The Political Economy of Childcare in OECD Countries:Explaining Cross-National Variation in Spending and Coverage Rates,” *European Journal of Political Research* 49, pp.97-118.
Busch, Andreas（2005）“Shock-Absorbers under Stress: Parapublic Institutions and the Double Challenges of German Unification and European Integration,” in Simon Green and William E.Paterson（eds）, *Governance in Contemporary Germany: The*

Semisovereign State Revisited, Cambridge University Press.

Cahuc, Pierre (2018) "Chapter 4 France: Social Protection for the self-Employee," in OECD (ed), *The Future of Social Protection: What Works for Non-Standard Workers?*, OECD.

Clasen, Jochen and Alexander Goene (2014) "Germany Ambivalent Activation," in Ivar Lødemel and Amílcar Moreira (eds), *Activation or Workfare? Governance and the Neo-Liberal Convergence*, Oxford University Press.

Department of Education (DOE Australia) (2021) *Higher Education Loan Program HELP Debt and Repayment Report 2018-19.*

Estévez-Abe, Margarita (2008) *Welfare and Capitalism in Postwar Japan*, Cambridge University Press.

Fleckenstein,Timo, Soohyun Christine Lee and Young Jun Choi (2021) "Introduction:Social Investments and Welfare Reform in Europe and East Asia," in Young Jun Choi, Timo Fleckenstein and Soohyun Christine Lee (eds), *Welfare Reform and Social Investment Policy in Europe and East Japan,* Policy Press.

Garritzmann, Julian L. (2016) *The Political Economy of Higher Education Finance: The Politics of Tuition Fees and Subsidies in OECD Countries 1945–2015*, Palgrave Macmillan.

Glynn, Steven, Paul Cunningham and Kieron Flanagan (2003) "Typifying Scientific Advisory Structures and Scientific Advice Production Methodologies (TSAS)," Final Report, Prepared for Directorate-General Research, European Commission.

Green, Simon and William E.Paterson (2005) *Governance in Contemporary Germany:The Semisovereign State Revisited*, Cambridge University Press.

Hemerijck, Anton and Ive Marx (2010) "Continental Welfare at a Crossroads: The Choice between Activation and Minimum Income Protection in Belgium and the Netherlands," in Bruno Palier (ed), *A Long Goodbye to Bismarck?: Politics of Welfare Reform in Continental Europe,* Amsterdam University Press.

Himmelweit, Samuel Mohun and Sung-Hee Lee (2021) "Chapter 2: Work-Family Policy Expansion and the Idea of Social Investment: The Cases of Germany, England, South Korea and Japan," in Young Jun Choi, Timo Fleckenstein and Soohyun Christine Lee (eds), *Welfare Reform and Social Investment Policy in Europe and East Japan,* Polisy Press.

Holzmann, Robert and Joseph E.Stiglitz (2001) *New Ideas about Old Age Security*, World Bank.

Hong,Ijin and Jieun Lee (2021) "Chapter 6: Does Social Investment Makes the Labour Market 'Flow'? Family Policies and Institutional Complementarities in Italy, Spain, Japan and South Korea," in Young Jun Choi, Timo Fleckenstein and Soohyun Christine Lee (eds), *Welfare Reform and Social Investment Policy in Europe and East Japan*, Policy Press.

Houwing, Hester (2010) A *Dutch Approach to Flexicurity?: Negotiated change in the organization of temporary work*, University of Amsterdam.

Katzenstein,Peter J. (1987) *Policy and Politics in West Germany: The Growth of A Semisovereign State*, Temple University.

Kooiman, Jan and M. Van Vliet (1993) "Governance and Public Management," in Kjell A. Eliassen and Jan Kooiman (eds), *Managing Public Organisations:Lessons from Contemporary European Experience*, 2nd edition, Sage Publications.

Kroneman, Madelon, Wienke Boerma, Michael van den Berg, Peter Groenewegen, Judith de Jong and Emout van Ginneken (2016), Netherlands Health System Review, Health Systems in Transition, Vol.18,No.2, European Observatory on Health Systems and Policies.

Lynch, Julia (2006) *Age in the Welfare State:The Origins of Social Spending on Pensioners, Workers, and Children*, Cambridge University Press.

Manow, Philip (2010) "Trajectory of Fiscal Adjustments in Bismarckian Welfare Systems," in Bruno Palier (ed), *A Long Goodbye to Bismarck?: Politics of Welfare Reform in Continental Europe*, Amsterdam University Press.

Morel, Nathalie, Bruno Palier and Joakim Palme (2012) *Towards A Social Investment Welfare State?: Ideas, Policies and Challenges*, Policy Press.

Nijhuis, Dennie Oude (2018) *Religion, Class, and the Postwar Development of the Dutch Welfare State*, Amsterdam University Press.

Nipsen, Frans van (2015) "Policy Analysis and Evaluation in National Government," in Frans van Nipsen and Peter Scholten (eds), *Policy Analysis in the Netherlands*, Policy Press.

——— and P. Scholten (2015) "Policy Analysis in the Netherlands: An Introduction," in Frans van Nipsen and Peter Scholten (eds), *Policy Analysis in the Netherlands*, Policy Press.

OECD (2008) *Growing Unequal? Income Distribution and Poverty in OECD Countries.*

——— (2014a) *OECD Reviews of Health Care Quality: JAPAN.*

——— (2014b) *Focus on Inequality and Growth, Directorate for Employment, Labour and Social Affairs.*

——— (2015a) *In It Together: Why Less Inequality Benefits All?*

——— (2015b) *Education at a Glance.*

——— (2018) *The Future of Social Protection.*

——— (2019a) *OECD Reviews of Public Health: Japan A Healthier Tomorrow.*

——— (2019b) *Economic Surveys: Japan 2019.*

——— (2020) *Early Learning and Child Well-being:A Study of Five-year-Olds in England, Estonia, and the United States.*

——— (2021a) *Pension at a Glance 2021.*

——— (2021b) *Education at a Glance.*

——— (2022) *Taxing Wages: Impact of COVID-19 on the Tax Wedge in OECD Countries.*

Palier, Bruno (2010a) "Ordering Changes: Understanding the 'Bismarckian' Welfare Reform Trajectory," in Bruno Palier (ed.), *A Long Goodbye to Bismarck?: Politics of Welfare Reform in Continental Europe*, Amsterdam University Press.

——— (2010b) "The Dualization of the French Welfare System," in Bruno Palier (ed), *A LongGoodbye to Bismarck?: Politics of Welfare Reform in Continental Europe*, Amsterdam University Press.

Pascha,Werner, Patrick Köllner and Aurel Croissan (2017) *Sustainable Governance Indicators 2017: Japan Report*, Bertelsmann Stiftung.

Rita, Nikolai (2012) "Towards Social Investment? Patterns of Public Policy in the OECD World," in Nathalie Morel, Bruno Palier and Joakim Palme (eds), *Towards A Social Investment Welfare State?: Ideas, Policies and Challenges*, Policy Press.

Roberts, Geoffrey K. (2016) *Germany Politics Today*, Third edition, Manchester University Press.

Sauter, Wolf (2010) The role of competition rules in the context of healthcare reform in the Netherlands, *TILEC Discussion Paper*, DP2010-004, Tilburg Centre for Law and Economics,Law Department, University of Tilburg.

Schmid, Josef and Daniel Buhr (2013) "Federal Government: Permanent In-House Capacities - Life within the 'Apparatus'," in Sonja Blum and Klaus Schubert (eds), *Policy Analysis in Germany*, Policy Press.

Schmidt, Manfred G. (2003) *Political Institutions in the Federal Republic of Germany*, Oxford University Press.

Scholten,Peter and Frans van Nispen (2015a) "Advisory Boards and Planning Bureaus," in Frans van Nipsen and Peter Scholten (eds), *Policy Analysis in the Netherlands*, Policy Press.

——— and ——— (2015b) "Institutionalization and Performance of Policy Analysis and Evaluation in the Netherlands," in Frans van Nipsen and Peter Scholten (eds), *Policy Analysis in the Netherlands*, Policy Press.

Schulz, Martin (2015) *Internal Advisory Systems in Different Political-Administrative Regimes*, Prepared for the International Conference on Public Policy (ICPP) T08P06 – Comparing policy advisory systems, Catholic University of Sacro Cuore, Milan, 1-4 July, 2015.

Siaroff, Alan (1994) "Work,Welfare and Gender Equality: A New Typology," in Sainsbury Diane (ed), *Gendering Welfare States*,

SAGA.
Siefken, Sven T. and Suzanne S. Schüttemeyer（2013）“The German Bundestag and External Experts: Policy Orientation as Counterweight to Deparliamentarisation?” in Sonja Blum and Klaus Schubert (eds), *Policy Analysis in Germany*, Policy Press.
Spies, Henk and Nico van de Vrie（2014）“From Legitimacy to Effectiveness: Developments in Activation in the Netherlands,” in Ivar Lødemel and Amílcar Moreira（eds）, *Activation or Workfare? Governance and the Neo-Liberal Convergence*, Oxford University Press.
SVB（Sociale Verzekeringsbank）（2020）SUWI-jaarverslag 2020（オランダ社会保険銀行年次報告書）。
SZW（Ministry of Social Affairs and Employment the Netherlands）（2008）The Old Age Pension System in the Nertherlands.
Tikkanen, Roosa, Robin Osborn, Elias Mossialos, Ana Djordjevic and George A. Wharton (2020) *International Health Care System Profiles*, The Commonwealth Fund.
van Berkel, Rik（2011）“The Local- and Street-Level Production of Social Citizenship: The Case of Dutch Social Assistance,” in Sigrid Betzelt and Silke Bothfeld（eds）, *Activation and Labour Market Reforms in Europe*, Palgrave Macmillan.
van den Berg, Caspar F.（2017）“Dynamics in the Dutch policy advisory system: externalization, politicization and the legacy of pillarization,” *Policy Science*, 50:63–84.
van Ginneken, Ewout and Madelon Kronemam（2015）“Long-Term Care Reform in the Netherlands: Too Large to Handle?” *Eurohealth* Vol.21, No.3, pp.47-50.
VWS（Ministry of Health, Welfare and Sport, the Netherlands）（2011）Health Insurance in the Netherlands.
———（2018）Health care in the Netherlands.
World Bank（1992）*Governance and Development*.
———（1994）*Governance: The World Bank's Experience*.
———（2010）*The Practice of Policy-Making in the OECD: Ideas for Latin America*.
Zaal, Karin（2015）“Policy Analysis in the Dutch Parliament,” in in Frans van Nipsen and Peter Scholten（eds）, *Policy Analysis in the Netherlands*, Policy Press.
Zohlnhöfer, Reimut and Jale Tosun（2019）“Policy Styles in Germany: Still Searching for the Rationalist Consensus?” in Michael Howlett and Jale Tosun（eds）, *Policy Styles and Policy-Making: Exploring the Linkages*, Routledge.

【著者略歴】

田中秀明（たなか・ひであき）
明治大学公共政策大学院教授、政策研究大学院大学博士（政策研究）
1960年東京都生まれ。85年、東京工業大学大学院修了後、大蔵省（現・財務省）入省。予算・財政投融資・自由貿易交渉・中央省庁等改革などに携わり、オーストラリア国立大学客員研究員、一橋大学経済研究所准教授、内閣府参事官などを経て現職。

主な業績
『人口動態変化と財政・社会保障の制度設計』共著、日本評論社、2021年
『財政と民主主義』共著、日本経済新聞出版社、2017年
『日本の財政』中公新書、2013年
『財政規律と予算制度改革』日本評論社、2011年　　など。

「新しい国民皆保険」構想
——制度改革・人的投資による経済再生戦略

2023年9月20日　初版第1刷発行

著　者 ——— 田中秀明
発行者 ——— 大野友寛
発行所 ——— 慶應義塾大学出版会株式会社
〒108-8346　東京都港区三田2-19-30
TEL〔編集部〕03-3451-0931
〔営業部〕03-3451-3584〈ご注文〉
〔　〃　〕03-3451-6926
FAX〔営業部〕03-3451-3122
振替　00190-8-155497
https://www.keio-up.co.jp/
装　丁 ——— 坂田政則
カバー画 —— 岩橋香月（デザインフォリオ）
組　版 ——— 株式会社シーエーシー
印刷・製本 —— 中央精版印刷株式会社
カバー印刷 —— 株式会社太平印刷社

Printed in Japan　ISBN978-4-7664-2916-9

成長の臨界	日本の水産資源管理	アジア都市の成長戦略 ◎第6回岡倉天心記念賞受賞	国民視点の医療改革	金融政策の「誤解」 ◎第57回エコノミスト賞受賞	失業なき雇用流動化
河野龍太郎著	阪口功著 片野歩著	後藤康浩著	翁百合著	早川英男著	山田久著
2750円	2750円	2750円	2750円	2750円	2750円

(定価。本体価格各2500円)